〈동아시아연구총서 제7권〉

재일동포의 민족교육과 생활사

동의대학교 동아시아연구소 편

박문사

동아시아연구총서 제7권을 발간하면서

1945년의 해방과 더불어 맞이한 조국의 분단은 잠정적인 구획으로 받아들이는 것이 당시 조선인 대부분의 인식이었다. 계속해서 남과 북으로 갈라지는 상황을 예측한 재일조선인은 거의 없었다. 당시 재일조선인들은 이제 자신들이야말로 해방된 민족이고 일본인들에 대해서는 정복당한 민족이라고 생각하고 있었다. 그러나 일본의 패전 직후 일본에 남아 있던 재일조선인들은 전쟁이 종식됨에 따라 처지가 바뀌게 된 국가의 국민으로 언급된 바가 전혀 없는 기이한 상황을 맞이하게 되었다. 미군정 체제의 일본에 남게 된 재일조선인은 패전국 일본인의 처지에 비해서도 전혀 나을 바 없는 애매한 처지에 놓여 있었다.

일본의 패전 직후 일본에 있던 약 200만 명의 조선인은 140만이 귀국하고 60만이 일본에 남게 된다. 귀국하지 않고 일본에 남게 된 60만의 재일조선인들에게는 그들 나름의 이유가 있었다. 도일 후의 생활이 오래 되다보니 조선에서의 생활 기반이 빈약하여 선뜻 귀국할 수 없는 요인들이 있었다. 게다가 재일조선인들이 어렵사리 모은 재산을 반출할 수 없도록 한 미군정의 자본 반출 제한 정책이 더 큰 문제인 경우도 있었다. 비록 조국이 해방되었다고 하지만 그들에게는 곧장 조국으로 돌아갈 여건이 마련되어 있지 않았다.

재일조선인의 민족교육은 이러한 상황 속에서도 귀국을 준비하는 조선인 자녀의 국어강습에서 시작되었다. 그들이 국어강습소를 만들어 조국의 말과 역사를 가르치기 시작한 것이 민족교육이었다. 그러나 귀국을 단념할 수밖에 없는 상황이 계속되면서 일본에 잔류하는 조선인들이 늘어나게 된다. 초기의 강습소 체제가 점차 학교 체제로 바뀌게 되면서 민족교육의 시스템은 물론이고 목표, 내용, 방법도 달라졌다. 그리고 이러한 민족교육은 대내외적 정치 상황 변화에 따라서 끊임없이 변화해왔고, 특히 체제 유용성이라는 측면에서도 계속해서 영향을 받아왔다. 그러한 환경 속에서도 그들 자신의 정체성에 눈을 뜨고 트리플 문화의 강점을 살려가면서 자신들의 주체적인 삶을 찾고자 하는 끊임없는 노력도 있었다.

주지하는 바와 같이 해방 이후 조국의 경제 재건과 산업 발전에도 항상 이들 재일조선인 동포사회의 조력이 있었음은 더 말할 나위도 없을 것이다. 1945년 해방과 더불어 이후 이들 재일조선인 동포사회가 끊임없는 분열과 갈등을 겪으면서도, 그리고 마이너리티로써 겪어야 했던 그야말로 말로써는 형언할 수 없는 힘든 삶을 살아가면서도 조국 발전에 힘을 보태고자 했던 그들의 조국 사랑 실천과 노력이 있었다.

이 책의 출간은 재일조선인 동포들의 민족교육에 대한 다양한 논의를 살펴보고, 이들 동포들의 생활사가 어떻게 표상되고 있는지에 대해 논의해 보고자 하는 시도에서 비롯되었다. 재일조선인 동포들의 민족교육을 비롯한 동포사회의 다양한 문제들을 파악하고 향후 이들이 마주해야 할 문제들에 대해서도 조망하고자 한다. 그러나 재일동포 사회에 대한 연구가 거대 담론 수준에 머물러서는 안 될 것이며, 다양한 개별 사례들을 통해 그들 문제의 전체상을 파악하고, 그리고 이러한 인식을 토대로 다시 재일동포 사회를 바라보는 관점의 전환이 필요하다고 생각한다. 또한, 일본 지역의 다양한 마이너리티 사회를 이해하기 위한 담론을 구축해 나가는데 있어서도, 이번 동아시아연구총서 제7권의 발간은 시사하는 바가 크다고 생각한다.

이 책은 동아시아연구소가 최근 개최한 동아시아 관련 국제학술심포지엄 주제와 관련된 글을 모아 『재일동포의 민족교육과 생활사』라는 주제로 엮은 것이다. 이번 동아시아연구총서의 발간에 있어서 흔쾌히 출판에 동의해주시고 원고 집필에 협조해주신 류코쿠대학 권오정 명예교수님과 도쿄가쿠게이대학 이수경 교수님, 홍익대학교 김웅기 교수님, 통일일보 이민호 서울지사장님께 깊이 감사드린다. 또한 총서 기획에서 원고 편집에 이르기까지 협조해준 동아시아연구소 이행화 선생님께도 감사의 마음을 전한다. 끝으로 이번 총서 출판에 아낌없는 후원을 해주신 도서출판 박문사에 감사를 드리는 바이다.

2020년 4월
동의대학교 동아시아연구소

소장 이경규

5

목차

제1장

마이너리티가 다문화 공생 사회를 열어갈 때

─재일코리안의 민족교육과 아이덴티티의 발달─

권오정(權五定)

히로시마대학에서 교육학박사 학위를 취득하고 경희대학교·한국교원대학교·류코쿠대학의 교수를 역임하였다. 현재 류코쿠대학 명예교수이며 도쿄가쿠게이대학 연구펠로, 학술교류단체 BOA 이사장, 사회교과교육학회 고문, 일본 Korea연구실 고문으로 활동하고 있다. 논저로는 『국제화시대의 인간형성』, 『민주시민교육론』(공저), 『사회과교육학의 구조와 쟁점』(공저), 『폭력과 비폭력』(공저), 『「다문화공생」을 되묻다』(공편), 『성심교린으로 살다』(감수), 『다문화공생사회에 살다』(감수) 등의 저서가 있다.

시작에 앞서

이 글은 재일코리안의 민족교육과 아이덴티티의 발달을 다문화교육과 관련지어 검토하고 있다. 새로운 시도이기 때문에 이해를 함께하기 위하여 시작에 앞서 이 글에서 사용하는 다음과 같은 키워드의 의미를 정리해 둔다.

① 다문화화

인류의 역사는 이동과 정착을 반복하면서 형성되어온 변화와 지속의 결정이다. 전쟁이나 정복에 의한 강제, 피난의 이동도 있지만, 인류는 기본적으로 식량 혹은 생계수단을 얻기 위하여 이동해왔다. 이는 일정한 주기에 따른 연속적 이동이라기보다 비연속적 이동이었고, 경우에 따라서는 이동이 정지된 채 오랜 정착 상태가 지속되기도 했다. 정착하는 동안 자연 조건에 따라 신체적 특징과 삶의 양식이 결정되었고, 또 그러한 조건에 맞는 삶의 향상을 위해 기술이나 제도를 찾고 궁리·개발하는 과정에서 문화가 형성되어왔다. 지구상에 다양한 문화가 나타난 것이다. 각각 다른 문화를 갖는 사람들이 다시 이동하여 하나의 체제(국가, 사회) 안에 동거할 때, 그들 사이에는 커뮤니케이션의 어려움, 심리적 불안, 이익의 충돌, 마찰이나 갈등 혹은 편견이나 차별이 발생하기도 했고, 심하면 분쟁이나 전쟁이 일어나기도 했다. 다문화화는 이렇게 부조화가 동반될 수 있는 피할 수 없는 현상이다.

② 다문화공생사회(multicultural society)

다문화화가 진행되는 과정에서 불편하고 불행한 사태가 일어날 수도 있기 때문에 다문화화에 대응하기 위한 정책(다문화정책)을 수립하고, 제도(예컨대 다문화가족 보호법의 제정)를 마련하고, 사회적·교육적 노력(예컨대 다문화교육의 실시)을 기울여왔다. 이러한 노력은 고대국가, 사회에서도 볼 수 있다. 로마가, 탄압하던 크리스트교를 국교로 정하면서(313년) 이문화인 크리스트교와 영역 내 기존의 문화와의 조화를 꾀하기 위하여 겨울 페스티벌의 하나로 12월 25일에 크리스마스를 끼워 넣은 것도 매우 성공적인 다문화정책의 하나였다. 12월 25일은 어두운 악마의 시간(12월 20일 전후의 동지)을 벗어나 밝은 신의 시간으로 바뀌기 시작(부활)하는 절묘한 타이밍이다. 이날, 로마의 구성원들은 문화의 벽을 넘어 더불어 신을 찬미했던 것이다. 크리스마스는 예수의 탄생을 기념하는 날이라고 알려져 있지만 예수가 태어난 것은 아마도 9월이었을 것이라고 한다.

이러한 노력에 의해 만들어진, 한 체제 안의 복수의 이문화들이 자유롭고 평등하게 영위되고 학습될 수 있는 조화로운 사회가 곧 다문화공생사회이다. 사회란 본디 주체적인 개인과 개인의 계약에 의해 만들어지는 것이므로, 다문화공생사회가 구성원의 노력에 의해 만들어진다는 것은 논리적으로도 타당하다고 볼 수 있다.

영어의 multicultural society 혹은 multiculturalism에는 공생이라는 의미가 이미 내포되어 있지만, 이 글에서는 불교의 개념인 공생을 넣어 더불어 사는 조화로움을 강조하는 의미에서 "다문화공생사회"라는 복합개념을 등장시킨다.

③ 마이너리티(minority)

문화나 역사적 배경이 다르고 크기나 세력에 차이가 있는 여러 집단이 한 체제 안에 들어있을 때, 사전적으로는 세력이나 개체수에 있어서 지배적인 집단 매저리티(majority)의 반 이하의 소수 집단을 마이너리티라고 한다. 생산 능력이 높은 국가나 지역으로 노동자들이 이동할 때 이동해온 자들을 가리켜 마이너리티라고 부르는 경우도 많다. 다만, 이 개념은 반드시 소수자나 외부로부터 들어온 사람을 가리키지는 않는다. 남아프리카공화국의 지배세력은 외부로부터 들어온 소수자들인 백인이지만 이들을 마이너리티라고 부르지 않는다. 반대로 같은 사회 안에서 살아왔지만 장애자나 성 소수자처럼 마이너리티로 살아갈 수밖에 없는 사람들도 있다.

다문화공생의 관점에서 보자면 공생의 테두리에서 배제되기 쉬운 사회적 약자나 그 집단을 마이너리티라고 볼 수 있다. 배제의 이유와 논리는 다양하기 때문에 마이너리티란 여러가지 요인이 복합적으로 작용하면서 역사적으로 만들어지는 상대적인 개념이라고 할 수 있다.

④ 재일코리안

원래 식민지 시대에 일본에 정착한 사람들과 그 후손들(1991년의 특례법에 의해 인정된 특별영주권자, old comer)을 가리켜왔지만, 지금은 1965년 한일국교정상화조약 이후에 일본에 정착한 사람들(new comer)까지 포함해 재일코리안이라 부르는 게 일반적이다. 또, 대한민국이나 조선민주주의인민공화국의 국적 소유자 이외에 귀화를 했거나 이중국적자 등 코리아 반도에 뿌리를 갖는 모든 사람을 재일코리안의 범주에 넣는 경우도 있다. 이들에 대한 호칭도 많아, 재일동포·재일교포·재일조선인·재일한국인(재일한인)·재일코리안·자이니치(在日·zainichi) 등 경우에 따라, 말하는 사람에 따라 다양하게 불려지고 있다. 이 호칭들은 각각 다른 역사적인 배경을 갖고 있지만 이 글에서는 그러한 배경에 예민하게 구애받지 않고 주로 "재일코리안"을 사용하면서 문맥에 따라 다른 호칭을 쓰기도 한다.

⑤ 민족교육

이 개념은 이념적으로 사용되는 경우가 많아 추상성이 높고 애매하여 의미의 변화나 분화가 일어나기 쉽다. 크게 보면, (소수)민족의 언어나 문화의 계승을 주목적으로 하는 ethnic education과 민족 혹은 국민의 동질성을 유지, 형성시키기 위한 education for nation building으로 나뉘어 사용되고 있다. 재일코리안의 경우, 해방과 함께 시작한 국어강습을 민족교육이라고 부른데서 이 말의 연원을 찾을 수 있으므로 이때의 민족교육은 전자의 의미로 이해될 수 있다. 다만, 그 후에 국민형성교육이라는 의미로 사용되는 경우가 많아진다.

⑥ 선택제한정황

스스로 생각하고 의사를 결정(판단)하여 선택할 수 있는 폭이 제한되어 있는 정황을 말한다. 이러한 정황은 자신의 능력 부족 때문에 생길 수도 있고 외부의 압력이나 강제 때문에 생길 수도 있다. 이 글에서는 가난과 무학 혹은 내부 분열이라는 내적인 요인을 부인하지 않지만 그 내적인 요인을 부른 식민지, 동서대립체제 및 반공체제, 독재적 국가체제 등의 외적인 요인에 무게를 싣고 재일코리안들이 자신의 삶에 대하여 스스로 판단, 선택할 수 없는 정황에 놓여 있었던 사실을 설명하는 개념으로 사용하고 있다.

⑦ 아이덴티티(identity)

아이덴티티란 심리적인 상태를 설명하는 추상성이 높은 개념이기 때문에 커뮤니케이션의 당사자간에도 합의된 이해에 도달하기 어려운 경우가 많다. 사전적 의미로 보면, ⓐ 인격체로서의 한 인간이 시간적으로나 공간적으로 일관된 인식·가치관·행동양식을 갖고 있으며, 그것이 타자나 공동체로부터 인정되는 것으로, (자기)동일성·정체성이라고 번역할 수 있다. ⓑ 어떤 사람이나 조직, 집단이 가지고 있는 타자와 구별되는 특성·정서·신념으로, 이것들을 집단 구성원이 공유할 때 집단적 속성으로 나타나기 때문에 동질성이라고 번역할 수 있다. 사전적 의미상으로 보면 아이덴티티는 고정된 것으로 이해되기 쉽지만 교육의 관점에서 본다면 아이덴티티는 변화-발달하는 것이다. 개개인의 아이덴티티의 발달이 결과적으로 집단적 속성의 변화로 이어지기도 한다.

⑧ 자이니치 아이덴티티

재일코리안이 자신들의 아이덴티티가 조국(인)과도 일본(인)과도 다른 독자적인 것이라는 인식·의식에서 나온 말이다. 재일코리안의 자기동일성, 코리안 집단의 독자적 동질성을 나타내주고 있다.

⑨ 상근(相近·convergence)

번역어이기 때문에 한국어로서는 흔히 사용하는 말도 아니고 어색한 느낌도 주지만, 물리적으로 본다면 각각 반대 방향 혹은 다른 곳에 있던 것이 서로 접근하여 어느 한 지점에서 만나는 것을 의미한다. 이 글에서는 서로 다른 생각이나 정책 혹은 목적을 접근시켜 비슷하거나 같은 걸 만들어가는 행위라는 의미로 사용하는 경우가 많다.

⑩ 호혜(互惠·reciprocity)

호혜는 흔히 사용하는 말이기는 하지만 reciprocity의 번역어로 가져온 것이다. reciprocity는 1950년대 초 피아제(Jean Piaget·1896-1980)가, 자신과 타자의 입장이 상대적임을 이해하고 입장을 바꾸어 사실이나 현상을 인식한 위에서 의사결정-선택(교환적 선택-exchangeable choice)을 할 수 있는 능력의 발달을 규명하는 연구에서 활용하여 학술적 개념으로 자리잡은 말이다. 서로 다른 개인이나 집단 혹은 국가가 서로 돕고 이익을 가져다주는 행위 또는 상황을 의미하기도 한다.

⑪ 코스모폴리타니즘(cosmopolitanism)

그리스어의 kosmos(우주, 세계)+polites(시민)의 합성어로 인류 전체를 하나의 세계시민으로 보려는 견해이다. 이 생각은 고대 사회로부터 있어왔고 근대의 휴머니즘이나 인류공동체이념(Immanuel Kant·1724-1804), 그리고, 프랑스혁명의 자유, 평등 사상으로 이어지는 뿌리 깊은 이념이다. 다문화교육에서는 문화적 아이덴티티 발달의 정점에 코스모폴리타니즘의 형성을 위치시키고 있다. 이는 갑작스러운 세계주의로의 비약이 아니라, 최고의 보편적 가치를 모든 도덕적 귀속 책임의 주체인 인간(개인)의 존엄성 실현에 두고, 그 보편적 가치를 공유할 수 있는 자질과 능력의 형성을 의미한다. 다문화교육은 이러한 의미의 코스모폴리타니즘, 즉, 상근·호혜와 같은 공생의 자질과 능력을 갖춘 인간의 발달을 추구하는 교육이라고 할 수 있다.

위의 개념들은 다음 〈그림 1〉과 같이 서로 의미나 설명을 보완하기도 하고, 서로 영향을 주고받기도 하고, 원인과 결과를 나타내기도 하는 등 구조적으로 연결된다.

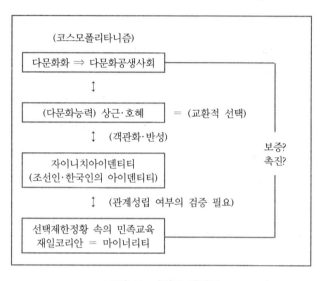

〈그림 1〉 키워드 관련도

2 이 글의 의도

이 글을 통해 밝히고자 하는 것에 우선 두 가지가 있다. 하나는 재일코리안이라고 하는 마이너리티가 스스로 다문화공생의 삶을 모색해왔고, 결과적으로 일본의 다문화공생사회 구축에 중요한 역할을 할 가능성을 시사하고 있다는 사실이고, 또하나는 교육의 주체인 학습자(어린이)의 아이덴티티의 발달이 다문화공생사회를 열어가는 필수적인 조건이라는 사실이다. 이 사실들을 밝히는 과정에서 재일코리안의 민족교육이 다문화교육으로서의 새로운 지평을 열어갈 수 있는 가능성도 생각해보고자 한다.

민족교육을 포함해 재일코리안에 관한 논의나 연구는 주로 재일코리안의 사회적 지위나 이익을 높여야 한다는 정의와 공정, 인권의 논리가 바탕에 깔린 계몽, 사회적 운동의 성격이 강한 경향을 띠고 있었다고 볼 수 있다. 이와 같은 성격의 논의나 연구는 많은 성과를 축적해왔다. 그 성과는 실제로 재일코리안 자신과 일본인의 의식 변화에 큰 영향을 미쳤고 일본인과의 연대 운동을 통해 재일코리안의 지위나 이익 향상에 공헌해왔다. 그러나, 이런 활동은 어둡고 배타적 차원을 벗어나기 어렵고 객관적이고 보편적인 방법이나 성과를 보장하기 어렵다는 한계를 갖는다는 점도 부인할 수 없다.

그러한 한계를 염두에 두면서, 재일코리안이 선택제한정황을 극복하고, 자신의 아이덴티티를 개발해가면서 결과적으로 스스로의 주체적 선택을 통하여 공생의 길을 모색해온 과정을 밝히고 싶다. 이 시도로 보편적 설명능력을 갖는 결과를 얻을 수 있다면, 마이너리티의 주체적 선택이 보장되는 조건 아래에서의 문화적 아이덴티티의 발달이 다문화공생사회를 열어가는 열쇠가 될 수 있다는 일반화가 성립될 수 있다고 본다.

지금까지의 다문화교육이나 재일코리안의 민족교육이나 교육의 주체인 학습자의 발달보다 국가나 사회가 필요하다고 선정한 지식·가치와 같은 교육의 객체를 우선해왔다. 교육을 통하여 학습자 스스로가 다양하게 개발하도록 돕고 발달할 것으로 기대해야 할 아이덴티티를 지금까지는 국가·사회가 설정하는 민족·국가(국민)와의 동질의식 혹은 애국심과 같은 고정된 정서나 가치로 간주해왔고, 이를 학습자에게 강제로 주입(indoctrination)하려고 해왔다는 것이다. 이는 학습자의 발달을 위한 사회적 행위로서의 교육의 본질에 어긋날 뿐만 아니라 다문화교육이나 민족교육이 지향하는 더불어 살아가는데 필요한 자질이나 능력의 발달을 저해한다고 보지 않을 수 없다.

이 글에서는 아이덴티티를 동태적으로 파악하여 변화-발달하는 개개인의 정서·태도·가치·신념으로 보고 있다. 코스모폴리타니즘의 형성을 정점으로 하는 문화적 아이덴티티의 발달이 곧 타자와 더불어 살아갈 수 있는 자질과 능력을 갖춘 인간형성으로 이어진다는 관점에 서있다는 것이다. 그리고, 재일코리안의 아이덴티티의 발달이 그 과정에 어떻게 근접하고 있는지를 살펴봄으로써 재일코리안의 공생 지향의 노력과 변화과정을 확인하려고 한다. 이 작업의 결과, 실천적 차원에서, 재일코리안이 스스로의 아이덴티티의 발달에 토대하여 다문화공생의 삶을 선택할 수 있었고 결과적으로 일본의 다문화공생사회 구축에 공헌할 수 있다는 사실이 밝혀지고, 이론적 차원에서, 마이너리티 재일코리안의 아이덴티티 발달과정의 검토를 통하여 문화적 아이덴티티 발달의 일반정형의 도출 혹은 검증의 가능성이 확인되기를 기대한다. 그리고, 재일코리안의 민족교육을 다문화교육의 문맥에서 새롭게 설계하고 실천할 수 있는 이론과 방법을 모색하는데 필요한 실마리를 얻고 싶다.

위와 같은 의도 아래 이 글을 다음과 같이 구성한다.

① 재일코리안의 선택제한정황

마이너리티일 수밖에 없었던 재일코리안이 선택제한정황 속에서 체제가 요구하는 아이덴티티의 육성 이외의 선택이 불가능했었다는 사실을 밝힌다.

② 재일코리안의 조국에 대한 "귀속-이탈 증후군"

체제가 요구해온 아이덴티티(동질성)와 현실 사이의 괴리를 체험하면서 겪는 재일코리안의 갈등과 스스로를 구속해온 민족·국가·문화적 아이덴티티의 반성 과정을 밝힌다.

③ 재일코리안의 민족교육과 아이덴티티의 발달

국가와 조직이 주도해온 재일코리안의 민족교육이, 변화하는 주변정황에 따라 달라져온 재일코리안의 요구와 유리되어 있음을 밝힌다. 이를 위해 재일코리안의 아이덴티티의 발달 과정을 단계적으로 정리하며 민족교육의 의미를 다시 생각해본다.

④ 재일코리안의 다문화공생의 모색

다문화교육의 목표로서의 문화적 아이덴티티의 발달 과정을 정리·제시하고 재일코리안의 아이덴티티의 발달이 이 과정과 일치하는지 여부를 밝힌다.

이 글은 부분 분석적인 연구 결과에 토대하지 않고 전체 직관적인 접근에 의한 사실과 현상의 파악 위에서 작성된 것이다. 세밀한 부분의 파악이 불충분하고 부분과 부분간의 인과관계가 선명하지 않을지 모르나 재일코리안이 경험해온 아이덴티티의 발달과 다문화공생을 추구해온 노력을 구조적으로 이해하는데 도움이 되리라 믿는다.

이 글에는, 필요한 곳에서 주 등의 방법으로 밝히고 있지만, 그동안 필자 개인적으로, 혹은, 공동연구를 통하여 발표해온 보고서에서 사용한 자료를 활용한 부분이 있다. 연속된 연구 작업의 결과를 종합하고 있기 때문에 내용적으로 유사하거나 중복되어 있을 수 있음을 미리 밝혀둔다.

3 민족교육을 중심으로 보는 재일코리안의 선택제한정황

1) 체제유용성(体制有用性)에 지배되어온 재일코리안

재일코리안이 독자적으로 "민족교육"을 실시하기 시작한 것은 해방 직후부터였고 그후 우여곡절을 겪으면서 오늘에 이르고 있다. 민족교육의 변천에 대해서는 많은 연구업적들이 있고 필자도 본 총서 제6권에서 정치적 체제유용성 우선의 민족교육으로 변해온 과정을 정리한 바 있다.[1] 여기서는 재일코리안이 해방 이후에도 자신의 문제에 대해서 주체적으로 판단하고 선택할 수 없는 선택제한정황 속에서 민족교육을 실시할 수밖에 없었던 경위를 살피는 정도로 그치려 한다.

---

1) 권오정(2019) 「조선학교 교과서에서 보는 체제유용성 추구의 민족교육-고급부 「현대조선력사」를 중심으로-」『동아시아 마이너리티 사회와 타자표상』(동아시아 연구총서 제6권), 동의대학교동아시아연구소 편 박문사, pp.209-259

재일코리안이 해방과 함께 귀국을 서둘러야 할 단계에서 조국의 말도 못하는 어린 자식들이 걱정되어 「국어」를 가르치기 시작한 것이 민족교육의 출발이었다.[2] 그러나 당연히 귀국하는 것으로 생각하고 있던 코리안 중에는 자신들의 수용을 위한 준비를 갖출 수 없는 조국의 혼란과 일본당국 및 GHQ의 비현실적이고 일관성 없는 정책 때문에 귀국을 단념하고 잔류하는 자가 많았다.[3] 잔류자가 많아지자 민족교육을 주도하던 「재일본조선인련맹(조련)」은 강습소 태세의 민족교육을 학교 태세로 바꾸어갔다.

초창기 민족교육은, 첫째, 귀국 준비를 위한 것이었지만 자연발생적으로 시작된 것은 아니었다. 재일코리안의 지식인들이 중심이 되어 조직한 조련의 주도 아래 이루어진 계획적이고 의도적인 교육활동이었다.

둘째, 이때의 민족교육은 일본으로부터의 이탈의지보다 조국으로의 귀속의지가 강한 것으로, 배타적(반일적) 성격의 정치적 내셔널리즘과 거리를 두는 원초적인 정서적 내셔널리즘에 바탕을 두고 있었다.

셋째, 조국을 향한 향수 혹은 귀속의지에 바탕을 두고 있었기 때문에 오히려 이 교육에 대한 열정은 대단히 뜨거울 수 있었다. 조국에 대한

---

2) 藤島宇内·小沢有作(1966)『民族教育－日韓条約と在日朝鮮人の教育問題－』青木新書, pp.42-43 참조

3) 일본정부와 GHQ는 조선인의 귀국시, 한반도에 남아있던 일본인을 귀환시키기 위해 보내는 인양선을 이용하게 했을 뿐 별도의 귀국선도 제공하지 않았고, 귀국시에 통화 1000엥, 짐 250파운드(113kg) 이상 지참할 수 없도록 제한했다. 이런 상황에서 1946년 말까지의 귀국자가 130만에 그쳤다고 한다. 「歴史教科書·在日コリアンの歴史作成委員会」編(2006)『歴史教科書·在日コリアンの歴史』明石書店 pp.66-67참조. 다만, 해방 당시 재일코리안의 수는 정확히 파악되지 않아 자료에 따라 200만에서 240만까지 큰 차이를 보인다. 재일본대한민국민단 웹사이트에 따르면, 1944년 193만 6,843인이었던 것이 1947년에는 59만8,507인으로 줄고 있다. 이 통계대로라면 1946년 말까지 130만인 정도가 귀국한 셈이며 이는 위의 자료를 비롯한 다른 자료와도 일치한다.
http://www.mindan.org/syokai/toukei.html(2019.9.11)

그리움이 그대로 민족교육에 투영되었던 것이다.[4]

해방을 맞이한 시점에서도 마음대로 귀국할 수 없었던 점 하나만 보아도 재일코리안이 선택제한정황에 처해있었던 사정을 미루어 알 수 있다. 그래도 이때만 해도 재일코리안이 지식인을 중심으로 스스로의 선택에 따라 어린이를 위해 조국의 말을 가르칠 수 있었다.

그러나 이데올로기의 대립 체제가 극명해지면서 재일코리안의 민족교육을 둘러싼 선택제한정황은 심하게 좁혀들기 시작한다. 동서대립체제의 틀이 동아시아 질서를 지배하게 되었고, 특히 한반도는 동서대립이 가장 첨예하게 나타난 지역이 되었다. 남북이 단절되고 급기야 민족간의 전쟁까지 치러야 했던 것이다. 일본은 GHQ(실질적으로 미국)의 지배 아래 반공태세를 강화해갔다. 그리고 한반도와 일본 양쪽 체제의 통제를 받는 재일코리안은, 뒤에 자세히 살피는 것처럼, 분열과 갈등 그리고 체제 순응의 길을 갈 수밖에 없었다.

이러한 상황 속에서, 민족교육을 주도하는 조련은 일본공산당과 연결되어 있으며 조선인의 학교에서는 공산주의를 가르치고 있다는 보고를 받은 GHQ는 조선인의 학교를 감시하기 시작했고, 1948년 1월 일본 문부성은 지방자치단체에 의무교육의 수행(조선인의 일본인 학교 취학)을 강화할 것과 조선인 학교에서 정규교과로서의 조선어의 교수를 금지한다는 통달을 보낸다.[5] 실질적인 민족교육의 폐쇄를 의미하는 것이었다. 이에 재일코리안은 저항을 했고 이것이 한신(阪神)교육투쟁이다.

1950년의 한국전쟁을 전후하여 재일코리안은 체제 갈등의 소용돌이

---

4) 첫째~셋째의 내용, 권오정(2019) 앞논문 pp.214-215에서 일부 수정해 옮겨옴.
5) 崔紗華(2015)「占領期日本における朝鮮人学校ー学校の閉鎖と存続をめぐってー」
『早稲田政治公法研究』第108号, pp.1-17 참조

속에서 자신들의 요구와 선택과는 상관 없이 국가 혹은 국가적 조직이 요구하는대로 따라갈 수밖에 없는, 철저한 선택제한정황 속에서 살아가게 된다. 민족교육에 대하여 한국은 한국의 체제유용성(체제가 필요로 하고 체제의 유지에 이익이 되는 정서나 이념)에 따른 교육을 요구했고, 조선민주주의인민공화국은 또 그들의 체제유용성에 따른 교육을 요구했다. 한국의 요구는 반공교육으로 요약되었고 일본 역시 같은 요구를 했다. 조선의 요구는 사회주의 공화국 건설에 직결되는 충성심·이념교육으로 요약되었다. 배타적인 정치적 내셔널리즘이 민족교육을 지배하게 된 것이다.

1965년의 한일국교정상화조약 체결을 전후해서, 체제유용성 우선이라는 기본 방향은 바뀌지 않은 채, 민족교육에 큰 변화가 일어난다. 우선 한일조약의 체결로 입지가 좁아진 재일본조선인총련합회(조총련)계의 동요와 저항에 주목할 필요가 있다. 당시 조총련의 입장은 다음과 같이 조선학교의 교과서에 잘 나타나 있다.[6]

> 특히 일본당국이 1966년 1월 재일동포들의 〈법적지위에 관한 협정〉의 〈발효〉를 계기로 재일동포들에게 〈協定永住権〉申請과 〈韓国国籍〉을 강요해나서자 (공화국국적법에 규제된 자기들의 공민권을 지키기 위한) 투쟁은 더 적극적으로 진행되었다.

조직(조총련)의 저항과 통제에도 불구하고 한일조약 이후 한국적으로 국적을 바꾸는 조총련계 재일코리안이 늘었고 조선학교에 취학하는 어린이는 점점 줄어들었다.[7]

---

6) 조선학교 교과서(2007) 『현대조선력사』고급2재판), 학우서방, pp.89-91
7) 1955년 조총련이 결성될 당시 민단계와 조총련계의 인구비는 5:55라고 했지만 2015

또 하나 주목할 것은 민단(한국)계 재일코리안의 교육 사정이 크게 변화했다는 사실이다. 한일회담이 진행되는 과정에서 일본은, 영주권을 취득한 한국인 자녀의 의무교육과정은 (일본인과) 동등하게 대우하고, 고등학교, 대학 진학은 기회균등의 원칙에 따른다는 내용을 골자로 하는 「재일 조선인 청소년의 일본인 학교에의 취학 촉진에 관한 건」을 상정, 협의에 들어갔다. 한국 정부는 이를 재일코리안의 교육권을 보장하는 것으로 받아들여 승인했다. 그리고 민단 역시 이를 받아들였고 실제로 조약 체결 이후 민단계의 많은 어린이들이 일본인 학교에 취학하게 된다. "한국말 모르는 재일동포"가 이렇게 만들어지기 시작했다.[8]

재일 조선인의 일본인 학교에의 취학 촉진은 재일코리안의 민족교육을 부정하는 일본의 동화교육정책에서 나온 것이었다. 1965년 12월 17일 한일조약이 비준된 직후인 12월 28일 문부차관이 지자체에 보낸 다음과 같은 통달을 보면 그 사정을 알 수 있다.[9]

① 한국국적 조선인 청소년의 일본인 학교에의 취학을 제도화한다.
② 조선인 학교에 일본의 교육법령을 적용한다.
③ 모든 조선인 청소년에게 일본인화를 위한 동화교육을 확대 실시한다.
④ 장기적으로, 조선인을 형식면에서나 내용면에서나 일본 민족으로 융화시켜간다.

년 현재 민단계 49만1,711인에 대하여 조총련계는 3만 3,939인이다. (앞 민단 웹사이트). 또 1955년 당시 155개교였던 조선학교는 2018년 현재 66개교이다. 『학교법인도쿄조선학원 2018』 참조

8) 李修京·權五定(2018) 「在日コリアンの'共生に生きる'という主体的選択(1)―在日コリアンの"民族教育"の変遷過程を辿って―」『東京学芸大学紀要人文社会系Ⅰ』第69集, pp.113-125 참조

9) 藤島宇内·小沢有作(1966) 앞책 p.96

결국, 한국정부는 일본정부의 동화교육정책에 동조한 셈이고, 민단은 그 결과를 받아들일 수밖에 없었다. 동서대립체제, 한미일의 역학관계 속에서 재일코리안의 선택의 폭에는 한계가 있었던 것이다.

민족교육을 포함한 현대사회의 교육활동이 거의 학교에 의존하고 있는 현실을 감안할 때 일본인 학교에 취학할 수밖에 없었던 재일코리안(특히 민단계)의 어린이들이 모국어를 충분히 구사할 수 없게 된 책임을 "한국어도 모르는 동포"에게 돌릴 수 없는 이유도 재일코리안의 선택제한정황에서 찾아야 할 것이다. 교육 특히 언어교육은 가정에서 이루어질 수 있다는 반론도 있을 수 있겠지만 재일코리안사회의 세대교체 라는 또하나의 현실을 감안해야 할 것이며, 한국 정부가 재일코리안을 위해서 세운 학교가 하나도 없다는 사실도 잊어서는 안될 것이다.

2) 마이너리티 재일코리안의 탄생

재일코리안의 선택제한정황이 운명적으로 굳어진 이유 중에는 그들이 처음부터 사회적 약자였다는 현실이 있었음을 부인할 수 없다.

재일코리안은 일본사회 안의 사회적 약자-마이너리티로서 살아왔다. 재일코리안의 마이너리티성은 단순히 사전적인 의미의 소수집단이기 때문에 성립하는 게 아니며, 일본인과 인종·종교·언어가 다르기 때문만도 아니다. 소수이면서도 마이너리티 집단에 넣을 수 없는 경우도 많고, 재일코리안이 일본인과 인종적으로 구분된다고 볼 수도 없다. 일본인의 종교문화가 느슨하고 불교적인 요소를 많이 갖고 있기 때문에 재일코리안들이 종교적인 이유로 일본사회에서 배제될 가능성도 크지 않고, 재일코리안의 일본어 능력이라면 언어적인 장벽 때문에 일본인과의 커뮤니케이션이 어려울 것이라고 보기도 어렵다.

재일코리안이 철저한 마이너리티로 살아올 수밖에 없었던 것은 다음과 같은 요인들이 구조적으로 작용해왔기 때문이라고 보아야 할 것이다. 그리고, 그러한 요인들은 재일코리안을 "특수한" 마이너리티의 집단으로 만들었다고 볼 수도 있을 것이다.

① 밀어내기 요인(pushing factor)에 의한 이동-경제적·사회적 약자

1910년 이전에도 일본 열도 안에 조선인이 정착하고 있었다는 보고가 전혀 없는 것은 아니지만 공식적으로는 일본 안에 재일코리안사회가 형성되기 시작한 것은 말할 것도 없이 한반도가 일본의 식민지로 전락하면서부터라고 보는 것이 일반적이다. 다만, 1911년에는 재일코리안이 불과 2,527인에 지나지 않았고 1916년에 5,624인으로 늘어나는 정도였다. 그것이 1917년에 1만4,502인, 1918년에 2만2,411인으로 급격히 늘었고, 1924년에는 11만8,152인으로 10만대를 넘어섰다. 1931년 유조호(柳條湖)사건으로 만주사변이 일어나고 이후 중일전쟁, 태평양전쟁이 진행되는 과정에서 나타나는 강제이동을 포함한 대량의 인구이동을 제외하면, 1910년대 말부터 1920년대초에 일본으로의 코리안의 이동이 가장 급격히 늘어난 사실에 주목할 필요가 있다.[10] 일본이 식민지 조선에서 토지조사사업을 전개한 시기와 맞물리기 때문이다.

일본은 1910년부터1918년까지 ① 일본 자본의 토지점유를 원활히 하기 위한 토지 증명제도(등기제도)의 확립, ② 세원의 확대, ③ 국유지의 창출(총독부의 소유지 확보), ④ 일본으로의 쌀 반출량 증대 등의 목적으로 대대적인 토지조사사업을 실시하였다.[11] 조사사업의 결과에

---

10) 앞 민단웹사이트 「1. 在日同胞年度別人口推移(法務省入管資料)」 참조

따라, 등기되지 않은 토지를 국유화하고, 지주 이외 실질적인 토지 소유권 혹은 경작권 등을 행사하고 있던 농민(소작농 등 빈곤 농민 포함)들까지 토지와의 관계에서 배제하였다. 이는 영국과 같이 식민지 경영의 경험이 많은 나라들이 선주민의 전통적인 토지 소유나 경작권 제도가 갖는 허점을 찔러 그들의 토지를 빼앗던 수법과 같은 것이었다.

　조선의 토지제도가 근대적인 관점에서 볼 때 불합리하고 미비한 점이 많았다 해도 그 제도 아래 나름대로 안정되어있던 조선의 농촌 질서는 파괴되었고, 토지와의 관계에서 배제된 많은 농민들은 농촌으로부터 밀려날 수밖에 없었다. 농촌의 밀어내기 요인에 의해 밀려난 농민들은 일단 도시로 이동하지만 당시의 조선의 도시는 그들을 받아들일만한 생산능력(노동시장)을 갖고 있지 않았다. 도시빈민이 된 농민들 중, 선전광고나 소문을 믿고 다시 일본으로 이동하는 자가 생겨났던 것이다. 토지조사사업을 통해 공업발전에 필요한 노동력을 조달하려는 것도 일본의 의도였다는 견해도 있지만,[12] 당시 일본의 공업 발전 정도가 "외지"의 노동자를 끌어들이는 요인으로 작용했다고 보기는 어렵다.[13]

　이처럼 전통적인 토지제도의 붕괴로 농촌에서 밀려난 가난한 사람들이 노동인구를 끌어들일 정도의 산업력도 의심스러운 일본으로 갔을 때, 그들은 처음부터 경제적으로 나 사회적으로 더할나위 없이 허약한 마이너리티일 수밖에 없었다.

---

11) 한국정신문화연구원『한국민족문화대백과사전』참조
12) 위의 책 참조
13) 1920년대 당시 일본의 15세 이상의 인구는 35,546,851인이었고 노동에 종사하지 않는 자가 9,680,656인이나 되었다. 유휴 인구 안에 포함되는 노령자나 학생을 염두에 두더라도 당시 일본의 산업 규모나 노동시장이 "외지"에서 노동자를 불러들여야 할 정도라고 보기는 어렵다.
(総務省統計局『国勢調査報告』https://www.stat.go.jp(2019.10.2.)

② 패전국의 식민지 출신-국제적·정치적 약자

해방 직후 승자의 입장에 서서 떳떳했어야 할 재일코리안들은 패전국 일본과 함께 패자의 입장에 서있었다. 미국을 비롯한 연합국은 재일코리안을 승전국의 국민으로도 연합국의 일원으로도 인정해주지 않았다. 한국(조선)이 대일 독립전쟁을 하지도 않았고 연합국군과 공동전선을 펼치지도 않았다는 이유로 그 지위를 인정해주지 않았던 것이다. 연합국은 재일코리안을 패전국 일본의 식민지 출신자에 지나지 않는 존재로 간주하고 말았던 것이다.

연합국의 이러한 입장은 1951년의 샌프란시스코 조약에도 그대로 나타나고 있다. 재일코리안들의 법적 지위를 결정하는데 가장 중요한 국적 문제에 대해 이 조약은 국적 선택권은 커녕 어떠한 명문 규정도 두지 않았다. 재일코리안의 법적 지위를 가볍게 생각해 일본이 대 영토주권을 상실한 이상 그 영토 출신자에 대한 대 국민주권도 자동적으로 소멸하였고 따라서 재일코리안들은 일본의 국적으로부터 "이탈"한 것으로 보았던 것이다. 다만, 실제로 재일코리안이 일본의 국적을 명백히 상실한 것은 일본 법무성의 「평화조약(샌프란시스코조약)의 발효에 따른 조선인 타이완인 등에 관한 국적 및 호적 사무의 처리에 대하여」라는 통달(1952.4.19)에 의한 것이었다.[14] 이후, 「일본국과의 평화조약에 근거하여 일본의 국적을 이탈한 자 등의 출입국관리에 관한 특례법」(1991.11.1.) 등에서 보는 바와 같이 재일코리안의 일본 국적 상실에 대한 공식적인 견해로 "국적의 이탈"이 굳어진 것이다.

---

14) 따라서 일본이 재일코리안의 국적을 "박탈"했다는 견해가 성립될 수 있는 것이다. 殷勇基(2016)「韓日関係の発展的課題と展望」李修京編『誠心交隣に生きる』合同フォレスト, pp.154-174 참조

해방 후 재일코리안들은 내 편이 될 수 없는 일본에서, 국제적·정치적 혹은 법률적으로 애매하고 취약한 마이너리티로서의 삶을 영위해갈 수밖에 없었던 것이다.

③ 재일코리안사회의 분열-마이너리티 속의 마이너리티

재일코리안의 불행은 자신들의 사회 안에서도 진행되었다. 해방 후 재일코리안의 민족교육을 주도한 조련이 1946년 2월 제2차 임시 전국대회 및 제3차 전국대회에서 북쪽의 조선 지지를 명백히 하면서[15] 재일코리안사회에 금이 가기 시작하였다. 1946년10월 재일본대한민국민단(민단)이 결성됨으로써 재일코리안사회는 결정적으로 분열되고 말았다. 이후, 해산된 조련을 계승하는 조총련이 1955년 5월에 결성되어 재일코리안사회는 크게 보아 민단계·조총련계로 양분된 채 오늘에 이르고 있다.

한반도의 남북에서 각각 다른 정부가 수립되기도 전에 재일코리안사회가 분열되기 시작한 것은, 이 분열이 근본적으로 동서대립구조 안에서 필연적으로 이루어진 것이라는 측면을 무시할 수 없지만, 재일코리안사회 자체가 이미 내포하고 있던 분열 가능성의 표면화라는 측면도 가볍게 볼 수 없다. 재일코리안사회의 리더십이 민주적인 합의과정을 거쳐 형성된 것이 아니었다는 것이 곧 분열 가능성의 씨앗이었다. 대부분 경제적·사회적·정치적 약자들로 구성된 재일코리안사회를 이끈 것은 일부 지식청년들이었고, 극도로 제한된 선택의 기회를 이들이 나누어 갖고 있었다. 선택의 기회가 극도로 제한된 상황이었기 때문에 지식청년들 사이에서 갈등구조가 만들어지기 쉬웠다는 것은 자연스런 귀결이었고 이 갈등이 결국 재일코리안사회를 분열로 이끌었다고 볼

---

15) 金德龍(2004)『朝鮮学校の戦後史－1945〜1972』社会評論, pp.37-42 참조

수 있다.[16]

재일코리안사회의 지식인들이 코리안사회의 발전에 크게 공헌해온 것은 의심할 여지가 없다. 민족교육의 시작에서부터 학교태세로의 발전, 교재개발 등에 혁혁한 공적을 남기고 있는 조련 역시 지식인들 중심으로 만들어진 조직이었다. 이들 지식인들은 일본의 진보적 지식인들과 교류가 있었고, 일본공산당의 창당과 운영에도 깊이 관여했다.[17] 조련이 일찍부터 북쪽의 조선을 지지하고 나온 것은 당연한 결과였다. 그리고, 이것이 재일코리안사회를 분열시킨 직접적인 계기가 된 것은 움직일 수 없는 사실이다.

재일코리안사회는 결국 동서대립체제의 구도에 따라 동(조선＝조총련)·서(한국＝민단)로 분열되었다. 그리고, 동시에 재일코리안사회는 상(上)·하(下)로의 분열을 피할 수가 없었다. 상층 리더그룹의 지식인들은 스스로 동·서를 선택했지만 하층의 대부분의 구성원들은 스스로 동·서를 선택했다고 볼 수 없기 때문이다. 동서의 갈등에 더하여 상하의 갈등이 겹쳐짐으로써 재일코리안사회는 세분화되었고 갈등구조의 다중화로 인해 더더욱 약체화된 마이너리티로서의 운명의 길을 걸을 수밖에 없게 되었다. 선택제한의 질곡이 한층 강화된 것이다.

여기서 상하로의 분열 과정을 좀더 눈여겨 볼 필요가 있다. 〈그림 2〉에서 보는 바와 같이 상부의 지식인들이 일본의 진보적 지식인들과 연계

---

16) 예컨대, 박열과 김천해의 가치관의 차이가 어떤 결과를 가져왔는지를 보아도 그 사정을 알 수 있다. 이수경(2016)「재일동포사회의 기로에 섰던 박열과 김천해」 『인물을 통해 본 민단70년사』 민단, pp.13-62 참조
17) 당시 일본의 지식인 사회 전체적인 흐름으로 볼 때 재일코리안의 지식인들과 일본의 진보적 지식인과의 깊은 교류는 전혀 이상하지 않다. 李修京(2008)「金斗鎔と新人会、その後の社会運動」「種まく人・文芸戦線を読む会」編『「文芸戦線」とプロレタリア文学』龍書房, pp.97-128 참조

내지 결합함으로써 그들의 마이너리티성이 줄어들어 제3집단의 성격을 띠어갔고, 상부의 일부 상업인들은 일본의 반공체제 속에 들어감으로써 역시 마이너리티 정도가 줄어들어갔지만, 하부 대다수의 구성원들은 당초의 마이너리티 집단 그대로의 위치에 머물러있었던 것이다. 결과적으로 상부와 하부의 코리안들은 분리되어 갈 수밖에 없었다. 오늘날, 상부를 중심으로 운영되어온 조직(민단, 조총련)의 약체화가 빠르게 진행되고 있는 이유 중의 하나로 이와같은 상하 분열을 들 수 있다고 본다.

상부 : 지식인(5) + 일본의 진보적지식인 ⇒ 전문성·사상성을 띤 제3의 집단(2.5)
　　　일부 상업인(5) + 반공체제 ⇒ 체제동조자로서 제3의 집단(2.5)

갭·분리

하부 : 일반구성원(5)

* ( )안의 수는 마이너리티 정도를 나타냄.

〈그림 2〉 재일코리안의 상하 분리과정

4 재일코리안의 조국에 대한 「귀속이탈 증후군」

1) 조국이 요구해온 민족교육의 방향

　재일코리안은 동서대립체제 혹은 한미일 반공체제의 틀 안에서 체제유용성의 논리에 따라 살아야 했고 교육을 수행해야만 했다. 스스로 선택할 수 있는 폭은 제한되어 있었던 것이다. 이러한 관계는 조국과의 사이에서도 그대로 나타났다.

앞에서 보았듯이 재일코리안의 민족교육은 조국으로의 회귀 염원의 실현을 위해 시작되었다. 물리적으로 조국으로의 회귀는, 일본으로부터의 이탈을 의미하는 것이기도 하지만, 심리적인 측면에서 보자면 타자와의 관계보다는 자신의 정서적인 향수를 만족시키는 것이 우선되었기 때문에 초기의 민족교육에서 정치적인 색깔을 찾는 것은 오히려 부자연스런 일이라고 할 수 있다. 민족교육을 시작하는 시점에서는 가르쳐지는 배타적인 민족·국가·문화적 아이덴티티를 의식하고 있지 않았다고 보는 것이 온당하다는 것이다.

귀국을 단념하고 잔류하는 코리안이 많아짐에 따라 민족교육은 강습소태세에서 벗어나 학교태세 속에서 이루지기 시작한 것도 앞에서 보았다. 이때, 조련에 의해 상상하기 어려울 정도의 교과서 및 기타 교재가 출판, 배포되었다.[18]

민족교육이 학교태세 속에서 이루어지기 시작하는 것은 일본에서의 반공체제가 굳어지는 시기였다. 그 체제에 대한 반대 성향을 문제삼아 민족교육(조선학교)을 탄압하여 1948년 한신교육투쟁이 일어났고, 같은 해 한반도의 남북에서 대한민국과 조선민주주의인민공화국 정부가 수립되면서 재일코리안사회의 동·서 갈등도 격화되어갔으며 당연히 민족교육도 한국계 학교와 조선계학교(조선학교)로 나뉘어져 실시되기 시작하였다. 재일코리안의 민족교육이 동포 자신의 정서적 향수의 충족이라는 문맥에서 이루어지지 못하고 미일(혹은 한미일) 반공체제와

---

18) 조련에 의한 교과서 및 기타 교재의 편찬 배포 사정에 대해서는, 권오정(2019) 앞논문, pp.219-223 참조 바람.

한반도 남북의 각각 다른 국가체제의 요구에 부응하여 이루어지게 된 것이다. 민족교육의 방향(목표)은 정치적 이데올로기 혹은 정치적 내셔널리즘에 따라 결정되어졌고, 이 또한 재일코리안들의 선택제한의 굴레를 조이는 요인으로 작용한다.

체제(국가)가 요구하는 민족교육의 목표는 체제지향적인 아이덴티티의 육성이었다. 한국은 한국인과 똑같이, 조선은 조선인과 똑같이 조국에 충성하고 조국의 발전에 기여할 수 있는 국민적 자질의 육성을 요구해온 것이다. 가르쳐야 할 국민적 자질의 내용은 체제가 결정하고 학습자는 그것을 수용해야만 했다. 교육주체로서의 학습자의 발달이나 요구는 도외시될 수밖에 없었다.

한국계 민족학교로는 건국학교(오사카), 금강학교(오사카), 교토국제학교(교토) 등의 사립학교와 민단이 설립한 도쿄한국학교를 들 수 있다. 도쿄한국학교는 각종학교(各種学校: 학교교육법 제1조의 학교 이외에 지방자치단체장이 인가하는 교육시설)로서 일본 법령의 통제로부터 어느 정도 자유스러울 수 있지만, 건국·금강·교토국제학교는 각각 독립된 학교법인이 일본의 법령에 따라 설립한 1조학교(一条学校: 일본의 학교교육법 제1조에 열거되어있는 정규학교)이기 때문에 학사운영도 일본의 학습지도요령(교육과정)에 따라 이루어진다. 한국계 학교는 뒤에 보는 조선학교와 달리 한국과 직결되는 조직에 의해 전체적으로 통괄되지는 않으며 교육목표도 각 학교가 개별적으로 설정한다. 그러나 이들 한국계 학교도 한국의 지침에 따라 교육의 방향을 결정할 수밖에 없었다. 예컨대. 한일국교정상화 이후의 금강학원(1946년 설립)의 교육목표를 보더라도 그러한 정황을 알 수 있다.

【1968년도 금강학원의 교육목표】『('68 학교법인금강학원교육계획요람)』

① 한국인으로서의 자각과 자부심을 갖춘 사람(반공, 애국인)

② 건전한 생활능력을 갖춘 사람

③ 협조와 단결을 할 수 있고, 실천성 있는 사람을 육성함으로써 동포 사회의 발전과 모국의 발전에 기여하는 인재육성을 기한다.

【1973년도 금강학원의 교육목표】『(1973학년도학교법인금강학원교육계획)』

① 홍익인간의 교육이념을 근본으로 하는 대한민국의 국민으로서의 자 각과 긍지를 함양한다.(민족적 항존성)

② 국민교육헌장의 정신에 입각하여, ㄱ. 창조하는 능력과 개척하는 정신, ㄴ. 협동하고 단결하는 마음, ㄷ. 승공통일의 신념과 호국애 족의 충성심을 함양한다.(국가적 현실성)

③ 재일한국인 사회의 발전에 헌신, 기여하는 지도자적 자질을 닦고, 일본인과의 공동사회에서도 성공적으로 생활할 수 있는 능력을 기 른다.(지역적 현실성)

1960년대-1970년대 한국계 학교의 교육목표는 한국 국내 학교의 교 육목표와 기본적으로 다르지 않다는 걸 바로 알 수 있다. 국외의 동포-재일코리안에게도 한국인과 똑같은 민족적, 국민적 속성을 기르려고 했던 것이다. 다시말하여 재일코리안에게 요구하고 있는 아이덴티티의 육성이란 한국인과의 "동질성" 육성이었다. 그 동질성이란 당시의 군사 독재정권이 강조하는 반공·승공의 슬로건으로 포장된 권력에의 충성을 포함한 애국주의였다.

동시에, 이 애국주의의 동질성은 재일코리안사회의 또 한편의 코리 안에 대해서는 배타적인 이질성을 의미하는 것이었다는 점, 재일코리 안의 비극적 단면을 말해줄 뿐만 아니라, 한(조선)민족이 풀어야 할 과 제를 상징하고 있다. "우리"의 동질성은 타자에 대한 배타성을 의미하기 때문에, 재일코리안을 포함한 한국, 조선, 일본의 삼각관계에서만 보더라도 반공·반일·반한 혹은 반제국(한미일)과 같은 배타적 논리가 만들어져왔고 그것이 사회적 통합을 저해하는 요인으로 작용해왔다.

한국(인)과의 동질성 육성이라는 민족교육에 대한 한국의 요구는 오늘날에도 기본적으로 바뀌지 않았다. 한국정부가 제시하고 있는 재외국민교육목표에서 우선시키고 있는 것은 여전히 국민적, 민족적 아이덴티티-동질성의 육성인 것이다.

> 【한국의 재외국민교육목표】
> ① 긍지 높은 한국인상의 구현
> ② 민족적 아이덴티티의 유지, 신장
> ③ 현지 적응력 신장 및 다양한 교육 수요에의 부응
> ④ 귀국 후의 학교 및 사회 적응력 제고

한편 조선민주주의인민공화국의 민족교육기관으로 자리매김되어있고,[19] 조총련 산하 각 지역별 학교법인 조선학원이 운영하고 있는 조선학교는 조총련이 작성한 교육계획(커리큘럼)에 따라 학사운영을 하고 있다. 조선학교의 교육계획은 조총련이 작성하여 공화국(조선)과의 협의를 거쳐 확정하는 절차를 밟고 있는 만큼, 이 계획에는 체제의 요구가 보다 강하게 반영되어있을 수밖에 없다.[20] 뿐만 아니라 조선학교 교사는 조총련(교육국)이 직접 선고(채용)하고 교사의 배치까지도 중앙의

---

19) 조선대학교를 정점으로 하는 조선학교가 조선민주주의인민공화국의 교육기관임은 『학교법인(도쿄)조선학원2018)』(조선학교요람) 및 총련 웹사이트에 명시되어 있다.(http://www.chongryon.com/k/edu/index.htm/(2019.9.25))

20) 조선학교의 교육계획, 교과서의 초안은 조총련의 집필진이 작성하고, 이를 김일성종합대학과 김형직사범대학의 교수진과 수차에 걸쳐 협의, 수정하여 완성시키고 있다. 자세한 내용은 권오정(2019) 앞논문 참조 바람.

조총련이 지방본부와 각 학교법인의 교장과 연락, 협의하여 결정하고 있어 교육실천의 차원에서도 체제의 요구가 크게 작용할 것이라는 점은 쉽게 짐작할 수 있다.[21]

【조선학교의 교육목표】(『학교법인도쿄조선학원 2018』)

> 민족의 마음과 주체성, 인간의 존엄과 자주성을 기르며 풍요로운 인간성 확립을 지향하여, 지·덕·체를 겸비한 조선인으로서 조국의 통일 번영과 재일 동포사회의 발전에 공헌할 수 있는 유능한 인재를 육성한다. 또한 21세기의 새로운 시대의 요구에 답하기 위하여, 일본은 물론 세계 각 나라를 깊이 이해하고, 국제사회를 무대로 활략하는 인재를 육성한다.

이 교육목표는 추상성이 높은 개념으로 교육의 이상을 말하고 있어 국가적 요구가 감추어져있으나 이 교육목표를 나누어 보면 다음과 같은 인간의 육성을 지향하고 있음을 알 수 있다.

① 민족의 정서와 주체성을 갖춘 인간
② 풍요로운 인간성을 확립하려는 인간
③ 동포사회에 공헌할 수 있는 인간
④ 조국의 통일과 번영에 공헌할 수 있는 인간
⑤ 국제사회에서 활략할 수 있는 인간

여기서 말하는 민족의 정서, 주체성, 풍요로운 인간성은 어느 시대

---

21) 東京都(2013.11) 『朝鮮学校調査報告書』, pp.19-20 참조(도쿄토의 이 부분 기술은 日本弁護士連合会人権擁護委員会 「朝鮮学校の資格助成問題に関する人権救済申立事件調査報告書」(1997.12)에 토대하고 있음.)

어느 나라의 교육이라도 달성하고 싶은 목표이다. 다만, "민족의 아이덴티티를 확실히 확립하고…" "조선민족 고유의 전통과 문화, 생활습관 등을 소중히 하고…"를 강조하는 교육의 기본방침 및 실천적인 교재(교과서)와 아울러 보면, 이 목표에서 말하는 민족의 정서와 주체성을 갖춘 인간이란, 공화국(조선)체제에 대해 공화국의 구성원인 민족(국민)이 품고 있는 정서(충성심)를 공유하고, 공화국 리더의 통치이념인 주체사상을 내면화한 사람을 의미하며, 풍요로운 인간성이란 공화국 인민과 함께 자본주의의 탈인간적인 물질문명에 좌우되지 않고 위대한 공화국의 발전을 위해 투쟁하는 정신을 가리키고 있음이 분명해진다.

한국계 학교든 조선학교든 구체적인 내용이나 표현상의 뉴앙스에 차이가 있지만, 조국(체제)과 하나되는 아이덴티티(동질성) 육성이라는 교육목표 아래 같은 맥락의 민족교육을 지향해왔다고 볼 수 있다. 그리고, 초창기 일정기간, 동질성의 육성이라는 요구는 재일코리안의 정서적 욕구와 일치할 수 있었고 그들에게 안도와 기대를 품게 했다. 조국에의 귀속 의지를 만족시키고 조국으로의 회귀 가능성을 확인시키고 있었기 때문이다.

2) 귀국사업과 깨어진 꿈

1959년부터 1984년까지 186회(그 중 승선자 0의 경우 포함)에 걸친 "북조선 귀국선"(북송선)이 니가타(新潟)를 출발하고 있다. 이때 귀국한 사람이 9만3,339인으로 알려지고 있다.[22] 꿈에 그리던 조국 "지상의 낙원"으로 귀국하였던 것이다.

---

22) 민단 앞 웹사이트 「2. 在日同胞変化(北送による変化)」참조

그러나, 이 귀국사업이 시작되고 수년만에 재일코리안의 기대와 꿈은 깨어지기 시작했다. 귀국사업의 추진에 앞장섰던 세키키세이(関貴星)의 『낙원의 꿈 깨어지고-북조선의 진상(楽園の夢破れて-北朝鮮の真相)』의 출판은 결정적이었다.[23] 세키키세이가 이 책을 출판하게 된 계기를 그의 딸 오문자(呉文子)는 최근 다음과 같이 술회하고 있다.[24]

1960년 8월 아버지가 「8·15조선 해방 15주년 경축사절단」의 일원으로 북에 가서 체류하던 중, 청진으로 가는 차 안에서 「귀국」해 있던 청년들이, 같은 사절단원으로 동행하고 있던 『38도선의 북(38度線の北)』(북쪽의 조선을 예찬한 책으로 1959년 新日本出版社에서 출판-필자)의 저자 테라오고로(寺尾五郎)에게, "우리들은 당신이 쓴 책을 읽고 이 나라에 왔다. 당신이 썼던 것과는 정반대잖은가. 속아서 일생을 망친 우리들을 어떻게 할래?"라고 항의하는 걸 목격했습니다. 아버지의 고향 오카야마(岡山)에서 「귀국」한 친구들과의 면회도 허락하지 않았습니다. 뿐만 아니라 평양 시내를 마음대로 걸을 수도 없는 폐쇄사회였습니다. …일본에 돌아와 조총련에 대하여 실상을 감추고 「귀국」시켜서는 안된다고 호소했지만, 「반동」이라고 낙인이 찍히고 맹렬히 비난을 받아야 했습니다.(요약)

위의 증언과 같은 연유로 세키키세이는 조총련을 떠나지만 조총련에 남아있던 딸과 사위(조선대학교 교수)와는 10년간이나 절연 상태가 계속되었고, 감시와 "귀국조치"의 불안에 떨던 딸과 사위가 결국 조총련을 떠나서야 가족관계가 회복될 수 있었다고 한다.[25] 가족간의 강한

---

23) 세키키세이(원명 오귀성·1914-1986)는 조총련중앙본부재정위원, 조총련오카야마켄(岡山県) 의장 등을 지냈으며, 『楽園の夢破れて-北朝鮮の真相』(1962), 『真っ二つの祖国-続·楽園の夢破れ』(1963) 全貌社를 출판한 다음 조총련을 떠나게 되는데, 그 후 10년간 조총련에 남아 있던 가족과의 절연상태가 계속되는 등 우여곡절 끝에 결국 가족도 모두 조총련을 떠난다.
24) 「裏切られた楽園-北送60年呉文子さんに聞く-」(상) 『民団新聞』 2019.9.11.

유대를 중시하는 조선사회의 유교적 가치관보다도 정치적 체제유용성을 우선시키는 체제 동질성의 요구가 얼마나 큰 힘으로 작용하고 있었는지를 잘 말해주는 사례라고 볼 수 있다.

이후, 귀국자의 비참한 생활상이 여러 형태로 보고되고 있는데, 곤궁한 삶의 모습뿐만 아니라, 정치범으로 몰려 고통받는 실상까지 알려져 재일코리안은 물론 일본인에게까지 큰 충격을 주었다.

재일코리안 연구과제를 공동으로 수행 중인 이수경 교수와 같이 찾아가 만난 고령의 J씨로부터는 다음과 같은 증언을 듣기도 했다.

> 북조선에 딸을 보냈습니다. 1961년이었던가 … 귀국선을 타고 갔습니다. … 살기가 어렵다고 연락이 와서 이것저것 챙겨 보내기 시작했는데 보내도 보내도 못 받았다는거야. 중간에서 연락도 하고 해주는 사람(누구라고 밝히지 못하지만…)에게 물었더니 방법을 가르쳐주었어요. …세탁기를 보내는데, 그쪽 담당자 것, 윗선 사람 것, 그리고 내 딸 것, 이렇게 3대를 보냈습니다. 잘 받았다고 합디다…(후략)
>
> (2015년 10월 25일 도쿄토내 양로시설에서)

재일코리안들은 조국과 자신들이 하나가 아니라는 것을 알기 시작했다. "동질성의 보장"이 헛말이라는 사실이 확인되어간 것이다.

3) 조국에의 공헌과 투명인간, 그리고, 이질적 존재

재일코리안은 한국과의 관계에서, ① 조국(한국)에 대한 애착과 조국으로의 귀속의지, 조국과의 동질성 확인 차원의 행위로 볼 수 있는 많은

---

25) 위 인터뷰(중) 『民団新聞』 2019.9.25.

공헌을 해왔다, ② 그럼에도 불구하고 한국 속에서, 혹은, 한국과의 관계에서 재일코리안은 존재감이 희박한, 보이지 않는 "투명인간"처럼 무시당하고 심지어 제도적, 행정적, 사회적 차별까지 받아야 했다, ③ 뿐만 아니라 조국의 정부가 날조한 「재일동포 간첩단 사건」으로 재판에 회부되었고 대부분 무죄가 선고되기는 했지만 이로 인해 일생을 망친 재일코리안이 많았다는 비극적인 체험을 해왔다.[26]

재일코리안과 한국과의 관계를 살필 때 확실히 눈에 띄는 것은 한국 정부가 "재일동포"의 입장보다도 자신들의 체제유용성만을 우선시켜왔다는 사실이다. 조국 사회의 밀어내기 요인에 의해 일본에 정착할 수밖에 없었던 재일코리안은 "기민(버려진 백성)"이라고 볼 수 있고, 한일국교정상화를 위한 회담 과정에서도 그들의 법적, 사회적 지위에 대한 충분한 논의는 커녕, 재일코리안을 포함한 개인의 권리를 국가(한일)간 합의에 의해 박탈하고 말았다. 오늘날 한일관계를 최악의 상황으로 몰아가면서 국익을 손상시키는 직접적인 요인이 되어있는 징용공 문제는 바로 이렇게 씨가 뿌려진 것이다. 뿐만 아니라 국내의 정치적 불안 요소를 해소하기 위해서 「재일동포 간첩단 사건」까지 날조했다. 그러면서 한국정부는 재일코리안에게 조국의 경제 발전을 위한 투자를 요구했고, 올림픽과 같은 국가적 사업에 공헌할 것을 권유했다. 재일코리안은 이러한 요청이나 권유에 답하여왔지만 이에 대하여 조국에서 돌아온 것은 무시와 차별이었다는 것이다.[27]

---

[26] 재일코리안의 한국에 대한 경제적 공헌에 대한 자세한 내용은 본 총서 이민호기자의 글을 참조하기 바람.

[27] 예컨대, 1960-1970년대 서독 파견 노동자들의 외화 송금에 대해서는 국정교과서에 애국 행위로서 기술하고 있지만 재일코리안의 공헌에 대해서는 한 줄의 기술도 없다.

재일코리안과 조국과의 관계를 살필 때, 국가와 개인간의 정치, 제도, 행정 등의 레벨뿐만 아니라 개인적인 사적 레벨에서 얽히는 가족, 친척, 개개인의 인간관계나 사회적, 문화적 인습 등에도 주의를 기울일 필요가 있다. 이수경 교수와 함께 행한 다음의 인터뷰에서 개인적 레벨의 관계에서 연유되는 문제를 확인할 수 있었다.

【한국 거주의 재일코리안 인터뷰】
○시간: 2019년 8월 17일 14시 30분~18시 30분
○장소: 서울시내 N호텔 회의실
○참석자: 한국 거주 재일코리안 A·B·C(3인 모두 70대 여성), 이민호
(코디네이터), 이수경, 권오정
○방법
① 한국에 거주하게 된 계기, ② 한국에서의 직업·일, ③ 한국에 살아 좋았던 점, ④ 한국에서 겪은 어려웠던 점(물리적·제도적 측면), ⑤ 한국에서 겪은 어려웠던 점(심리적·인간관계의 측면), ⑥ "한국인"으로서의 동질감·이질감, ⑦ 일본에 대한 그리움·돌아가고 싶은 마음 등, ⑧ 일본(친척·친구 등)과의 교류, ⑨ 한일관계의 변화에 따르는 심리적 부담, ⑩ 한국(인)에 대한 생각·일본(인)에 대한 생각 등을 듣고 싶다는 내용을 미리 전하고 A·B·C의 얘기를 듣고 나서 자유스럽게 질의 응답하는 시간을 갖음.

○인터뷰 내용(종합·요약)
① 일본에 유학하고 있던 한국 출신의 남성과 결혼하여 함께 귀국했다(A·B). 한국에 취직자리가 있어 귀국했다(C).
② 귀국하기 전의 한국의 경험은 일시적 거주, 모국수학·어학연수 참가, 전혀 무경험 등 각각 다름.
③ 귀국 당시 한국은 경제적으로 여유가 없어 복지제도가 정비되어 있지 않았기 때문에 육아 지원 등 국가나 자치단체로부터의 경제적, 행정적

서비스를 받을 수 없었다.

④ 한국에 유학하는 재일코리안의 기숙사 건립, 한국 어린이를 위한 교육시설의 건설을 위해 일본에서 모금 활동을 했다.

⑤ 귀국해서 겨우 살 곳을 마련하자마자 남편의 조카가 와서 함께 살아야 했고 사전 연락 없이 시댁 식구나 친척들이 찾아와 체류하는 일이 자주 있었다.

⑥ 일본 출신의 부인이라 남편의 출세에 도움이 되지 않는다는 클레임이 잦았고, 처가로부터의 원조를 바라는 경우도 많았으며, 폭력을 받기도 했다.

⑦ 시댁으로부터는 타인과 같이 취급 받았고, 따뜻하게 대해주는 사람도 있었지만 대부분 한국 사람이 되려고 노력해도 허무한 결과가 많았다. 언제까지고 "일본 아지매"라고 불렸고 한국 사람들의 동아리에 넣어주지 않았다.

⑧ 정보기관의 조사를 받은 적도 있고 한일관계가 나빠지고 반일 분위기가 확산되면 이단시하는 사람이 많았다.

⑨ B의 경우, 한국에 같이 왔던 아버지의 묘를 어머니와 함께 일본에 모셨다.

위의 결과에서 알 수 있듯이 재일코리안이 조국(인)과 동질적 존재가 될 수 없는 것은 국가적 정치적 차원의 요인에 의한 것만은 아니라는 게 분명하다. 개인적 차원의 인습 혹은 가치관 내지 문화의 차이가 재일코리안이 조국(인)의 동아리에 들어가지 못하게 거부하고 있는 것이다. 국가는 이러한 사실을 파악하지 못한 채 체제의 논리에 따른 민족교육을 요구하고 있는지, 사실을 무시하고 있는지는 확인하기 어렵다.

4) 재일코리안의 "귀속-이탈 증후군"과 "자기찾기"

　재일코리안이 한국과의 관계에서나 지상의 낙원이라고 찾아간 조선에서나 체험한 것은 본질적으로 다를 게 없었다. 그들은 조국 안에서도 마이너리티일 수밖에 없었고 조국(인)과의 동질성은 확인할 수 없었다. 재일코리안의 민족교육의 방향, 목표 설정에서 요구해왔던 아이덴티티의 육성이란 도대체 누구를 위한 것이었나?

　조국이 요구해온 아이덴티티의 육성과 유지가 재일코리안의 조국에의 귀속이나 회기의 염원을 보장해주는 동일 선상의 것이 아니라는 사실이 확인되었을 때, 재일코리안들은 자신과 조국, 혹은, 자신과 조국 그리고 거주국 일본과의 관계를 다시 살필 수밖에 없었다. 자신들을 동질적인 국민이라고 말하면서 정작 "우리" 안에 넣어주지 않고 타자로 취급하는 조국에 대하여, 〈그림 3〉에서 보듯이 귀속의지와 이탈의지를 동시에 품는 "귀속-이탈 증후군(Return-Separation Syndrome)"에 시달릴 수밖에 없게 되었다.

　재일코리안들은 일본에 대해서도 "귀속-이탈 증후군"과 유사한 구조의 갈등을 품고 있다. 지역의 문화활동 등에서는 동등한 주민으로 대하면서 (지방)선거와 같은 제도적인 차원에서는 이방인 취급을 하는 일본(일본사회, 일본인 집단)에 대해서도 참가 의지와 저항감 혹은 망설임을 동시에 갖고 있는 것이다.

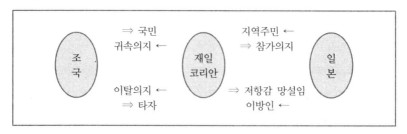

〈그림 3〉 재일코리안의 "귀속·이탈 증후군"

위에서 보는 바와 같은 복잡한 갈등을 겪으면서 재일코리안은 "자기찾기" 즉 "자이니치(在日)아이덴티티"의 형성(발달)을 모색하기 시작한다.

개인 차원의 자기찾기는 일본에서의 생활상의 편리 때문에 사용해온 통명(通名 : 일본식 이름) 대신에 본명(本名 : 조선·한국식 이름)을 사용하고, 조국의 역사보다 자신들의 역사 학습에 보다 강한 관심·의욕을 보이며, 한반도에 뿌리를 갖지만 조선·한국인과 다르고 일본에 살지만 일본인과 다른 자신들만의 독자적인 존재가치(자이니치 아이덴티티)를 강하게 어필하는 "자이니치론(在日論)"의 제기 등으로 나타났다.[28]

"자이니치론"은 공적인 차원에서의 자기찾기 움직임에도 나타나기 시작했다. 예를 들자면 한국의 요구 혹은 지침에 따라 한국인으로서의 아이덴티티-한국인과의 동질성 육성을 교육목표의 중심에 두고 있던 민족학교 건국학교와 금강학교의 교육목표의 중심이 2000년대에 들어오면서 아래와 같이 "재일한국인"으로서의 자각과 긍지의 함양으로 바

---

28) 대학에서의 본명으로의 등록 사례, 1970년대~1980년대의 10년동안에 자신들의 역사 학습에 대한 요구가 두 배 이상으로 늘어난 조사 결과 등 재일코리안의 "자기찾기"의 동향에 대한 자세한 내용은, 李修京·權五定(2018)앞 논문 참조 바람.

꿰고 있는 것이다.

【건국학교의 교육목표】(『2016년도 백두학원교육계획』)
① 재일한국인으로서의 자각과 긍지를 함양한다.
② 국제사회에 주체적으로 적응하는 능력을 기른다.
③ 자주적인 생활실천을 통하여 사회에 봉사하는 인간을 육성한다.
④ 개성을 신장시키고 창조성을 양성한다.

【금강학교의 교육목표】(『2016학년도 금강학원학교경영계획서』)
① 재일한국인으로서의 긍지를 갖게 한다.
② 소질과 적성을 계발하여 바람직한 인성을 기른다.
③ 신뢰 받는 학교, 교사상을 구축한다.
④ 다문화공생사회를 선도할 수 있는 인재를 육성한다.

"재일한국인"으로서의 발달, 국제사회나 다문화사회를 살아가는 주체적인 인간형성, (일본사회에서의) 자주적인 생활실천과 봉사 등은 이전의 교육목표에서는 볼 수 없었던 것들이다. 학교교육을 통하여 일본 및 국제사회에서 자주적으로 살아갈 수 있도록 "자이니치아이덴티티"의 발달을 지향할 만큼 재일코리안의 "자기찾기"가 정착·성숙해있음을 알 수 있다.
　아울러, 조선학교의 교과서에서도 재일론을 다루고 있다는 사실도 눈여겨 볼 일이다. "〈재일〉이라는 조건, 〈국제화시대〉를 운운하면서 재일동포들을 일본사회의 구성원으로 보고 조국과 조직을 멀리하면서…"(『현대조선력사』고급 3 p.41)와 같이 아직 부정적인 시각이기는 하지만, 재일코리안의 변화를 외면하지 않고 교과서에 기술하고 있다는 사실은 중요한 의미를 갖는다.

5 재일코리안의 민족교육과 아이덴티티의 발달

1) "민족교육" 재고

해방과 함께 재일코리안이 귀국을 위해 자식들에게 조국의 말과 역사를 가르치면서 이 교육활동을 "민족교육"이라 했고, 오늘날까지 이 말은 그대로 사용되어오고 있다. 그러나 해방 당시와 오늘날 민족교육이라는 말이 전달하는 느낌이나 의미는 크게 달라졌다. 당시의 민족교육은 조국에 대한 향수와 조국으로의 회기 실현이라는 계산할 수 없는 재일코리안 자신(교육의 주체)이 품고 있는 뜨거운 정서와 꿈을 내포하고 있었다. 오늘날과 같이 정치적으로 계산하여 산출된 체제(교육의 객체)로부터의 요구는 내포되어 있지 않았던 것이다.

교육의 장(場)과 시스템, 교육내용 등을 염두에 두면서, 민족교육이라고 막연하고 포괄적으로 말해온 재일코리안의 교육활동이 재일코리안의 요구나 현실과 유리되어온 실상을 짚어보기로 한다.

민족교육이 시작될 당시에는 강습소 형식으로 비어있는 창고나 민가를 빌려 활동을 전개했다. 이렇게 어려운 상황에서 전개되는 교육활동이었지만 가정과 지역사회가 일체가 되어 어린이의 교육에 열정을 쏟았다. 학교태세로 바뀌어진 다음에도 가정과 지역사회가 하나되어 열정적으로 민족교육을 수행하는 과정에서 지역사회 단위로 무상교육체제를 갖추기도 해, 무지 때문에 어린이의 교육에도 무관심하다고 재일코리안을 경멸하던 주변의 일본인들을 놀라게 했다는 보고도 있다.[29]

그러나 오늘날 민족교육은 "공교육" 기관으로서의 학교에 전적으로 맡겨진 상태다. 한국계 민족학교라고 일컬어지는 건국학교, 금강학교, 교토국제학교는 일본 법령상의 사립학교로서 일본과 한국정부로부터 학교 운영의 보조금과 지원금을 받고 있으며, 한국어와 한국사 등 한국 관련 교과가 일부 들어있는 정도일 뿐 기본적으로 일본의 교육과정(학습지도요령)에 따라 학사운영을 하고 있다. "민족학교"라고 부르기조차 위화감을 갖게 한다. 민단이 설립했고 한국정부가 경제적으로 지원하고 교장 이하 일부 교사를 파견하고 있는 도쿄한국학교도 힘을 쏟고 있는 것은 민족교육이라기보다 한국과 일본의 상급학교에 진학하기 위한 수험공부이다. 도쿄한국학교에 취학하고 있는 어린이의 대부분이 귀국할 예정이거나 귀국할 가능성이 높은 뉴커머(주로 1990년대 이후 일본에 정주하고 있는 사람들)인 것도 그런 사정을 부추기고 있다.

조총련의 조선학교는 한국계 학교에 비하여 가정 및 지역의 조총련계 코리안 커뮤니티와의 유대가 강하여 일부에서는 지금도 학교가 코리안커뮤니티의 거점 역할을 하고 있다. 그러나 조선학교 역시 각종학교라 해도 일본의 법령에 근거하여 인가되었고 지방자치단체에서 보조금을 받는 공교육기관임에는 틀림없다.[30] 조총련계의 민족교육도 기본

---

29) 「학교관리조합」을 만들어 학부모가 개별적으로 부담하던 교육비를 지역의 재일코리안이 공동으로 부담하였다. 이수경·권오정·김태기·김웅기·이민호(2017)「2015재외동포재단사용역보고서」『재일동포 민족교육 실태 심화조사 및 정책방향 제시』재외동포재단, p.54 참조

30) 일본정부로부터의 조선학교에 대한 보조금 지급 정지 문제는 주로 고등학교교육의 무상화와 관련된 것이며 의무교육기간(중학교까지)은 지자체로부터 보조금이 지

적으로는 일본의 법령 아래 운영되는 학교교육을 통해 이루어지고 있고, 따라서 민족교육으로서의 한계를 갖을 수밖에 없다.

민족교육이 학교에 맡겨졌을 때, 다른 교육활동(내용)과의 관계도 있어 어디서 어디까지를 민족교육이라고 말할 수 있을지 매우 어렵고, 자칫 민족교육이라는 이름 아래 학교교육의 본질과 어긋나는 교육이 이루어질 위험도 부인할 수 없다. 학교교육의 중심은 민족교육기관에서도 예외 없이 교과활동이고, 그 중에서 「국어」와 「국사」가 민족교육을 수행하는 대표적인 교과라고 여겨왔다. 「국어」란 민족의 얼이 담겨진 민족의 말을 가르치는 것이고, 「국사」의 교수을 통해 민족정신을 계승시킬 수 있다는 생각에 토대하여 이들을 민족교육의 중심 교과에 위치시켜온 것이 잘못일 수는 없다.

그러나 「국어」를 가르치는 것이 곧 민족의 얼을 심어주는 것이라는 이념을 앞세운 단정이 반드시 실제와 부합된다는 보장이 흔들리고 있다. 2016년 재일동포 민족교육의 실태조사에서 한국어 학습의 계기(목적)를 물었을 때, "조국의 언어를 학습함으로써 민족의 얼을 이해하고 계승할 수 있을 것을 기대해서"라고 답한 사람이 22.5%였던데 비하여, "여행, 취직, 한국 드라머 시청 등에 도움이 될 것 같아서"라고 답한 사람은 61.2%에 이르렀다.[31] 민족의 얼을 이해하고 계승한다는 이념이나 규범을 중시하는 재일코리안이 22% 이상이나 존재한다는 데서 이들의 조국에 대한 마음을 읽을 수 있지만, 그 3배나 되는 사람들이 얼보다는 실용적인 사용도구로서의 모국어 학습을 선택하고 있는 것이다.

「국사」 학습을 통한 민족교육이라는 전제도 흔들리고 있다. 앞에서

급된다.
31) 이수경 외(2017) 앞 보고서, p.385

도 언급했듯이 1970년대까지는 조국의 역사 학습에 대해서는 60% 대, 자신들의 역사 학습에 대해서는 30% 대의 재일코리안들이 의욕을 보였지만, 1980년대에 이르면 그 반대로 조국의 역사 학습 희망자가 30% 대로 줄고 자신들의 역사 학습 희망자가 60% 대로 늘어나고 있다. 학습자의 요구에서 보자면 이제 「국사」가 민족교육을 위한 교육내용의 중심에 있을 수 없게 된 것이다.

모국수학에 대한 재일코리안의 생각도 바뀌고 있다. 민단중앙본부문교국이 홍보하고 있는 『재외동포 모국수학 2019년도 지원학생 모집요강』에 의하면, 모국수학은 「한국어, 한국의 역사와 문화를 배워 한민족으로서의 소양을 갖도록 함…」을 목적으로 실시되고 있는데, 한민족으로서의 소양을 학습하기 위하여 모국수학에 참가하는 재일코리안을 찾기 어렵게 된 것이다. 이미 2016년의 조사에서 확인된 바에 따르면, 모국수학에 참가하는 목적으로서 "자신에게 조국이 존재함을 알고, 조국인과 일체감을 느끼며, 같은 민족·국민으로서의 긍지를 갖는 기회를 얻고 싶어서"라고 답한 사람이 18.5%에 지나지 않았다. 그에 비하여 민족이나 국가를 일률적으로 강조하는 프로그램 내용에 대한 부정적인 태도가 눈에 띄었고, "이웃나라"의 동세대와의 교류 기회 확대를 희망하는 참가자가 많았다.[32]

민족교육의 또하나 중요한 활동으로 꼽는 민족학급의 경우, 이 역시 시작될 당시와는 크게 달라져 지금은 다문화교육의 문맥에서 새로운 가능성을 모색하게 되었다. 민족학급은 여러 유형으로 나뉘어지기도 하지만, 기본적으로는 한신교육투쟁의 과정에서 재일코리안과 오사카 후(府) 사이에 교환된 각서에 토대하여 공립 소학교에 설치되면서 운영

---

32) 위 같은 보고서, p.427

되기 시작하였다.[33] 민족학교를 폐쇄시키면서 재일코리안의 최소한의 요구를 받아들이는 형식으로 일본의 공립학교에서 코리안 어린이를 대상으로 조선어를 비롯해 역사 문화 등을 가르친 것이다. 이 학급의 운영 주체는 어디까지나 일본의 공립학교이고 재일코리안의 강사에 의해 수업이 이루어져왔다.

민족학급은 많은 변화를 겪으며 오늘에 이르고 있는데, 특히 주목하고 싶은 것은 민족학급 교실에는 코리안의 어린이뿐만 아니라 일본, 베트남 등 다국적 어린이들이 참가하기 시작했다는 사실이다. 이제 민족학급은 다문화를 가르치거나, 조선·한국 문화를 다문화권으로 발신해야 하는 교실이 되어가고 있다. 민족·국민 형성을 위한 교육의 공간이 아니라 다문화공생교육의 공간이 되어가고 있는 것이다.

재일코리안의 민족교육은 이제 그들의 정서적 향수를 달래는 교육도 아니고 체제유용성을 만족시키는 교육이 될 수도 없음이 확인되고 있다. 향수를 달래는 의미나 체제적 요구에 토대한 민족교육이 통용되기 어려울 만큼 재일코리안이 바뀌었고 주변의 상황이 변한 것이다.

2) 재일코리안의 아이덴티티의 발달

지금까지 재일코리안이 자기 인식과 의지의 변화, 조국과의 관계 혹은 조국의 체험 속에서의 갈등, 동서대립구조 안에서의 한미일의 반공체제와 재일코리안사회 자체의 분열과 마찰을 겪으면서 스스로의 아이덴티티를 발달시켜온 사실을 단락적으로 살펴보았다. 이러한 단락적인 사실들을 모아 단계적으로 정리함으로써 재일코리안의 아이덴티티가

---

33) 위 같은 보고서 중 김웅기 담당 「Ⅳ민족학급」, pp.261-351 참조

변화·발달해온 과정을 총체적으로 확인해보려고 한다. 거기에서 새로운 민족교육의 방향 모색을 위한 시사를 얻을 수 있다고 보기 때문이다.

제1단계: 재일코리안이 자신은 일본인이 아니라 조선인이라는 자각 이외에 개인적으로나 집단적으로 특별한 아이덴티티 의식이 없었던 단계이다. 귀국을 위해 어린이들에게 조국의 언어와 역사 교수로부터 시작되는 민족교육의 초기 단계로 이념적 혹은 정신적 아이덴티티의 육성 같은 의식은 염두에 없었다고 볼 수 있다. 조국의 언어와 역사의 학습은 어디까지나 꿈에 그리던 조국으로의 회기를 실현하고 귀국 후의 실용적 필요 때문에 시작한 것이었고, 따라서, 그 교육활동과 타자에 대한 배타의식이 연루될 리가 없었다. 민족교육의 배경에 일본으로부터의 이탈의지나 일본에 대한 배타적 심리는 크게 존재하지 않았다고 볼 수 있다.

제2단계: 한신교육투쟁의 과정에서 재일코리안과 GHQ 점령하의 일본과의 배타관계가 선명해지고, 재일코리안의 조선인(민족)으로서의 존재의식-아이덴티티가 표출되는 단계이다. 잔류 코리안이 많아짐에 따라 민족교육이 학교태세로 바뀌고, 민족교육을 주도하던 조련이 북쪽의 조선 지지를 분명히 하는 것과 일본의 반공체제가 굳어지는 것이 맞물리는 시기였다. 이런 상황에서 GHQ와 일본에 의한 민족교육에 대한 탄압이 이루어졌고 이에 재일코리안이 저항했던 것이다. 그 저항이 곧 재일코리안의 민족적 존재의식-아이덴티티의 발로였다고 볼 수 있다. 다만 이 아이덴티티는 무의식에 가까운 원초적(proto-) 내셔널리즘에 연유하는 것으로 재일코리안의 "당연한" 정서적 소유물로, 교육을 통해 육성될 수 있는 게 아니었다. 따라서 이 단계에서 민족교육을 통한 의도적인 아이덴티티의 육성도 특별히 요구되지 않았다.

제3단계: 재일코리안의 배타적 관계가 다중화되고 민족교육을 통해 집단적 속성-체제 순응적 아이덴티티의 육성이 요구되는 단계이다. 1948년 한반도의 남북에서 각각 다른 체제의 정부가 수립되고 1950년 에는 남북간의 전쟁까지 일어났고, 재일코리안 사회도 민단계와 조련 을 계승한 조총련계로 분열되었으며, 거기에 조직의 상층부와 하층부 가 단절되는 등 복잡하게 얽혀, 일본과 재일코리안 전체의 배타관계, 일본과 민단·일본과 조총련의 미묘하게 비뚤어진 배타관계, 민단과 조 총련의 배타관계, 민단·조총련의 상층부와 하층부의 마찰관계 등 재일 코리안을 둘러싼 배타관계는 복잡하게 다중화되어갔다. 1965년 한일국 교정상화조약 체결 이후 민단은 한미일 반공체제의 편에 서게 되고 한 국계 코리안의 어린이들은 대부분 일본인 학교에 취학하게 된다. 배타 관계의 얽힘과 아이덴티티의 혼란이 더해갔다.

민족교육은 민단계와 조총련계로 나뉘어져 이루어졌고 부분적으로 약체화되기도 했다. 그러나 민족교육에 대한 정치적 내셔널리즘의 요구 내지 지배의 정도는 강화되어갔다. 한국과 조선이 제각각 정치적 내셔널 리즘에 토대한 집단적 속성-아이덴티티(민족적·국민적 동질성)의 육성 을 요구해온 것이다. 이러한 체제의 요구를 실천하는 민족교육은 재일코 리안을 민족적·국가적·문화적 우리(national·cultural restriction) 안에 가두어두는 결과를 가져왔다.

제4단계: 재일코리안이 "귀속-이탈 증후군"에 시달리며 "자기찾기-자이니치아이덴티티"를 모색하기 시작하는 단계이다. 체제유용성 우선의 요구가 지속되지만, 조국과의 관계나 체험 속에서 민족·국민으로서의 집단적 속성이나 그와의 동질성에 대하여 의문을 품고, 체제의 요구를 수용해온 민족교육 자체를 포함한 자기반성 위에서 자기찾기가 계속되었다. 이러한 노력을 가능하게 하고 그 결과에 대한 보람이 새로운 노력의 에너지원이 되도록 한 배경에는 재일코리안의 경제적 안정, 조국의 성장을 실감케 한 한류붐, 일본(인)사회의 변화가 있었다고 본다.

제5단계: "자이니치아이덴티티"가 가시화되기 시작하고 재일코리안이 선택제한정황으로부터 빠져나와 주체적인 선택이 가능해지는 단계이다. 2000년대 이후 "재일론"이나 "자이니치아이덴티티"가 재일코리안 사회뿐만 아니라 일본인사회에서도 일상적으로 거론되기에 이르렀다.
재일코리안의 다중적 배타관계의 구조 자체에는 변화가 없지만 일본인과의 1:1의 관계에서 보는 배타성의 정도는, 예외적인 헤이트스피치나 정치적 갈등을 빼면, 완화되었다고 볼 수 있다. 그런 토대 위에서 재일코리안과 일본인은 지역주민으로서 「상근」·「호혜」의 길을 함께 모색할 수 있게 되었다.

이상의 논의를 통하여 다음과 같이 민족교육과 아이덴티티의 발달에 대한 중요한 시사를 얻게 되었다.

첫째, 아이덴티티의 변화-발달과 집단의 배타적 관계나 속성의 변화가 〈그림 4〉에서 보는 바와 같이 연동하고 있다. 배타적 관계의 다중화와 집단의 배타적 속성의 변화 사이에는 인과적인 관련성이 보이지 않지만 아이덴티티의 발달에 따라 배타적 속성이 약해져가는 경향을 읽을 수 있다.

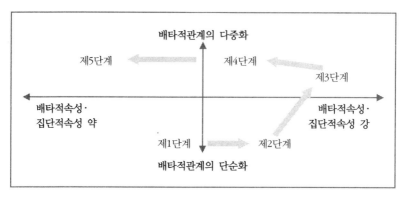

<그림 4> 재일코리안의 아이덴티티의 발달과 배타적 관계·속성의 변화

둘째, 일반적으로 사용되고 있는 "민족교육"이라는 개념은 제3단계, 즉, 체제가 요구하는 아이덴티티(체제와의 동질성)의 육성을 목표하는 교육활동 이상의 의미를 갖지 않는다. 이미 재일코리안의 아이덴티티는 제5단계까지 변화·발달되고 있다는 현실과 유리될 수밖에 없다. 민족교육의 새로운 가능성, 방향을 생각해야 할 때가 지났다는 말이다.

셋째, 재일코리안의 아이덴티티의 발달 과정에서 민족이나 국민적 혹은 문화적 구속 상태로부터 해방을 추구하는 경향, 바꾸어 말하자면, 집단적 속성으로부터 벗어나 개인으로서의 주체성, 독자성을 추구하는 경향을 읽을 수 있다. 이러한 경향을 갖는 재일 코리안의 아이덴티티의 발달 과정을 다음 〈그림 5〉와 같이 정리해 볼 수 있다.

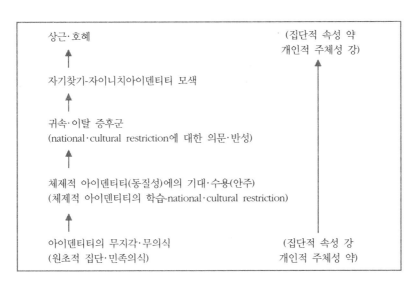

<그림 5> 재일코리안의 아이덴티티의 발달 과정(경향)

　재일코리안의 아이덴티티가 무지각·무의식 상태에서 체제적 아이덴
티티의 학습을 통해 그 속에서의 안주(구속)를 얻을 수 있었지만, 그
아이덴티티의 허구를 보았고 그에 대한 좌절과 갈등을 경험하면서 자
신의 아이덴티티를 모색하는 과정을 거쳐 변화-발달해왔다는 사실이
밝혀졌다. 이 아이덴티티의 발달 과정에서 재일코리안의 민족교육의
새로운 의미를 찾을 수 있고, 재일코리안의 다문화공생사회 구축에의
역할 가능성을 엿볼 수 있다. 이 과정은 곧 다문화교육의 문화적 아이덴
티티의 발달 방향과 기본적으로 일치하고 있기 때문이다.
　여기서 다문화교육으로서의 민족교육의 새로운 가능성을 엿볼 수 있다.
　다문화교육이 궁극적으로 지향하는 것이 다문화공생사회의 구축이
라면, 다문화교육은 민족교육을 포섭 내지 전제하고 있다고 보아야 한
다. 다문화공생사회란, 앞에서도 언급했듯이, 한 체제 안의 복수의 문화

가 자유롭고 평등하게 영위되고, 각 문화 특히 마이너리티 문화의 교육·학습이 보장될 때 성립될 수 있기 때문이다. 예컨대, 이민들에 의해 건국되고 흑인, 선주민, 히스패닉계, 아시아계 이민 등 다양한 문화 주체들이 존재하는 미국이지만, 1970년대 이전까지 미국을 다문화사회라고 볼 수 없었던 것은 백인 그 중에서도 WASP(White Anglo-Saxon Protestant)의 문화가 다른 문화를 제압하고 있었고 마이너리티의 민족교육이 이루어지지 않고 있었기 때문이다.

일본의 경우에도 아이누(홋카이도, 사하린, 치시마 열도 등에서 살아온 선주민), 오키나와 선주민(UN의 권고에도 불구하고 일본정부는 아직까지 이들을 선주민으로 인정하지 않고 있음.) 등 "일본문화"와는 다른 문화의 주체들이 있지만, 일본의 동화정책 아래 이들의 문화는 모습을 드러내지 못하고 있으며 물론 이들의 민족교육은 존재하지 않는다. 재일코리안에 대해서도 기본적으로 똑같은 동화정책을 적용해왔다. 일본을 다문화공생사회라고 부를 수 없는 까닭이 거기에 있다.

배타적인 동화정책 아래에서 민족교육이 이루어질 수 없는 것과 같이 배타적인 국민형성을 추구하는 민족교육이 다문화교육으로서의 새로운 가능성을 열어갈 수 없음은 두말할 필요가 없다. 이와 관련하여, 재일코리안의 민족교육은 아직 민족·국가·문화적 동질성의 육성이라는 국가적 요구가 존재하지만 재일코리안 자신들의 아이덴티티의 발달 차원에서 보자면 집단적 속성보다 개개인의 주체적 판단에 따른 상근·호혜의 길을 모색하는 단계에 와있음을 주목할 필요가 있다. 그들이 일본의 다문화공생사회 구축의 일익을 담당할 수 있고, 그들의 민족교육을 기반으로 다문화교육의 새로운 지평을 열어갈 수 있는 조건이 성숙되어있다고 말할 수 있다.

6 재일코리안의 다문화공생의 모색

1) 문화적 아이덴티티의 발달 구조

다문화교육의 목표 설계상의 문화적 아이덴티티의 발달과 재일코리안의 아이덴티티의 발달이 기본적으로 같은 방향을 향하고 있다는 사실이 확인될 수 있는 지점에까지 이르렀다. 이는 다문화교육으로서의 민족교육의 가능성을 말할 수 있는 근거를 제공하고 있는가? 이 문제에 대하여 보다 깊이 검토해보기 위하여 일단 재일코리안의 민족교육으로부터 다문화교육 쪽으로 눈을 돌려보기로 한다.

문화를 달리하는 사람들과 함께 살아갈 수 있는 인간형성을 추구하는 교육-다문화교육의 전통은, 미국의 산업이 혁명적으로 발전하는 19세기 중엽까지 거슬러올라갈 수 있다는 견해가 있다.[34] 그 무렵 유럽으로부터 미국으로 국제적인 노동자 이동이 있었기 때문이다. 그러나 당시 미국 정책의 기조는 공생이 아니라 동화(melting pot 정책)였다. 현대적인 의미의 공생을 추구하는 교육의 전통은 제2차 세계대전에 대한 반성 위에서 UNESCO가 개발·제안하는 국제이해교육(Education for International Understanding)으로부터 시작한다고 보는 것이 온당할 것이다. 다른 나라 다른 문화의 이해와 존중, 사회적 약자 특히 여성과 어린이의 인권 보호, 세계 평화 실현을 위해 인류의 합의에 토대하여 만들어진 국제기구에의 협력을 기본적인 이념으로 하는 국제이해교육

---

34) Banks, James A. ed. (1995) *Handbook of Research on Multicultural Education Macmillan* Publishing, pp.5-9 참조

이야말로 근대교육 이래의 배타적 내셔널리즘 교육을 극복하리라 기대한 공생 추구 교육의 첫 시도였다고 볼 수 있다.

1960년대에는 유럽에서, 세계의 불균형 구조의 개선을 통하여 다문화공생을 추구하자는 교육 프로그램으로서 개발교육(Development Education)이 시작된다. 전후 경제부흥이 활발하게 진행되는 유럽 특히 당시의 서독에는 이슬람권의 터키를 비롯하여 세계 각지의 노동자가 몰려들었다.[35) 이 노동자들의 에너지가 유럽의 경제부흥에 크게 기여한 것은 말할 필요가 없지만 동시에 이주 노동자들과 관련된 문화마찰, 인권문제가 큰 사회문제로 제기되었고 이에 대한 대응책의 하나로 개발교육이 실시되기 시작한 것이다. 다문화공생을 저해하는 근본 요인인 남북간 개발의 불균형 개선을 중시하여 "개발"교육이라 했지만 공생 추구 교육의 한 축임에는 틀림없다. 개발교육은 유럽의 다문화공생정책의 일환으로 시작되었던 것이다. 1990년대 이후, 외국 노동자의 수용, 해외 동포의 회귀, 국제결혼자의 증가 등으로 발생하는 문화마찰, 인권문제에 대처하기 위하여 거국적으로 실시해온 한국의 다문화교육도 개발교육과 맥락을 같이한다고 볼 수 있다.

공생 추구 교육의 또하나의 전통으로 미국의 다문화교육(Multicultural Education)을 들지 않을 수 없다. 1950년대, 흑인을 중심으로 시작된 시민권 운동이 익어가는 과정에서 히스파닉계 시민, 원주민, 여성 등 사회적 약자 집단이 참가하면서 이 운동이 전국적으로 확산되었고 그

---

35) 1960년대~1970년대 한국에서도 광부 8,000여명, 간호사 1만1,000여명이 서독에 파견된 것으로 집계되고 있다. 이들은 필자와 동세대로, 돌아온 후 서독에서 체험한 문화마찰이나 인권문제의 실상을 직접 들을 수 있었다.
국가기록원 웹사이트 http://theme.archives.go.kr/next/koreaOfRecord/manpower.do (2019.9.20) 참조

결과 1964년 시민권법이 성립하였다. 그후, 인종분리정책의 위헌성, 인종이나 계급을 넘어선 평등한 교육의 실시 등에 대한 대법원의 판결이 나오면서, 1980년대 이후, 미국의 다문화교육은 "교육정책이나 실천의 새로운 시좌"로 부상하여 전국적으로 정착하게 되었다. 그리고 세계적으로 가장 널리 영향을 미치는 공생교육으로 자리잡게 된 것이다.36)

이상의 공생을 추구하는 교육은, 내셔널리즘의 전수 혹은 형성을 목표로 해온 근대교육과는 다른 신선한 논리의 교육을 전개하리라 기대했다. 그러나 이들 교육은 여전히 교육의 객체를 우선시키는 공통점을 유지하면서 각각 강조하는 이념적 내용이나 목표 아래 전개되었고, 교육의 주체인 어린이의 발달을 경시하는 점에서 종래의 교육과 다르지 않았다. 국제이해교육은 세계평화의 실현라는 이념을, 개발교육은 개발(경제)의 격차에 의한 세계의 불균형 개선을, 미국의 다문화교육은 사회적 통합을 "자기목적화"한 교육을 실천해온 것이다. 한국의 다문화교육에 이르면 내셔널리즘이나 에스노센트리즘의 수준을 넘지 못하는 동화교육에 가까울 지경이다. 이러한 사정 아래에서는 다문화교육의 실천을 통해 타자와 함께 살아갈 수 있는 학습자의 인격적 특성-아이덴티티의 발달을 기대하기는 어렵다. 물론, 오늘날의 다문화교육의 실천으로부터 아이덴티티의 발달이라는 교육목표나 과정의 정형을 도출할 수 없는 것은 말할 필요가 없다.

지금까지, 다문화교육의 목표로서는 뱅크스(James A Banks) 등이 제시하고 있는 코스모폴리타니즘의 형성을 정점으로 하는 「문화적 아이덴티티의 발달」37)이 가장 널리 지지를 받고 있다. 다만, 이는 교육의

---

36) Grant, Carl A. and Sleeter, Christine E. (2007) *Doing Multicultural Education for Achievement and Equity* 2nded Routledge, pp.57-64 참조

실천을 바탕으로 만들어진 것도 아니고, 교육의 실천 과정에서 평가되거나 검증된 것도 아니지만, 일단 그들이 제시하는 아이덴티티의 발달 과정을 다음 〈그림 6〉에서 보도록 한다.

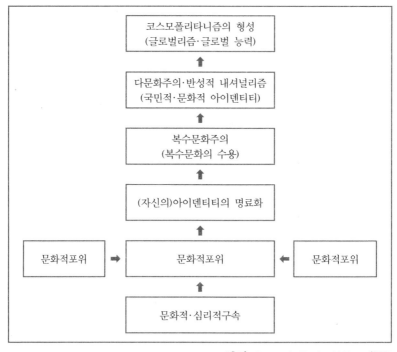

(출처 : James A. Banks 2008. p.64[38])

〈그림 6〉 문화적 아이덴티티의 발달 과정

---

37) Banks, James A. (2008) "Diversity and Citizenship Education in Global Times" in James Arthur, Ian Davies and Carole Hahn eds. *Education for Citizenship and Democracy* SAGE p.64 참조
38) 이 그림은 뱅크스의 원형을 일부 변경·번역하여 権五定·斎藤文彦編(2014)『'多文化共生'を問い直す』日本経済評論社, p.149에 실렸던 것임.

뱅크스 등이 제시하는 다문화교육의 목표 설정은 두 가지 중요한 점을 전제로 하고 있다. 첫째는 다문화교육은 학습자의 발달을 위해 존재하고 실천된다는 점이고, 둘째는 아이덴티티는 밖(정치 권력)으로부터 주어지는, 처음부터 고정되어 있는 것이 아니라 변화-발달한다는 점이다. 이 두 전제를 선명히 하고 있다는 것만으로도 지지 받을 만한 가치가 있다고 본다.

다만, 이 발달 모형에는 몇가지 설명을 더하고 보완해야 할 부분이 있다. 우선, 아이덴티티의 발달 과정에서, 학습자의 민족·국가(국민)·문화적 아이덴티티를 근원적으로 부정하지 않고, 이를 명료화·상대화하고 반성적으로 생각하는 과정목표를 설정함으로써 다문화교육 목표의 비현실성과 목표 달성 과정상의 비약 문제를 해결하려는 시도는 높이 평가할 수 있다.[39] 그러나 자신의 아이덴티티를 결정해온 내셔널리즘의 반성이 곧 코스모폴리타니즘의 형성으로 이어질 수 있는지, 그 비약을 채워줄 수 있는 설명의 필요성이 남아있다. 이는 코스모폴리타니즘을 "세계(시민)주의" 정도로 이해하는 선에서 아이덴티티 발달의 정점에 위치시킨 성급함과 이어지는 문제이기도 하다.

다문화교육의 문맥에서 보는 코스모폴리타니즘은 스토아(stoa)학파나 칸트의 관념론적 세계주의와는 일선을 긋고 있으며, 헤겔(Georg Wilhelm Friedrich Hegel)이 생각했던 승화된 민족정신과도 다르다.[40] 관념론적인 세계주의나 승화된 민족정신으로서의 세계주의는, 오히려, 1948~53년 당시의 소련에서「뿌리 없는 코스모폴리탄」이라는 캠페인

---

39) 権五定·斎藤文彦위 책, pp.149-150 참조
40) 久保田勉(1990)「ヘーゲルの世界史観における民族精神」『甲南女子大学研究紀要(通号27)』, pp.19-31 참조

을 벌여 유대인을 체포·투옥했던 사실에서 볼 수 있듯이 인종, 민족, 마이너리티를 탄압하는 구실을 제공할 수조차 있다.

다문화교육에서 말하는 코스모폴리타니즘은 최상의 보편적 가치를 개개의 인간에서 찾는다. 인간의 평등·존엄이라는 보편적 가치는 집단(민족·국가)에 의해 좌우될 수 없고 오직 인간이라는 사실에서 비롯한다는 것이다. 따라서 충성을 바쳐야 할 대상은 민족·국가가 아니라 인간이다.[41]

인간 존엄성의 근간인 진정한 모럴은 밖으로부터의 강제가 아니라 개개인의 책임이 따르는 주체적인 선택에 의해 성립한다. 모럴의 최종적 귀속 단위는 인간 개인인 것이다. 따라서 주체적인 개인은 자신의 판단과 책임 아래 타자의 모럴 기준을 받아들일 수 있고, 거기서「교환적 선택」이 가능해질 수 있다.[42] 인간으로서의 자신과 타자를 동등하게 평가하고 자신과 타자의 가치기준을 동등하게 존중할 때, 너와 나의 만남-관계가 성립한다. 그것이 곧「상근(Convergence: to move toward a place from different directions and meet)」이다. 상근관계가 성립할 때 너를 위한 나의 선택, 나를 위한 너의 선택이 약속될 수 있다. 그것은 바로「호혜(Reciprocity: provide the same help or advantages to each other)」로 이어진다. 교환적 선택이 가능한 곳에서 상근·호혜가 이루어질 수 있고 그것이 다문화공생의 자질과 능력이 표현된 행위이다. 이러

---

41) Nussbaum, Martha C. (1966) "Patriotism and Cosmopolitanism" in Joshua Cohen ed. *ForLove of Country: Debating the Limits of Patriotism* Beacon Press(辰巳伸知·能川元一訳2000『国を愛するということ』人文書院) 및 Cabrera, Luis(2010) *The Practice of Global Citizenship* Cambridge, p.14 참조

42) Waks, Leonard J. (2008) "Cosmopolitanism and Citizenship Education" in Michael A. Peters, Alan Britton and Harry Blee eds. *Global Citizenship Education* Sense Publishers, p.213 참조

한 다문화공생의 자질과 능력, 혹은, 그 자질과 능력을 중시하는 생각을 코스모폴리타니즘이라고 말할 수 있다. 설명의 생략 때문에 코스모폴리타니즘을 세계(시민)주의라고 성급히 이해하고 아이덴티티 발달 과정상의 비약이 지적되어오기도 했지만, 이 부분이 보완된다면 공생하는 세계시민의 자질과 능력을 갖춘 인간형성-코스모폴리타니즘의 형성은 다문화공생교육의 목표로서 타당하고 적절하다고 볼 수 있다.

이상의 논의를 토대로 문화적 아이덴티티의 발달 과정을 아래와 같이 다시 정리할 수 있을 것이다.

① 아이덴티티의 무자각·무의식: 자신의 아이덴티티에 대한 특별한 인식·의식을 갖고 있지는 않지만, 주변과의 상호작용(넓은 의미의 학습)에 의해 원초적인 민족·국가·문화적 자기중심주의 의식은 잠재적으로 존재한다.

② 민족·국가·문화적 아이덴티티에 의한 구속: 민족·국가·문화적 아이덴티티의 주입이 잠재적 자기중심주의의 도움으로 효과적으로 학습된다.

③ 자신의 아이덴티티에 대한 의문·반성: 자신의 아이덴티티와 현실 사이의 괴리·모순의 발견에 따르는 갈등의 경험 위에서 자신의 아이덴티티를 명료화·객체화시켜 반성적으로 검토한다.

⇓

④ 새로운 아이덴티티와 삶의 양식의 모색: 스스로 납득할 수 있는 아이덴티티와 환경의 요구가 모순되지 않는 삶(행동)의 양식을 모색한

다. 그 결과 상근·호혜의 양식이 정착되어갈 수 있다.

⇩

⑤ 코스모폴리타니즘의 형성: 다문화공생의 자질과 능력이 갖추어지고 그에 토대하여 주체적으로 선택한 삶이 곧 공생의 논리와 정합성(整合性)을 갖는다.

2) 재일코리안의 「상근」·「호혜」의 선택

위의 내용, 특히 5단계로 정리한 재일코리안의 아이덴티티의 발달 (3-2)과 재정리한 문화적 아이덴티티의 발달 과정(4-1)을 함께 보면, 〈표 1〉에서 보는 바와 같이 재일코리안의 아이덴티티는, 각 단계가 반드시 일치하지는 않지만, 기본적으로 다문화교육의 목표-문화적 아이덴티티의 발달 과정과 같은 수순으로 발달해왔다는 것을 확인할 수 있다.

〈표1〉 문화적 아이덴티티(이념형)의 발달과 재일코리안의 아이덴티티의 발달

단계	문화적 아이덴티티	재일코리안의 아이덴티티
Ⅰ	아이덴티티의 무자각·무의식(원초적 민족·국가·문화적 자기중심주의 의식의 잠재)	(Ⅰ)조국으로의 회귀를 염원하는 정서적 의지는 강했지만 타자에 대한 배타의식, 아이덴티티의 자각은 표면화되지 않음. (Ⅱ)일본과 GHQ에 대한 배타관계가 두드러져 조선인으로서의 자각(원초적인 정서에서 연유되는 아이덴티티)이 선명해짐.
Ⅱ	민족·국가·문화적 아이덴티티의 학습과 학습된 아이덴티티에 의한 (정신적)구속	(Ⅲ)배타관계가 다중화되고 정치적 내셔널리즘에 유래하는 의도적인 민족·국가·문화적 아이덴티티의 육성이 요구되고 그 내용이 주입됨.

III	집단적 자기 아이덴티티의 명료화·객체화·상대화를 통한 반성	(IV)「귀속·이탈증후군」에 시달리며 자기(민족·국가·문화적)아이덴티티에 대한 회의와 반성 위에서,
IV	보편적·주체적(개인적) 아이덴티티의 모색	주체적·개별적 (자이니치)아이덴티티를 모색함.
V	코스모폴리타니즘(공생의 자질·능력)의 형성	(V)「자기찾기」가 성숙하고 재일론이 공식화되는 가운데 공생의 자질과 능력(상근·호혜)이 의식·표현되기 시작함.

　재일코리안은 배타적인 민족·국가·문화적 아이덴티티에 크게 좌우되지 않고 조국을 그리는 원초적인 향수를 안고 민족교육을 수행하기 시작했다. 그후, 체제적 요구가 민족교육을 지배하고, 재일코리안은 배타적 민족·국가·문화적 아이덴티티를 주입 받아 그 아이덴티티의 벽 안에 갇히게 되지만, 그 아이덴티티(동질성)의 허구를 체험하면서 "귀속·이탈증후군"을 앓게 된다. 자신이 학습해온 아이덴티티에 대한 의문을 품기 시작한 것이다. 그리고, 체제의 요구에 따르기만 하던 재일코리안사회에 자주적인 다양성을 찾는 소리가 들리게 되었다. 조국과 일본이 충돌할 경우에 주체적인 판단에 따른 주장도 펼칠 수 있게 된 것이다.[43]

　재일코리안의 민족·국가·문화적 아이덴티티의 명료화, 객체화, 상대화, 그리고, 반성적, 비판적 음미의 다음 선택은, 지역주민으로서의 동질성이 확인되는 일본인과의 상근·호혜의 길이었다. 재일코리안 2세인 오문자는, 재일코리안 청년의 취직차별사건에 대한 재일코리안과 일본인의 연대운동과 관련하여, "이 운동은「자이니치(在日)」의 사회운동이

---

43) 예컨대, 종군위안부를 상징하는 소녀상 문제로 한일간 갈등이 표출되고 있을 때, 재일코리안사회 안에서도 찬반의 의견이 오가는 가운데, 민단중앙본부단장이 공개적으로 철거를 주장하여 여론을 들끓게 한 일도 있었다. 『연합뉴스』 2017년 2월 1일 보도 참조

전환기를 맞이하는 계기가 되어, 「시민」·「지역주민」이 자이니치의 주체성을 나타내는 말로 등장했다. 드디어 "자이니치를 산다."라는 프레이즈를 보는 일이 많아졌고. 자이니치가 지역주민으로서 새로운 지역사회 만들기에 참여하기에 이른다."라고 술회하고 있다.[44] 재일코리안에 대한 차별이라는 델리케이트한 문제에 봉착했을 때도 재일코리안과 일본인이 배타적 관계가 아니라, 상근·호혜의 관계를 유지하면서 연대적으로 대응할 수 있게 된 경위를 알 수 있다. 나아가, 오문자는 "이 일본에서 낳아 일본의 풍토 속에서 자란 우리들은 모국에 돌아가도 이방인일 수밖에 없다… 자식이나 손주들에게 남겨줄 자이니치의 유산을 만들기 위하여 지역 사람들과 손을 맞잡고 이 땅에 굳건히 뿌리를 내리고 살아가고 싶다."라고 재일코리안으로서의 확실한 인식·의식을 솔직하게 전하고 있다.[45] 재일코리안에게 일본인은 배타적인 존재가 아니라, 다가서고(상근), 이해를 함께하는(호혜) 파트너임을 말해주고 있는 것이다.

최근에는 재일코리안이 중심이 되어 "더불어 살아가자."를 캐치프레이즈로 내걸고 「다문화공생축제」를 개최하기에까지 이르렀다.[46] 이 축제에는 한국, 일본인뿐만 아니라 베트남, 중국, 아프리카 지역 등의 사람들이 참가하여 "서로 다름을 인정하며 더불어 살아가자."라는 메시지를 발신하고 있다. 재일코리안이 일본 안에서 다문화공생사회를 열어가는 역할을 수행하기 시작한 것이다.

여기에 오기까지 재일코리안은 생계 때문에, 제도 때문에, 정서 혹은

---

44) 吳文子(2019)「在日の視座－地域住民として」李修京編『多文化共生社会に生きる』明石書店, pp.209-214참조.
45) 위와 같음.
46) 2019년도의 「다문화공생축제」는 오사카 민단 주최로 11월 11일에 개최된다. 『민단신문』 2019년 10월 2일

이데올로기 때문에 일본인, 일본사회에 다가서고, 이해를 함께하기가 어려웠다. 그 어려움을 넘어 상근·호혜의 길을 선택해온 것이다.[47]

재일코리안의 상근·호혜의 삶의 양식에 대한 인식·의식의 수준을 넘는 가치의 내재화, 표현(행동)의 일반화를 증명할 수 있는 사례나 자료는 아직 충분하지 않다. 그러나 앞에서 보았듯이 재일코리안이 상근·호혜의 삶을 선택하고 있다는 사실, 경향은 분명하다. 이는 다문화교육의 목표-문화적 아이덴티티의 발달 과정과 같은 맥락의 변화임에 틀림없다. 다만, 문화적 아이덴티티 발달 과정의 정점인 코스모폴리타니즘의 형성 여부는 정교하게 계획된 교수와 학습자 자신의 실천적인 탐구활동을 통해 얻어지는 다문화공생의 자질과 능력의 평가 없이는 확인할 수 없기 때문에, 상근·호혜의 다음 단계의 구체적인 변화-발달을 현단계에서 말할 수는 없다. 재일코리안의 민족교육이 다문화교육으로서 새롭게 설계되고 실천되어 그 결과를 볼 수 있을 때를 기다려야 할 것이다.

7 확인된 사실과 새로운 가능성

지금까지의 검토를 통하여 다음과 같은 사실이 확인되었다.

첫째, 재일코리안은 처음부터 극단적인 마이너리티로서 선택제한

---

47) 재일코리안이 일본인, 일본사회에 다가서고 이해를 함께하기가 어려운 상황에서도 일본사회의 일원으로서 꿋꿋하게 살아온 재일코리안 여성들의 삶을 분석적으로 기술해 남긴 자료로, 李修京(2015·2016·2017)「日本の多文化共生社会化への先駆け・在日女性たちの戦後の生き様」上·中·下『東京学芸大学紀要人文社会科学系1』66·67·68, 3년 연속의 연구보고가 있다. 이 보고를 통하여 재일코리안 여성들의 꿋꿋한 삶을 기반으로 상근·호혜 선택의 기회가 자라왔음을 엿볼 수 있다.

정황 속에서의 삶을 영위할 수밖에 없었다. 해방 역시 그들의 선택과는 무관한 것이었고 해방 당시 그들에게 국적의 선택권도 주어지지 않았다. 뿐만 아니라, 꿈에 그리던 조국으로의 귀환조차도 뜻대로 이루지 못하고 일본에 잔류하는 재일코리안이 많았다. 이러한 상황 속에서도 민족교육을 시작할 수 있었던 것은 그들의 귀향의 염원이 그만큼 절실한 것이었음을 말해준다. 그러나 동서대립체제의 구도 안에서의 일본과 GHQ의 반공체제는 그러한 민족교육조차도 허용하지 않았다.

민족교육의 탄압과 그에 대한 저항의 과정에서 재일코리안의 배타적 아이덴티티는 싹이 튼다. 다만 이 아이덴티티는 교육된 정치적 내셔널리즘에 토대한 것이 아니라 조선인(한국인)으로서의 원초적인 정서적 내셔널리즘에 유래하는 것으로 자기보존적인 성격을 띠는 것이었다.

둘째, 재일코리안사회가 민단계와 조련을 계승하는 조총련계로 분열되고 한반도의 남북에서 각각 다른 체제의 정부가 수립되면서 재일코라안은 서로 다른 체제 동질성의 육성이라는 국가·조직의 요구가 우선하는 민족교육을 받는다. 민족교육은 정치적 내셔널리즘을 전수, 교화(indoctrination)하는 수단이 되었고, 재일코리안은 다중적인 배타관계를 동반하는 체제 동질성을 수용함으로써 같은 체제 안에 자신을 설정하려 했다. 그것은 곧 조국으로의 귀속의지를 만족시키는 것이었고 조국의 한 구성원으로서의 심리적인 안도를 약속하는 것이었다.

셋째, 그러나 재일코리안이 조국 안에서 혹은 조국과의 관계에서의 체험을 통해 터득한 것은 자신들이 조국(인)과 동질적인 존재가 될 수 없다는 사실이었다. 이 단계에서 재일코리안은 조국에 대한 "귀속이탈 증후군"의 갈등에 시달리게 되지만, 이는 동시에 자신의 새로운 아이덴티티를 모색하는 계기가 되었다. 재일코리안의 "자기찾기", "자이니치 아이덴티티"의 확립을 위한 노력이 계속되었고, 그 결과, 재일코리안은 집단적 아이덴티티의 구속으로부터 벗어나 주체적인 개인으로서의 선택을 할 수 있게 되었다. 여기서 주목할 것은, 이러한 재일코리안의 변화는 곧 선택제한정황이라는 질곡으로부터의 해방을 의미하는 것이고, 이 해방이 체제유용성 우선의 민족교육과 직접적으로 무관하게 성취된 발달의 결과였다는 사실이다. 종래의 민족교육의 한계가 드러난 것이다.

넷째, 이후, 재일코리안은 일본(인)사회의 구성원으로서 상근·호혜의 삶을 모색하는 자기변화를 계속하여왔다. 이는 집단적 속성으로서의 아이덴티티의 육성 과정과 다른 주체적 개인으로서의 발달과정이며, 문화적 아이덴티티의 발달과정과 방향이나 수순이 기본적으로 일치하고 있다

위와 같이 확인된 사실에 토대하여 분명히 말할 수 있는 것은, 우선, 체제유용성을 우선하는 민족교육의 한계를 들지 않을 수 없다. 재일코리안의 다문화공생과 부합되는 아이덴티티의 발달에 체제적 동질성 육성을 요구해온 민족교육이 공헌한 바를 찾아보기 어렵다. 체제적 동질성 육성은 곧 배타적인 집단적 속성의 육성을 의미하는 것이기 때문에 재일코리안이 모색해온 공생-상근·호혜의 논리와 상충하는 것이었다.

재일코리안은 집단적 속성 속에서의 안주에서 벗어나 공생 주체로서의 개인적 자기 아이덴티티의 발달을 도모했고, 그것이 다문화공생사회를 열어갈 수 있는 자질과 능력의 기반임을 스스로 확인해왔다. 다문화공생사회는 공생의 자질과 능력을 갖춘 개개의 공생 주체가 성

립될 때 비로소 열릴 수 있다는 사실을 재일코리안 스스로 학습해온 것이다.

다문화화를 경험해온 국가나 사회는 다문화공생사회의 구축을 위해서 제도적인 혹은 교육적인 노력을 기울여왔고 그러한 노력으로 다문화공생사회가 실현되리라 기대했다. 그러나 종래의 다문화공생교육은 세계의 평화, 균형잡힌 지속적 개발, 사회의 통합이라는 지식화시킨 이념, 즉, 교육의 객체를 주입하는 데 주력해왔다. 그 결과 공생의 주체-교육의 주체인 개개 학습자의 공생에 필요한 자질과 능력의 발달을 소홀히 해오고 말았다. 다문화정책의 실패를 공공연히 말할 수밖에 없게 된 이유가 거기에 있었다고 말하지 않을 수 없다. 체제유용성을 우선하는 재일코리안의 민족교육도 체제 동질성이라는 이념적인 교육의 객체를 중시해온 것은 마찬가지였다.

재일코리안은 민족·국가·문화적 아이덴티티의 육성-체제 동질성의 허구를 체험함으로써, 스스로 공생의 주체로서의 자기 아이덴티티의 발달을 모색해왔고, 실천적인 삶의 현장에서 상생·호혜의 자질과 능력을 표출하기 시작했다. 마이너리티가 다문화공생사회를 열어가는 주역이 될 수 있다는 가능성을 본다. 이 가능성은 제도화 된 학교(민족)교육을 통해서가 아니라 오히려 학교교육을 통해 주입되어온 체제적 동질성(민족·국가·문화적 아이덴티티)에 대한 반성·비판 위에서 자라왔다.

다문화공생사회는 매저리티(체제)의 노력(다문화정책의 실천)에 의해서 열어갈 수밖에 없다는 생각은 수정되어야 한다. 이 생각은 결국 마이너리티의 매저리티에의 동화를 강요하거나 자극하는 정책을 낳고 만다는 위험성도 동반하고 있다는 사실은 지금까지의 다문화교육을 보아도 알 수 있다. 매저리티가 다문화공생사회를 실현하기 위하여 먼저 해야 할 일은 마이너리티가 자유롭고 평등한 조건 아래 자기 아이덴티티를 발달시켜갈 수 있는 기회를 제공하는 노력이다. 물론, 마이너리티의 민족교육도 공생의 자질과 능력의 육성을 지향할 수 있도록 다시 설계되고 실천되어야 하며, 그 필요타당성과 가능성을 재일코리안의 아이덴티티의 발달에서 본다.

동아시아연구총서 제7권
재일동포의 민족교육과 생활사

제2장

단절된 역사의 표상 「재일동포」와 한국학교·조선학교 교과서 및 교재 고찰

이수경(李修京)

일본 리츠메이칸대학 대학원에서 사회학박사(역사사회학전공)를 취득 후, 야마구치현립대학 및 동대학원 준교수를 거쳐 2005년부터 교사양성대학인 도쿄가쿠게이대학 교육학부 교수로 재직 중이다. 2009년부터 일본 사이버대학 객원교수를, 2015년부터 교육학박사 전문양성기관인 연합대학원 교수를 겸직 중이다. 현재, 도쿄가쿠게이대학내 Korea연구실 대표, 학술교류단체인 BOA 상임이사 외, 일본사회문학회 평의원 및 전국이사, 한국문학회 및 한국사회교과교육학회 해외이사를 맡고 있으며, 일본의 교사면허증갱신 집중강의(다문화공생사회와 인권교육) 담당교수이다. 2005년도 제9회 일본여성문화상과 2012년도 서울문화투데이 글로벌문화대상을 수상하였다. 저서로는『韓国の近代知識人と国際平和運動』,『帝国の狭間に生きた日韓文学者』,『この一冊でわかる韓国語と韓国文化』및 편저『クラルテ運動と「種蒔く人」』,『韓国と日本の交流の記憶』,『海を越える100年の記憶』,『グローバル社会と人権問題』,『誠心交隣に生きる』,『多文化共生社会に生きる』등 다수의 논저가 있다.

1 들어가며

메이지유신을 전후로 서구 열강의 근대 문화를 적극적으로 받아들이며 제국주의 정책의 기반을 다진 일본은, 후발형의 단기간 체제 변화로 인해 비록 그 정치 역량이나 사회 정비력은 약했으나 청일전쟁 및 러일전쟁의 전승으로 영국이나 프랑스, 독일, 미국과 같은 제국주의 열강에 합류하게 된다. 신흥 강국으로 부상하며 동아시아 공간의 권력투쟁에서 패권을 쥐게 된 일본은 국가주의적 내셔널리즘 강화와 더불어 제국주의, 전체주의의 체제를 갖추며 국제사회에서 군국주의의 정책을 전개한다. 일본의 세력 확장의 병참기지로 한반도를 강제 병합한 일본의 식민지통치 지배에 놓이게 된 한국1)은 조선시대 통치이념이었던 유교의 봉건주의적 사상의 변질에서 생겨난 각종 폐해와 더불어 탄압적인 식민지 정책 및 근대 자본주의 전환 과정에서 나타나는 다양한 모순과 마주하게 된다. 일본은 쇄국정책으로 근대화에 늦어졌던 한반도의 효율적 지배를 위해 토목건축 공업을 비롯한 근대식 인프라 정비에 진력하면서 자본주의 사회로의 이행을 감행하지만 구습적 전통문화와 근대적 신문화 속에서 전개되는 근대 자본주의 경제정책은 오히려 조선인의 고통을 가중시켰다.

계급과 가난으로 교육의 기회를 얻지 못한 농어촌 및 도시 빈민층은 식민지 하층 노동자로서 다중적 압박의 한계에 직면하면서 생활고 해결을 위해 조국을 떠나게 된다. 그 중의 일부는 근대 열강의 선진문화 속에서의 노동의 기회를 기대하며 일본으로 향하게 된다. 그들이 부관

---

1) 고종이 선포한 1897년의 대한제국을 칭함.

페리를 탔던 그 시대는, 20세기 중반 이후 첨단 과학기술의 발달 속에서 가속화 하는 글로벌 경제의 노동력으로 초국적 이동을 보이는 현대와는 그 배경 혹은 사회적 환경이 현저하게 달랐다. 물론 지금도 시리아나 아프가니스탄, 남수단 등지에서 발생한 분쟁 혹은 내전을 피하여 안전한 생활환경과 경제적 안정을 갈구하는 난민2) 혹은 경제 이민3)이 줄을 잇는다. 재일동포의 대다수는 그들처럼 생명이 위협 받는 도항은 아니었으나 조국에서 외연으로 내몰려야 했던 절박한 상황이었기에 사회제도나 문화 환경이 다른 일본에서 「마이너스 상태」의 삶을 시작하게 된다. 말을 바꾸자면 열악한 상태에서 시작한 재일동포들의 100년의 역사는 민족 단절의 역사의 시작이기도 하였다.

상세한 것은 후술하겠지만 일본의 세력 팽창욕에 의해 초래된 한반도의 역사적 사회적 경제적 단절은 1945년 이후, 해방 정국의 반제반봉건주의 혁명4)을 주장하는 공산주의 진영과 반공주의의 자본주의 진영

---

2) 유엔 난민기구인 UNHCR(유엔難民高等辦務管事務所, the Office of the United Nation High Commissioner of Refugee)의 조사에 의하면 2018년 말 현재 난민총수(피난민 포함)는 7,080만 명에 이르고, 그 절반이 18세 미만이라고 한다.
https://www.unhcr.org/figures-at-a-glance.html

3) 보다 나은 삶터를 찾는 이주 노동자들, 경제 난민들의 이동에는 위험이 수반되는데, 한 예로 보자면, 2000년 영국 도버에서 일자리를 구하여 국경을 넘었던 중국인 이민자들의 시신 58구가 컨테이너에서 발견되었고, 2015년에는 오스트리아의 고속도로 갓길에서 71구의 시리아난민 시신이 든 컨테이너가 발견되었으며, 2019년 10월 23일에는 영국에 식스주에서 베트남 불법 이주민의 시신 39구가 발견되어 글로벌 노동자의 이민과 국제범죄조직과의 관련성이 부각되었다.
Essex lorry deaths: People found dead were all Vietnamese, 1 November 2019, BBC.
https://www.bbc.com/news/uk-england-essex-50268939.

4) 이러한 공산주의의 반제반봉건혁명론은 분단 이후 조선민주주의인민공화국(약칭은 공화국. 이 글에서는 편의상 한국에서 불려 온 북한이란 용어를 사용하기로 한다.)의 대남정책 전략으로 이어지고, 1980년 이후의 '민족해방인민민주주의혁명'에서 주체사상으로 이어지는 과정처럼 일본의 조총련계 조선학교의 교육지침도 이러한 사상적 흐름의 강한 영향을 받게 된다.

과의 대립, 즉, 동서 냉전의 갈등 속에서 미소 대리전쟁이라 불리는 동족 간 전쟁[5] 발발로 치닫게 된다. 민족 분열의 원인을 제공한 일본 및 미국 제국주의 세력과의 싸움과 친일파 척결을 혁명적 과제로 삼았던 공산주의 세력은 일본을 비롯한 해외의 동포사회에서도 격한 움직임을 보이는데, 특히 일본에서는 해방 전부터 불거진 이념적 불협화음의 결과, 해방 후의 조직 분열과 더불어 신탁통치의 찬반 및 한국전쟁으로 인해 대립관계가 본격화된다. 이러한 정치적 혼란과 이념 대립은 재일동포의 민족교육을 맡고 있던 한국계 학교 혹은 조선학교에 고스란히 반영된다. 즉, 1950년 6월 25일에 발발한 동족 간 전쟁은 중공군과 소련군, 연합군 외에 중공군으로 파군된 조선족동포 및 재일동포가 뒤섞인 300-400만 명의 참전군 및 민간인이 희생되는 유혈참극의 분열의 장이 되었다. 초토화된 한반도의 거듭되는 혼란과 장기전의 미증유의 피해 결과를 남기며, 1953년 7월27일에 미국(마크 클라크, Mark W. Clark)과 중국(팽덕회, 彭德懷), 북한(김일성)이 참석한 정전협정(한국측은 불참)으로 3년 1개월의 혈전은 멈추게 된다. 휴전은 했으나 북한은 공산주의를 표방하는 김일성 체제를 공고히 다지는 한편, 한국은 강력한 반공주의 국가를 표방하며 서로의 체제 강화를 위한 국민형성교육을 시행한다.

하나의 민족이면서 남북한이 주장하는 민족의 개념이나 통일의 의

---

5) 김일성이 모택동과 스탈린의 승인 및 원조를 얻으며 무력적으로 통일을 표방하며 일으킨 한국전쟁의 결과는 참혹한 살육의 장이 되었고, 몇 백만 명의 희생과 1000만 명이 넘는 이산가족을 낳는 결과를 가져왔다. 참고로 이 전쟁에는 남북한 동포뿐 아니라 중공군으로 파군된 중국조선족 동포도 적지 않았음을 상기할 필요가 있다. 결국 대국들의 대리 전쟁에 철저한 동족 간 살육의 비극이 발생했던 것이고, 한반도는 중공군과 소련, 연합군은 물론, 동족인 남북한 및 중국동포, 일본의 민단, 조총련의 동족 간 혈투와 분열의 장이 된 것이다.

미, 혹은 주장하는 내용은 체제를 달리하는 만큼 다른 방향의 교육으로 이어졌고, 재일동포 사회의 민족교육에도 그 영향이 미치게 된다. 특히, 재일동포가 놓여진 상황은 국내보다 더 복잡한 양상을 띠게 된다. 재일동포는 식민지 가해국 일본 사회의 구성원이기도 하였기에 동족 간 이념 갈등의 영향과 정치적 대립 외에 일본 사회의 마이너리티로서 모국과 불거지는 정치적 외교적 역사적 현안을 마주하며 일본과의 공생을 모색하는 차세대 교육이 현실적 과제가 되었다.

　해방 당시 재일동포들은 청년 지식인을 중심으로 나라 찾은 회귀본능의 기쁨에 들떠 귀국사업을 추진하고 민족의식과 국어 교육에 매진하며 민족과 조국에 대한 강한 귀속의지와 향수를 갖고 있었다. 그러나 일본에서 태어나고 자란 2-3세대 이후부터는 생활 경험조차 기억에 없는 「돌아가야 할 조국」이나 막연한 민족의식보다 일본의 지역 구성원으로서 살아야 한다는 현실을 직시하면서 점차 「재일동포」로서의 정체성에 눈을 뜨게 된다. 덧붙이자면, 1982년의 난민조약에 의한 국민연금 국적조항 철폐와[6] 특별영주제도 실시, 1991년 11월 1일에 특별영주권자의 퇴거요건 등이 완화되며 일정한 법적 지위를 보장하는 입관특례법이[7] 시행되기 전까지는 재일동포들은 일본사회에서 정주하는 입장이라기보다 일시적인 거류민이라는 불안함 속에서 생활해야

---

6) 1959년에 제정된 국민연금법은 피보험자를 20세 이상 60세 미만의 일본 국민으로 정하여 재일동포를 포함한 일본 내 외국인들은 지급대상자에서 제외되었으나 1982년 1월에 난민조약 발효에 의한 국민연금 국적조항이 삭제 되었다. 그러나 당시 35세 이상의 재일외국인은 노령연금의 지급대상에서 배제되었다. 『西日本新聞』 2003년 11월 14일 인터넷판 참조. https://www.nishinippon.co.jp/wordbox/5098/

7) 정식 명칭은 [일본국과의 평화조약에 따라 일본 국적을 이탈한 자 등의 출입국 관리에 관한 특례법. 약칭은 입국특례법)(日本国との平和条約に基づき日本の国籍を離脱した者等の出入国管理に関する特例法)(平成三年五月十日法律第七十一号)

하는 입장이었기에 「한민족의 뿌리」지만 조국에 기댈 수도 없고, 일본 사회에서도 소외당하는 소수약자층인[8] 「재일동포」라는 이미지가 강했다.

이념 대립이 강하게 작용하던 일본 사회에서의 불안정한 위치에 놓여졌던 동포들을 지탱시키기 위한 강한 민족의식과 조국의 체제로 점철된 정신적 교육은 결코 국가로부터 자유로울 수 없었고, 거주지의 구성원으로서도 불편한 위치에서 정체성의 혼란을 겪다가 자신의 생활터인 일본 국적으로 귀화하는 경우가 적지 않았다. 말을 바꾸자면 무력했던 역사의 희생이 된 재일동포들을 조국이 적극적으로 포용, 지원하며 일본과의 관계 회복에 동포사회를 절대적 가교로 삼고 동포들이 자긍심을 갖도록 위상 높이기에 주력을 했더라면 귀화자의 증가는 물론 동포들과 조국간의 거리감도 달랐을지 모른다. 그러나 시대적 상황과 다른 체제의 분단국가, 각 체제와 연관된 대국 간의 얽혀진 국제관계 속에서 동포 사회는 더욱 복잡한 상황에 내몰려 가기만 했다. 미국과 일본의 자본주의 반공체제를 따르며 국교 정상화를 선택한 한국의 외연의 국민형성과 한국 정부가 원하는 민족의식, 통일에 대한 교육을 답습하는 한국계 재일동포의 학교, 반면에 중국 및 소련의 공산주의 체제를 따르며 반일반제 혁명론을 공유하는 북한 정부가 교육지원을 하며 북한체제 옹호의 교육을 하게 된 조총련 산하의 조선학교, 입장을 달리한 각 민족학교는 남북한 체제와 연동하며 일본 속에서 또 다른 분단의 역사를 만들어간다. 그런 민족교육의 배경과 흐름을 염두에 두

---

8) 물론 일부 성공한 자본가나 기업가 등이 존재했으나 1-2세 세대의 많은 사람들이 일본 사회의 빈곤층으로, 하층노동에 종사하였다. 3세대 이후가 되면 고등교육을 받은 전문가 및 경제적 여력을 가진 동포들이 증가하게 되는 한편, 일본으로의 귀화 등으로 국적을 바꾸는 동포들도 늘어나게 된다.

면서, 이 글에서는 일본 내의 권리 획득을 위한 투쟁과 이념 싸움을 위해 체제 옹호를 방파제로 삼아왔던 1-2세대 동포와는 달리, 경제적으로도 비교적 안정된 생활 속에서 자란 3-5세 세대들의 교육에 있어서의 변화, 특히 기존의 경계인적 입장보다 재일동포 문화를 하나 더 지니고 있는 것을 강점으로 삼고 일본의 지역 주민, 사회 구성원으로서, 나아가서는 국경을 넘나들 수 있는 세계인으로 살아가려는 자주적 선택을 표명하는 [재일(在日·자이니치)론]에 대해서, 민족학교의 교과서 혹은 교재 속에서 이를 고찰해 보려고 하는 것이 이 글의 취지이다. 단, 한국계 학교(4개)는 한국 교육부의 지원을 받는 재외 한국학교이고, 특히 도쿄 한국학교는 한국 국내와 같은 교과서를 사용하므로 이 글의 독자가 국내 연구자라는 점을 감안하여 한국 교과서 보다 재일동포 차세대를 위한 민족교육 혹은 정체성에 관련되는 교재를 주로 살펴보기로 하고, 조선학교의 교과서는 한때 북한의 교육지침과 더불어 체제옹호를 우선하면서 [재일론]을 부정했으나 일본내의 납북 문제 등의 이유로 조직 이탈자의 증가, 저출산으로 인한 학생수 감소 등의 현실문제의 타개책으로 각 지역별 학교법인화 및 [재일론] 인정 등 제반 변화 내용을 초·중학교 교과서에서 고찰해 보려고 한다. 참고로, 조선학교는 현재 무상화 문제로 일본 정부와 갈등이 있는 점에서 추측할 수 있듯이 자구적 경영책이 요구되는 각종학교라는 위치에 있으므로 교과서도 학교 공개수업 때는 공개하지만 시판은 하지 않는다. 이 글에서는 지인 등을 통해 입수한 일부 교과서를 고찰 대상으로 한다.

2 선행연구에 대해서

재일동포의 발자취나 동포 기업가나 교육공헌 등에 대한 선행연구는 국내외 연구자 혹은 동포들에 의해서 그동안 양산되어 왔다. 필자 역시 재일동포 여성들이나 교육자, 교육공헌[9] 등에 대해서는 몇 편의 연구를 발표해 왔다. 또한 이 글에서 재일동포에 대한 개괄작업을 하고 있기에 일반적인 재일동포 연구에 대해서는 생략하고, 재일동포 민족학교, 특히 한국학교나 조선학교의 교재 혹은 교과서 연구에 대한 선행연구를 소개하기로 한다.

앞에서 한반도의 분열과 사회 단절의 비극에 대해 언급했듯이 동족 분단 및 이념 대립과 맞물려서 조총련 관련 연구나 조총련 산하 조직 혹은 조선학교 연구 등은 국가보안법 저촉의 가능성으로 대단히 민감한 사안이었기에[10] 국가라는 테두리 안에서 자유로이 연구를 하기란 불편한 시대가 있었다. 동서냉전의 종식과 이념 대립 완화와, 점차적인 경제적 사회적 발전을 거듭하면서 폐허에서의 자신감을 얻게 된 한국은 90년대 후반의 한류 문화를 통해 세계적인 문화국가로서의 위상을 얻게 되었고 세계화의 물결을 타게 된다. 국경을 넘나드는 글로벌 사회의 인구 이동으로 내외국인 출입이 급증하자 다문화사회를 인정하고

---

9) 이수경(2019) 「재일한인 독지가들의 모국에서의 교육·장학사업공헌에대하여」『학교법인 가나이학원 수림외어전문학교 창립30주년 기념지』, 20-63쪽 참조.

10) 2019년 현재도 국내의 국가보안법은 존재하고 있고, 국내 연구자들의 북한 주민 접촉에는 사전 신고를 관련 부처에 제출하여 허락을 받는 등의 절차를 요구하는 경우가 있다. 그러나 일본 거주자는 누가 조총련계인지 상대가 일본 국적 혹은 한국이나 중국 국적자라도 깊은 교류를 하지 않으면 알기 어렵고, 이미 국적의 다양화로 재일동포 사회도 복잡 다양해진 현실을 감안하면 일본 거주 동포를 국내의 잣대로 얽매는 것에는 현실적으로 한계가 있다.

함께 살아야 하는 지구촌 공생이 과제가 되기 시작하면서 재일동포를 비롯한 재외동포 커뮤니티 혹은 교육에서의 학술적 연구 분석이 요구되었고[11], 북한 및 조총련 관계 연구도 학술적 차원에서 혹은 국내 정보용으로서의 필요성에 의하여 받아들여지기 시작했다.[12] 물론 후술하겠지만, 사상적 적대감정을 가졌던 1-2세대가 줄어들고, 조총련계를 포함한 동포들의 모국방문단 추진과 올림픽 개최, 2000년 이후의 남북한 화해 분위기 및 재일동포 사회의 다양성, 귀화 증가와 조직 이탈, 실리적 방향 전환 등의 동포사회 변화, 조총련 조직 약화와 더불어 한국 국적 동포의 국내 입국 증가도 주요 요인이 된다. 이러한 변화 속에서 나타나는 재일동포의 민족적 정체성(National Identity) 정립에 영향을 미쳐 온 민족학교의 교과서 및 교재 내용을 언급한 근래의 연구는 상기 이유로 그다지 양산된 것은 아니다. 그리고, 재일동포 민족 교육을 행해 온 학교는 한국계 학교와 조선학교, 중도적인 몇 학교가 있는데, 한국계의 초·중학교 교과서는 국내 국·검정 교과서를 사용하고 있으며, 재일동포의 역사나 활동은 국내 교과서에는 거의 소개되지 않고 있다[13]는

---

11) 1997년에 설립된 외교부 산하의 재외동포재단은 거주국 동포들의 민족 정체성 유지 지원을 목적으로 공공기관과 재외동포간의 가교 역할을 위해 설립되었는데,.2020에 총656억200만원의 예산이 투입 되는 등, 막대한 지원금이 동포를 위한 사업에 배분되어지고 있다. 『한국일보』2019년 12월 18일자 인터넷판 참조. http://www.koreatimes.com/article/1285989

12) 2006년 당시 필자는 부산외국어대학교 박경수교수 등과 함께 학술진흥재단(현재의 한국연구재단) 연구과제를 수행하기 위해 중국동포 연구자들의 협력을 얻어 공화국 및 조총련관련 연구자료 등을 입수하여 분석, 한일 학계에 몇 사례를 보고한 적이 있다.

13) 한국계 학교에서 교사로 근무했거나 각 공관교육원장 등을 거친 일부 교사들은 재일동포의 역사를 다룰 수 있을 것이다. 그러나 현실적으로는 재일동포 관계의 근현대사 및 현지 동포사회를 숙지한 교사양성이 이뤄지고 있다고 볼 수 없으므로 교과서 게재도, 재일동포 이해교육도 한국에서는 제대로 이루어져 오지 않았다고 지적할 수 있다.

점을 감안한다면, 결국 재일동포의 발자취를 비중있게 다루고 있는 조선학교 교과서 혹은 한국계 학교의 교재 분석으로 국한된다.

재일동포 교과서 및 교재 연구를 보면 대체적으로 조선학교 교과서를 취급한 연구가 돋보이는데, 무엇보다 그동안 접근이 어려웠던 조선학교에 대한 취급이 완화되면서 학교 소개나 교과서 입수도 가능하게 되었음을 시사한다고 볼 수 있다. 참고로, 일본의 조선학교 교과서는 식민지 지배국이었던 일본 속의 민족교육, 마이너리티 교육 혹은 다문화교육이 어떻게 이뤄지고 있는지를 엿볼 수 있는 자료이기도 하다. 조선학교는 일본 문부성의 지원을 받는 1조학교가 아니기 때문에 자체의 커리큘럼 운영이 가능하다. 그러나 조선학교 자체가 북한 정부의 지침에 따르는 조총련 산하의 교육기관이므로 반공체제의 한국 사회에서는 학문적인 순수 연구라 할지라도 제한이 있었다. 물론 지금도 상당히 완화되었다고는 하지만 조선학교 출입에는 형식적으로 통일부나 외교부 등의 국내 기관의 허가가 필요하다.[14] 2000년의 남북정상회담 이후부터 문재인 정권의 남북 정상회담의 반복 등으로 관계가 유연해졌다고는 하지만 여전히 한 켠에서는 안보적 대치와 긴장이 계속되는 만큼 조선학교 혹은 조선학교 교과서 연구에도 한계가 있다. 조선학교 입장에서도 북한이 일본과 국교 정상화가 이루어지지 않은 상황에서 납치문제 등으로 경색일로에 놓이자 헤이트 스피치를 포함한 일본 우익들의 공격에 노출되어 왔기에 조선학교 연구 혹은 연구자와의 교류에 대

---

14) 예를 들면 니이가타 조선학교에 「남조선 대학교 교수들이 방문하여 우리학교 역사나 통일에 대한 논의를 했다」(2019년 7월 2일자 페이스북)에서 보듯이 예전과는 달리 조선학교나 조총련 관계 시설을 방문하여 민족교육의 현황을 고찰하거나 통일에 대해서 논하는 한국 연구자들 혹은 정치가, 종교인 등의 교류도 증가하고 있는 추세다. https://www.facebook.com/niigatakorea/?ref=py_c

해서도 신중을 기하는 경향인 듯하다.15) 상호 신뢰관계를 구축하기에는 시간이 필요한 만큼, 여기서는 그런 상황을 감안하면서 한국계 학교의 교재 고찰이나 조선학교 교과서를 중점으로 다룬 연구를 소개하기로 한다. 조선학교의 초·중·고 교과서 전체를 다룬 국내 연구는 아직 본 적이 없지만 해방 직후의 교재나 과거 조선학교의 고교 역사 교육 내용을 분석한 연구, 혹은 한국학교 교육에 대한 연구가 있어서 소개하기로 한다.

· 김인덕(2008) 「在日朝鮮人総連合会의 歷史教材 叙述体系에 대한小考—『조선력사』(고급3)를 중심으로-」『한일민족문제연구』제14호, 한일민족문제학회
· 김인덕(2012) 「해방후 재일본조선인연맹의 민족교육과 정체성 :『조선역사교재초안』과 『어린이 국사』를 통해」『역사교육』제121집, 역사교육연구회
· 김인덕(2015) 『재일조선인역사교육』아라
· 김보림(2012) 「일본의 재일조선인 교육정책과 변화」『일본문화연구』
· 송재목(2011) 「재일동포 총련 조선학교의 교과 내용 변천-국어과목을 중심으로」『한국어 교육』22권1호, 국제한국어교육학회
· 이경훈(2016) 「재일한국학교의 '한국역사' 교육실태와 개선방안」『동북아역사논총』제53호, 동북아역사 재단편
· 권오정(2019) 「조선학교 교과서에서 보는 체제유용성 추구의 민족교육-고급부『현대조선력사』를 중심으로」『동아시아 마아너리티 사회와 타자표상』동의대학교 동아시아연구소 편저, 박문사

15) 조선학교는 지금까지 조총련 입장에서 허가하는 상대에게만 학교 방문을 허락했으나 최근은 열려있는 학교라는 이미지 홍보 차원에서 학교 축제 혹은 공개 수업 때에는 누구나 방문할 수 있고, 학교 내부 및 교과서 열람, 수업 참관 등을 할 수 있다. 물론 헤이트스피치나 정치세력으로 부터 자유롭지 못한 수도권과 지방의 학교와는 지역적 온도차가 있다.

위에서 보듯이 국내에서는 김인덕이 2008년에 조총련의 역사교재 서술체계에 대하여 『조선력사』(고급3)를 중심으로 고찰을 하고 있고, 2012년에는 해방 후의 재일본조선인련맹(조련)의 『조선역사교재초안』과 『어린이 국사』를 통해서 조련의 민족교육과 정체성에 대해서 살펴보고 있다. 송재목은 조선학교 국어과목의 변천 내용이 어떻게 이루어졌는지를 살피고 있고, 김보림은 재일조선인의 교육정책 변화를 살펴보고 있다.

최근에는 교육학적 접근으로 권오정이 2019년에 「조선학교 교과서에서 보는 체제유용성 추구의 민족교육-고급부 『현대조선력사』를 중심으로」를 자세히 분석하고 있다. 그 외에 오사카 한국계 금강학원에서 역사교사로 3년간 근무하며 재일한인 차세대의 교육에 대해서 다양한 시각으로 살펴보고 있는 이경훈은 재학 중인 학생들을 대상으로 한 설문 조사를 통해 일본에서 살아가는 재일동포를 위해 어떤 역사교육이 중요한지, 그 문제점과 개선방안을 제시하고 있다. 언어학 연구를 해온 오고시 나오키는 한국학교의 설문조사를 통해서 재일동포의 속성과 사용언어 관계를 분석하고 있고, 류미사는 조선학교 초급1학년에 L2조선어 지도를 어떻게 하고 있고 그 특징이 무엇인지를 논하고 있다. 한편, 조선대학교 교수로 있는 강성은은 조선사 교과서의 수정과 변화, 통일교과서를 지향하는 조선사 교과서 개정 등에 대해서 논하고 있다.

한편, 필자도[16] 현재, 재일동포의 민족교육 고찰이나 일본의 다문화

---

16) 필자는 현재 일본의 교원양성대학교에서 다문화공생교육과 인권교육, 마이너리티교육, 재일코리언 민족교육을 담당하고 있는데, 기존의 한국 대 조총련의 대립구조가 아닌 한민족계 동포의 다국적화, 다양화와 일본 속 소수 동포의 민족교육의 사례를 일본의 현장교사 및 교육전문가들, 그리고 다문화를 배우는 학생들에게 가르치고 있다. 또한 필자가 재직하는 학교에는 교사를 지향하는 조총련계 학생들도 많이 배출하고 있는데, 국적은 한국이나 일본, 중국 등을 가지고 있지만 민족적

공생교육 정책으로 보는 재일동포 민족교육론 등의 다양한 접근 방법
으로 연구에 임하고 있다. 특히 아래 연구들은 재일동포사회의 현장에
서 얻은 내용이 대부분이고, 비교적 구체적인 기술로 재일동포들의 교
육에 대해서 다루고 있기에 참고로 소개해 두고자 한다.

- 이수경(연구대표), 권오정, 김태기, 김웅기, 이민호(2016)『재일동포민
  족교육실태심화조사및정책방향제시』재외동포재단
- 이수경(2017)「재일한국인 민족교육고찰―glocal citizenship 교육을 통
  한 차세대육성」『동아시아의 마이너리티와 日本教育』 한국일본학회
  (KAJA)제94회 국제학술대회
- 이수경, 권오정(2018)「조선학교의 교육 체계와 교육 내용」, 정진성(연
  구대표), 이구홍, 송기찬, 야마모토 가오리, 야마토 유미코, 류학수, 오영
  호 공동연구『조선학교 실태 파악을 위한 기초 조사』, 재외동포재단(단,
  보고서는 제출, 보고집은 미발행).
- 이수경(2018)「조선학교가 지향해 온 민족교육」『재일동포 조선학교의
  민족교육』, 서울대학교 통일평화연구원 및 아시아연구소 동북아센터,
  해외교포문제연구소 공동주최
- 이수경(2018)「재일한인의민족교육현황및과제; 조선학교를중심으로」
  『동북아 한민족의 민족교육; 현황 및 과제』전남대학교 세계한상문화연
  구단 주관(광주시 교육청 주최)
- 이수경(2018)「재일한인 민족학교(민단계 총련계 포함) 현황에 대해서」
  『동아시아 마이너리티의 삶과 표상』동의대학교 동아시아연구소 주관
- 이수경(2019)「조선학교 초급6학년 사회과 교과서에서 보는 일본과 재
  일한인」『한중일 다문화공생사회』BOA(동아시아학술교류단체), Korea

정체성 혹은 재일동포 정체성을 논할 때는 한국계 학교나 조선학교 교육의 내용을
수업에서 소개하는 등, 다양한 일본 내 동포변화를 볼 수 있고, 교내에는 동포
관련의 교과서 및 교재 등이 축적되어 있다. 참고로 최근의 조선학교에는 우리말
교육 혹은 다언어 교육을 원하는 한국 국적자나 중국조선족동포의 아동들 입학도
증가하고 있다고 한다.

연구실, 전남대학교 글로벌디아스포라연구소 공동주최
· 이수경(2019) 「Triple문화를 가진 재일한인의 민족학교 교과서 속 [재일
론」『재일동포의 민족교육과 생활사』 동의대학교 동아시아연구소 주관
· 李修京, 呉英鎬, 井竿富雄(2009) 「日本における外国人学校政策と在日朝
鮮人の教育事情」『東京学芸大学紀要 人文社会科学系Ⅰ』第61集
· 李修京(2017) 「日本の多文化共生社会化への先駆け·在日女性たちの戦
後の生き様(下)：東京韓国学校の教師として43年·李和枝」『東京学芸大
学紀要人文社会科学系Ⅰ』第68集.

위의 논문은 필자가 일본의 교원양성대학에 재직하며 다문화공생교
육 및 민족교육, 인권교육, 한일근현대사를 가르치는 입장에서 교육 현
장 방문 및 관계자 인터뷰 등으로 연구해 온 한국학교나 조선학교의
교육내용과 교과서 분석, 학생들과 교사 현황, 장단점과 개선점 등을
논한 내용이므로 국내 연구자들에게 약간의 도움은 되리라고 생각한다.
참고로 최근에 동의대학교에서 재일동포를 포함한 동아시아 동포 문화
및 민족교육, 생활사 등을 주제로 한 연구에 진력하고 있어서 필자도
발표자로 참가한 적이 있다. 그 외에 국내에서 주최, 주관하는 연구회
등이나 학회에서의 연구 발표가 있으나 시간상 전부를 파악하기에는
한계가 있었기에 다음 기회에 소개하기로 한다.
　한편, 일본에서 교과서 내용 등을 소개한 연구는 아래와 같다. 이 또
한 전체 조사를 하기에는 시간이 필요하기에 이 글에서는 아래 연구만
소개하기로 한다.

· 藤島宇内·小沢有作(1966) 『民族教育－日韓条約と在日朝鮮人の教育問
題』青木新書

· 朝鮮大学校·民族教育研究所編 (編者 崔敬臣、金浣卓、金徳龍)(1991)
『資料集·「在日朝鮮人の民族教育の権利について」学友書房
· 康成銀(2003)「朝鮮学校での朝鮮史教科書の見直しと変化」, 歴史教育者
協議会編『歴史地理教育』第662号
· 康成銀(2003)「統一教科書をめざした朝鮮学校の朝鮮史教科書改訂につ
いて(歴史認識と東アジアの平和フォーラム)」統一評論社編『統一評論』
第451号
· 金徳龍(2004)『朝鮮学校の戦後史－1945-1972』社会評論
· 柳美佐(2009)「在日朝鮮学校における1年生へのL2朝鮮語指導の特徴」『母
語·継承語·バイリンガル教育(MHB)研究』(5), 母語·継承語·バイリンガ
ル教育(MHB)研究会.
· 生越 直樹(2014)「在日コリアン生徒の属性と使用言語の関係: 韓国学校
でのアンケート調査をもとにして(〈特集〉多言語社会日本の言語接触に
関する実証研究)」『社会言語科学17(1)』
· 萩原遼, 井沢元彦(2011)『朝鮮学校「歴史教科書」を読む』, 詳伝社.
· 井沢元彦(2016) 「ウソと誤解に満ちた「通説」を正す! 逆説の日本史(第
1117回)近現代編(第1話)近現代史を考察するための序論 近現代史を歪
める人々編(その17) 朝鮮学校で使われている「歴史教科書」の内容を知っ
ていますか?」『週刊ポスト』小学館.
· 呉永鎬(2019)『朝鮮学校の教育史』明石書店.
· 朴校熙(2010)『分断国家の国語教育と在日韓国·朝鮮学校の民族語教
育：朝鮮初級学校における「国語」と「日本語」教科書の分析を中心に』
(도쿄가쿠게이대학 연합학교 박사학위청구 논문)
· 朴三石(2012)『知っていますか、朝鮮学校』岩波ブックレット

위의 연구에 소개된 후지시마 우다이(藤島宇内)와 오자와 유우사쿠 (小沢有作)는 일찌기 재일동포 민족학교, 민족교육, 재일동포 교육상황 에 대해서 다양한 접근 방법으로 심도있는 연구를 해왔다. 근대 조선학교에 대한 연구로는 최근 히토츠바시(一橋)대학에서 박사학위를 받은 오영호가 논문을 묶어서 출판한 『朝鮮学校の教育史』가 있는데, 주로 50-60년대 조선학교 교육 자료를 각 학교현장에 직접 가서 제공받은 자료 등으로 분석하고 있어서 당시의 조총련 교육 교재나 교과서 관련, 조선학교 자료 등을 보는데 참고가 된다.

조선대학교 민족교육연구소가 편찬한 자료집 『資料集·「在日朝鮮人の民族教育の権利について』(学友書房)에는 민족교육의 목표와 주체사상의 강조를 비롯한 조선학교 교육 목적 등이 강조되어 있으며, 지금까지의 조선학교의 민족교육 현황과 학생들의 실적, 행보를 정리하고, 조선학교가 민족교육을 해야 하는 권리를 다양한 집필진들이 논하고 있다. 특히 50-70년대 보다는 80년대 이후의 실적 등이 소개되어져 있고, 90년까지의 재학생 및 졸업생들의 대외활동 및 예체능 실적 자료가 상세하게 들어가 있다. 교과서 편찬위원회 멤버의 편집인 만큼, 조선학교의 각종 자료가 풍부하게 들어가 있다.

한편, 하기와라 료(萩原遼)나 이자와 모토히코(井沢元彦)의 조선학교 교과서 고찰은 북한의 체제를 옹호하는 사상 교육용 책 내용 검토라는 취지에서 접근하고 있는데, 특히 북한 체제를 옹호하며 반제 반일적 내용이 담겨진 고급부 역사교과서를 선택하여 비판적인 잣대로 획득한 내용을 대중적으로 보도하는 형태를 취하고 있다. 이러한 형태는 일본 속의 조총련 및 조선학교 배제의 여론 형성으로 이어지는데 영향을 미치기도 하고, 경우에 따라서는 헤이트 스피치의 공격용 자료로 사용되기도 한다. 위의 박삼석이 지적하는 [조선학교의 『현대조선력사』의 교과서 몇 부분적인 기술만을 이유로 「반일교육」이고 「조선학교는 해산해야 한다」와 같은 비교육적이고 극단적으로 정치적인 딱지를 붙이려고 하는데[17] 그런 움직임으로 해석이 되는 것이다.

그 외는 학술적 연구인데, 분단국가의 국어교육과 재일한인학교의 민족어 교육이란 주제로 조선학교 국어와 일본어 교과서를 분석하며 그 속에 함축된, 혹은 내재된 민족의식 및 교육 상황 등을 박사학위 논문으로 제출한 박교희의 연구도 주목할 만하다. 조선초급학교에서 이뤄지는 초급 언어가 중급에서 혹은 고급에서 어떻게 전개되고 있고, 그런 것들이 남북한 국어교육과 어떤 특징적 차이를 보이는지에 대해서는 향후의 연구를 기대하기로 한다.

참고로, 일본에는 卞喜載·全哲(1988)『いま朝鮮学校で―なぜ民族教育か―』(朝鮮青年社)외 呉圭祥(2007)「朝鮮学校が歩んできた道―その六〇年」『統一評論』(12月号)을 비롯해『統一評論』에서 연재한「朝鮮学校のある風景」시리즈를 엮은『朝鮮学校のある風景』(一粒出版)등, 조총련 학우서방이나 조선대학교, 혹은 조선학교 관계자, 졸업생 등에 의한 조선학교 소개나 감상의 글이 양산되어지고 있으나 한국계 학교에 대한 연구는 현저히 적은 편이다. 그만큼 한국계 학교보다 조선학교가 일본 사회에서 내몰려진 입장에 있다고 지적할 수 있고, 학교를 커뮤니티의 거점으로 삼아 온 역사 만큼, 학교에 대한 애착과 더불어 최근의 북과의 외교문제, 헤이트 스피치의 공격 등에 맞서 일본의 일반적인 학교와 차이가 없음을 홍보하려는 움직임도 저변에 있다고 볼 수 있다.

---

17) 朴三石(2012)『知っていますか、朝鮮学校』도쿄, 岩波ブックレット, 39쪽

3 글로벌 사회 속의 [재외동포]의 변화

갈등과 분열이 얽히던 시대공간에서 벗어나 안정된 경제생활과 사회적 기반을 갈구하며 북미로 건너간 한국계 동포는 약 280만[18]에 이른다. 이러한 20세기 이후의 역사적 사회적 상황에 의해 세계 각지에 흩어져 살게된 재외동포 수는 2019년 현재, 7,493,587명[19]인 반면[20], 2017년 현재의 국내 다문화가구원의 수는 96만 4천명[21]이고, 2018년도 국내체류 외국인(근로자포함)은 총 2,367,697명[22]으로나타났다. 다양한 국가나 민족출신의 이주민 증가와 더불어 한민족 출신의 다국적화 역시 증가하는 만큼, 민족혈통이나 국적만으로 개개인을 [동포]라는 기존의 협의의 내셔널리즘 테두리에서 판단하기에는 복잡한 양상을 이루고 있는 사회가된 것이다.

참고로 2015년6월22일에 시행한 「재외동포재단법」제2조(정의)에서는 「재외동포」를 아래의 각 호의 어느 하나에 해당하는 사람들을 말한

---

18) 외교부 재외동포현황 총계 (2019년 현재, 미국이 2,546,982명, 캐나다가 241,750명으로 북미한인수는 2,788,732명에 이른다)참고.
2019년10월21일열람. http://www.mofa.go.kr/www/wpge/m_21507/contents.do
19) 위와 같음.
20) 세계인권선언을 표방하는 서구적 문명속에서 인권의식을 높인 재외한인들은 2019년의 3.1절 및 임시정부 100주년을 맞이한 한국의 역사 정립을 위한 제반활동(위안부 및 징용노동자 문제 등)에도 한인네트를 통해 국내외 움직임에 영향을 미쳤다고 할 수 있다. 李修京「傷つけることに終止符を打とう市民交流通して信頼関係を築く」『週刊新社会』제1132호, 2019년 10월 1일호 3면 참조.
21) 통계청 다문화가구원 사이트참조.
http://kosis.kr/visual/populationKorea/PopulationByNumber/PopulationByNumberMain.do?mb=N&menuId=M_1_6&themaId=F01
22) 통계청연도별체류외국인현황(2018년도) 참조.
http://www.index.go.kr/potal/main/EachDtlPageDetail.do?idx_cd=2756

다고 규정하고 있다.

1. 대한민국 국민으로서 외국에 장기체류하거나 외국의 영주권을 취득한 사람
2. 국적에 관계없이 한민족(韓民族)의 혈통을 지닌 사람으로서 외국에 거주·생활하는 사람[23]

또한 2018년 9월18일에 시행된 「재외동포의 출입국과 법적 지위에 관한 법률」 제2조(정의)에서는 「재외동포」를 아래 각 호의 어느 하나에 해당하는 자를 말하고 있다.

1. 대한민국의 국민으로서 외국의 영주권(永住權)을 취득한자 또는 영주할 목적으로 외국에 거주하고 있는 자(이하 "재외국민"이라 한다)
2. 대한민국의 국적을 보유하였던 자(대한민국 정부수립 전에 국외로 이주한 동포를 포함한다)또는 그 직계비속(直系卑屬)으로서 외국국적을 취득한자 중 대통령령으로 정하는 자(이하 "외국국적동포"라 한다)[24]

즉, 같은 국적만을 동포라고 치부할 수 없다는 현실을 감안하였고, 국적을 가진 국민과, 뿌리를 강조하는 한민족의 혈통주의 문호를 넓히기 위한 해석으로 한민족을 잇는 모두(국적, 지역 상관 없이)를 동포의 범주에 넣어서 해외의 한민족계 동포사회를 확보하려는 정부측 의도도 다분히 나타나 있다. 그만큼 글로벌 인구 이동과 더불어 해외 이주 동포의 다양성이 진행되고 있다는 해석이 되는데, 동포의 다양성은 일본

---

23) 외교부.[재외동포 정의 및 현황 2019년 12월 20일 열람.
   http://www.mofa.go.kr/www/wpge/m_21507/contents.do
24) 위와 같음.

속 동포사회에서도 현저히 나타나고 있다.

2019년6월 현재, 일본 법무성이 발표한 [국적·지역별 재류자격(재류목적)별 재류외국인 통계[25]를 보면 일본에 재류 중인 총외국인 수는 3,463,597명으로, 한국 국적자는 451,543명(특별영주자 285,753명과 영주자 71,856명을 포함)이다. 이들 중에 1945년 9월 이전에 일본에 거주했던 동포(1991년의 특례법 대상) 및 그 후손을 일컫는 '특별영주자'(한국 국적)가 많은 거주 지역을 보면 오사카(大阪, 76,686명) 다음으로 도쿄(東京, 36,832명), 효고현(兵庫県, 33,987명), 아이치현(愛知県, 23,363명), 교토(京都, 19,985명), 가나가와현(神奈川県, 15,180명), 후쿠오카(福岡, 10,528명)순이다. 한국계 재일동포 인구수가 가장 적은 지역은 293명이 생활하고 있는 도쿠시마현(德島県)이다. 참고로 한국 국적자로 일본인 배우자 및 아이들은 12,887명이다. 한편, 재일동포이지만 분단국가를 인정하기 싫거나 혹은 북한이나 조총련계를 따르는 조선적자(朝鮮籍者)는 28,975명으로, 특별영주자 28,393명에 영주자 342명, 일본인 배우자 및 아이들 42명 등을 포함하고 있다.

2018년12월 말의 통계를 보면 한국 동포는 449,634명(특별영주자 288,737명, 영주자 71,094명, 일본인 배우자 및 아이들 13,053명 포함)이고, 조선적자는 29,559명(특별영주자 28,961명, 영주자 439명, 일본인 배우자 및 아이들 43명 포함)으로 나타나 있다. 참고로 일본 법무성은 2015년부터 조선적자 수를 별도로 분리해서 발표하고 있는데 조선적 인구 감소 표기는 조총련계 커뮤니티 규모의 확인 작업이므로 일본

---

25) 2019년12월6일에 일본 법무성 공개. 정부통계포털사이트. 2019년10월20일열람.
https://www.e-stat.go.jp/stat-search/files?page=1&layout=datalist&toukei=00250012&
tstat=000001018034&cycle=1&year=20190&month=12040606&tclass1=000001060399

정부측의 조총련계 와해의 의도라고도 추측할 수 있다. 한국 국적자와 조선적자를 합치면 480,518명이지만 해방 후 일본 등으로 귀화한 동포들과 그 후손들이 많을거라는 사실을 염두에 둔다면 위의 숫자만 동포라고 볼 수는 없을 것이다.

일본에 병합된 다음해인 1911년의 재일동포수는 2,527명이다. 이후로 재일동포수가 가장 많았던 1944년에는 1,936,843명으로 약 2백만 명의 동포가 일본에서 생활했으나 해방이 되던 1945년에는 1,115,594명으로 줄어들고, 귀국 등으로 인해 1946년에는 647,006명으로 급감하게 된다. 또한 1959년부터 시작되는 조총련의 재일동포 및 가족 등의 북송사업 본격화는 일본측의 귀국협력운동력도 일조가 되어 93,000명 이상이[26] 만경봉호에 몸을 실었고, 이후로 일본 혹은 한국으로 돌아온 사람은 전무 상태다. 당시 지상의 낙원이라 불린 동토의 땅에 건너간 가족들과의 이산 또한 해방 후의 비극적 표상이 되었다.[27]

이후 동서냉전의 종식으로 공산주의 진영과 자유주의 진영의 대립 완화와 더불어 1984년까지 부계 혈통주의 중심이었던 일본은 1985년에 부모 양계주의의 국적법과 더불어 호적법의 부분 개정을 통하여 본명 그대로 일본국적을 취득할 수 있게 되었다. 1991년에는 앞에서 언급했

---

26) 재일본 대한민국민단 공개 자료 참조. https://www.mindan.org/kr/syakai.php
27) 당시 북송사업에 앞장섰던 조총련 간부가 북측에 가서 보고 온 다음과 같은 고발문을 발간하여 사회적인 이슈가 되었다. 関貴星(1997)『楽園の夢破れて』(亜紀書房). 그 외에 다음과 같은 북송사업의 기록책을 볼 수가 있다. 小島晴則(2014)『幻の祖国に旅立った人々 北朝鮮帰国事業の記録』(高木書房), 小島晴則(2014)『写真で綴る北朝鮮帰国事業の記録 帰国者九万三千余名 最後の別れ』(高木書房). 참고로 북송사업 당시, 関貴星의 딸로서 음악대학에 다녔던 오문자는 만경봉호로 북에 가는 사람들을 위해 항구에서 노래를 불렀던 기억을 필자에게 말한 적이 있다. 그 뒤, 2019년에 오문자는 자신이 관여했던 북송사업과 가족에 대하여 언론에 연재한 적이 있다. 呉文子(2019)「裏切られた楽園－北送60年呉文子さんに聞く－」(上·中·下)『民団新聞』2019년 9월 11일-10월 2일.

던 입관특례법을 제정하여 해방 전부터 일본에 있었던 동포 및 그 후손들을 특별영주자라는 재류자격의 법적 지위를 얻게 된다. 일본에서 태어나고 자랐기에 오갈데 없는 상황 속의 동포들은 일본의 정치나 사회 분위기에 따라서 언제든지 퇴거의 대상이 된다는 불안함 속에서 살아야 했다. 그러나 식민지 공간 속에서 역사의 희생으로 잔류하게 된 그들과 후손들은 이미 일본 사회의 구성원이었고, 저출산 고령화로 인구 감소와 노동력 부족, 외국인 노동자 확보의 현실을 감안할 때 재일동포들이 기존의 생활 기반과 더불어 일본 사회의 지역 주민으로서 사회에 뿌리를 내리고 책무를 다하는 것은 일본 사회를 위한 전략으로서도 나쁘지 않다는 판단하에서 정주를 위한 완화 정책을 시행하게 된 것이다. 그리고, 이 점은 동포들에게 있어서도 정주 권리로 이어졌기에 한국계 민단도 조총련도 모두 재일동포라는 정체성을 가지고 일본 사회의 구성원이자 국경을 초월한 다문화를 강점으로 하는 국제인(세계인)으로 살겠다는 [재일론]에 대하여 주체석 선택을 하게 된다.

4 「민족」과 「조국」과 「고향」에 예속된 삶에서 분열, 그리고 「지역 주민」으로의 선택

1910년 3월 1일에 일어난 3.1운동과 4.11 임시정부수립 100주년을 맞이한 대한민국은 민족자존의 확인과 식민지역사 청산작업에 주력하게 된다. [우리민족]의 역사정립이라는 강한의식이 정부를 비롯한 각계각층에서 표출되는데, 이러한 청산과정[28])에서 과거사를 미화 혹은 은

---

28) 물론 2019년 현재, 236만 명의 다문화권출신 이주민이 살고있는 대한민국에서 그들

폐하려는 아베정권과 일부 과격혐한세력들의 움직임으로 인해 한일역사 및 외교문제는 경색일로로 치닫으며 사상 최악의 한일외교라고 보도되고 있다.[29] 피해자와 가해자의 의식과 기억의 차이는 풍화작용과 자민족중심주의로 인해 거리를 좁힐 수 없는 상황이 되고 있다. 상대방을 이해하기 위한 말로 역지사지라는 사자성어가 있다. 한일근대사를 정립하기에는 억지주장과 가짜뉴스의 범람 속에서 진실을 밝히고, 당시를 기억하는 체험자들의 증언과 더불어 민족과 역사의 단절의 표상이 된 재외동포의 발자취를 정밀하게 기록하며 공유하는 작업이 중요하다. 앞에서도 언급했듯이 초기 재일동포의 대부분은 억압과 빈곤의 공간을 떠나온 약소층이었다. 나라를 잃었던 피지배자들의 삶은 숨막히는 공간에서 오래된 유교적 폐습에서 파생되는 여러 모순과 식민지 구조로 인해 다중의 고통을 받아야했고, [가지지 못한 자]들은 혹독하고 버거운 삶에 내몰렸다. 교육의 기회를 얻지 못한 빈민들은 토지조사사업 등으로 농토에서 밀려나 노동의 기회를 도시에서 구하지만 소위 3R[30]의 기본인 문자의 읽기쓰기 학습이나 계산은 물론, 전문기술 교육의 기회조차 없는 도시빈민이 되는 경우가 많았고, 가족을 위해 가난을 벗어나려고 어린 나이에 일본이나 혹은 연해주, 중국 등지

이 공유할 수 없는 [한민족]의 강한 주장은 지역구성원이 된 그들에게 보이지않는 유리벽으로 이어질수있으므로 다문화 사회를 지향하는 한국이라면 사회적 배려를 필요로 하는 부분이라고 할 수 있다.

29) 「한일 사상 최악의 상황, 정상들의 결단이 필요」『한국일보』 2019년 6월 11일자 참조.
https://www.hankookilbo.com/News/Read/201906101311357532
「日韓関係は「史上最悪」…対立根本に「安倍首相と文大統領の相性の悪さ」」아사히신문사 시사잡지 『Aera』 2019년 5월 28일자 참조.
https://dot.asahi.com/aera/2019052400012.html 외 다수의 언론.

30) 20세기 미국에서 전개된 근대교육운동의 하나로, 읽기(Reading), 쓰기(Writing), 산수계산(Arithmetic)의 기본 학습을 지칭.

로 떠나게 된다.[31] 하지만 당시 세계 5대 열강에 들어간 선진국이라 자처한 일본 조차 1-2세 한인들에게는 결코 녹록치 않은 환경이었고, 자민족우월주의가 만연하던 일본사회에서 가진 것 없고 배운 것이 없었던 한인들의 대부분은 갖가지 차별과 편견과 혹독한 환경 속에서 버텨야했다.[32] 직종에 따라서는 일본인의 10분의 1의 임금으로 열악한 노동환경에 놓여져야 했던 사람들도 적지 않았다. 그것 조차도 필사적으로 매달려야 했던 그들의 쌓였던 애환이 1945년 8월 15일의 해방으로 인해 폭발하게 된다. 식민지 출신이라는 설움 속에서 정신적 지주 역할로 타향살이를 지탱시켜 준 「민족」이나 「조국」은 해방 직후 재일 한인들에게 강력하게 작용하였고, 의식있던 청년들은 동포들의 귀국준비를 도우며 일본에서 태어나거나 자란 아이들의 우리말 교육을 위한 국어강습소를 개설하면서 민족교육 운동을 전개한다. 억눌렸던 감정이 해방을 통해 고조에 달한 상황에서 행해진 민족교육 운동의 영향은 1-2세 동포들의 민족과 조국을 향한 의식을 자극하였고, 향후 국가 체제 정비를 갈구하는 원동력[33]으로 이어지게 된다. 또한 이국생

---

31) 필자의 다음과 같은 연구에서 일부 내용을 확인할 수 있다. 이수경(2005)『帝国の狭間に生きた日韓文学者』도쿄, 緑陰書房. 李修京編(2011)『海を越える100年の記憶』図書出版社. 이수경, 권오정, 김태기, 김웅기, 이민호(2016)『재일동포 민족교육실태 심화조사 및 정책방향 제시』재외동포재단. 이수경「재일디아스포라 작가 김희명」『재외한인연구』제45집. 이수경(2019)「재일한인 독지가들의 모국에서의 교육·장학사업 공헌에 대하여,『수림외어전문학교 창립30주년 기념지』학교법인 가나이학원, 20-63쪽 참조.

32) 일본의 언론조차 경악을 금치못했던 1922년 7월의 시나노가와(信濃川) 조선인 노동자들 살해사건이나 우베쵸세이탄광, 후쿠오카 치쿠호탄광지역을 비롯한 일제강점기의 각 탄광, 지하호, 건설노동현장, 제사공장 등에 동원되었던 조선인 노동자들의 숱한 희생사례가 기록 등으로 남겨져 있다. 특히 나가노의 마츠시로 대본영에 동원된 조선인들의 애사는 지하호 안에 새겨진 글만으로도 느낄 수 있다. 참고로 치쿠호탄광에 대해서는 다음책에서 여러 사례를 확인할 수 있다. 芝竹夫編 (2000, 2003)『炭鉱と強制連行』Vol.1-2,「筑豊」塾.

33) 다양한 형태로 이루어진 막대한 지원으로 국가발전의 초석을 다질 수 있었다. 그 사례

활의 버팀목이 되어준 「민족」과 「고향」을 위한 애착은 각별하였기에 애국애족정신을 절대적 가치로 생각하는 경향이 많았다. 어려움 속에서도 교육에도 힘을 쏟으며[34] 귀국을 모색하지만 해방 후의 국제정치의 소용돌이 속에서 미소대리전쟁이라 불린 한국전쟁 발발 등의 혼란이 계속된다.[35] 해방 전부터 동포노동자들의 노동환경과 처우개선을 요구하며 사상적 혁명운동으로 노동운동을 이끌던 일본 공산주의 진영의 세력과 보조를 맞추던 재일본조선인련맹(조련)[36]과는 노선을 달리한 재일본조선거류민단(민단)은 모국의 안정을 기다리며 일본의 [거

중의 일부를 다음 연구에서 확인할 수 있다. 李修京(2018)「재일동포 기업가의 한국에서의 육영장학사업 공헌에 대하여(在日同胞起業家の韓国での育英事業の貢献について)」『변화하는 아시아의 이민과 다문화』광주시교육위원회후원, 183-201쪽 참조. 이민호(2008)『모국을 향한 재일동포의 발자취 100년』(재외동포재단), 이민호(2015)『신한은행을 설립한 자이니치리더(新韓銀行を設立した在日リーダー)』(統一日報社), 長野慎一郎(2010)『韓国の経済発展と在日韓国企業人の役割』(岩波書店), 河明生(2003)『マイノリティの起業家精神－在日韓 国人事例研究』(ITA), 林永彦(2007)「在日コリアン企業家 の経営活動とネットワークの展望」(大原社会問題研究所雑誌 No.588), 林永彦(2008)「在日コリアン企業家の起業動機と企業類型化研究」(立命館国際地域研究 Vol.28) 등.

34) 재일한인의 교육을 통한 사회적 지위 혹은 입신출세에의 집착배경에 대해서는 다음 논문에서 일부를 확인할 수 있다. 李修京(2017)「日本の多文化共生社会化への先駆け・在日女性たちの戦後の生き様(下)：東京韓国学校の教師として43年・李和枝」『東京学芸大学紀要 人文社会科学系Ⅰ』, 第68集, 97 -110쪽 참조.

35) 이에 대해서는 다음 연구에서 확인할 수 있다. 李修京編(2011)『海を越える100年の記憶』도쿄, 図書出版社. 이수경, 권오정, 김태기, 김웅기, 이민호(2016)『재일동포 민족교육실태 심화조사 및 정책방향 제시』, 재외동포재단. 李修京, 權五定(2018)「在日コリアンの'共生に生きる'という主体的選択(1)—在日コリアンの「民族教育」の変遷過程を辿って—(Zainichi's Responsible Decision-Making for "Live Along With" as Glocal Citizen; Follow the Changing Process of "National Identity Education" in Zainichi(1))」『東京学芸大学紀要 人文社会科学系Ⅰ』第69集, 113-125쪽 참조.

36) 1925년에 도쿄, 오사카, 교토, 고베 등의 재일조선인 노동단체를 규합하여 재일본조선노동총동맹을 결성하는데, 1929년에는 3만 수천 명에 달하는 조합원을 가진 대규모의 조선인노동단체는 차후 일본공산주의 세력과 협력하게 되고, 해방 후인 1945년 10월에 김천해가 출소하자 최고고문으로 영입하여 재일본조선인련맹을 결성하게 된다. 1949년에 강제 해체 당함.

류민으로서 사업을 일으켜서 모국에 대한 경제적 지원과 일본내 동포 사회의 권익옹호를 위해 협력하자는 의식으로 주로 경제활동에 주력하였다. 이러한 공산주의 사상운동과 거리를 둔 민족주의라는 이념 대립의양상은 1945년 말부터 미국과 영국, 소련의 모스크바 삼상회의에서 결정된 한반도 신탁통치 찬반을 둘러 싼 좌우 갈등으로 격화[37]된다. 1945년 10월에 출감한 김천해를 최고 고문으로 영입한 재일본조선인연맹(재일동포통일단체, 조련 준비위원장은 김두용)[38]의 공산주의식 사상운동과 거리를 둔 반공청년들은 조선건국촉진청년동맹(건청)이란 별도 단체를 결성하고, 다음 해 1월에 결성하는 신조선건설동맹(건동)과 합동하여 1946년10월3일에 박열을 초대단장으로 영입하여 민족주의 단체인 민단을 발족했던 것이다.[39]

한편, 조련은 일본 내의 좌경화 경향을 우려한 일본 당국과 GHQ에 의해 1949년에 해체된 후, 남은 세력들이 결집하여 북측의 정치 노선을 따르는 북측 재외공관 역할을 맡으며 북측 지원을 받아서 1955년 5월에 재일본조선인총연합회(조총련)를 결성하게 된다. 해방 직후 극심해지는 이념 대립과 한반도 내부의 동족 간 전쟁 등 첨예한 정치적 사상적 대립 속에서 1-2세 한인들은 민족 교육과 국가 발전을 각자의

---

37) 1946년 2월중순 우익의 대표기구인 남조선대한국민대표민주의원(민주의원)과 좌익의 대표기구인 민주주의민족전선(민전)의 수립으로 좌우대립구도가 본격화. 「토요판 정용욱의 편지현대사 ⑫」「신탁통치대립」,『한겨레』2019년 6월 8일자 웹사이트 참조.
http://www.hani.co.kr/arti/culture/religion/897094.html#csidxd69e3012fd6e69f8954036a8974a2c9
38) 김천해와 박열의 출감 전후의 행보에 대해서는 필자의 다음 졸저에서 보다 구체적으로 확인할 수 있다. 이수경(2016) 「재일동포사회의 갈등기로에 섰던 박열과 김천해」,『인물을 통해서본 민단 70년사』, OK Times, 13-62쪽 참조.
39) 민단조직의 발자취에 대해서는 민단 중앙본부 공식 웹사이트에서 당시 사진과 함께 확인할 수 있다. https://mindan.org/kr/ayumi.php

입장에서 받아들이게 된다. 한반도의 대치 구조보다 더 복잡하게 얽히게 되는 재일한인사회는 또 다른 이념 전쟁터이기도 했기에 국가권력으로부터 자유로울 수 없었고 그러한 사정이 재일동포의 교육에 그대로 반영되었던 것이다. 그런 시대적 상황 속에서 교육은 개인의 존엄이나 민주시민 교육, 어린이 개개인의 발달을 중시하기보다 국가 체제의 공고화를 위한 국민형성교육 쪽으로 치우치게 된 것이다. 즉, 교육의 장은 일본이라는 외연에서 각자의 체제를 앞세운 국가론과 민족론에 입각한 민족교육을 표명하였고, 민단[40]과 조총련은 남북을 대표하는 일본의 전위부대적 역할로 입지를 다지며 서로가 격한 대립구조 속에서 남북 각 체제에 대한 물심양면의 지원을 하게 된다. 재일동포들의 헌신적 지원 속에서 남측도 북측도 체제 강화와 국가 운영을 공고하게 다질 수 있게 된다.[41]

---

40) 민단 단원세대는 2014년 12월 현재, 82,787세대이고, 민단 지부는 일본 48본부 277 지부라고 공개하고 있다(민단에 소속된 한국계 동포 인구는 정확히 파악되지 않고 있다)

41) 교육적 측면에서의 재일동포 지원에 대해서는 이수경(2018)「재일동포 기업가의 한국에서의 육영 장학사업 공헌에 대하여」『변화하는 아시아의 이민과 다문화』(광주시 교육위원회 후원, 183-201쪽 참조)가 있고, 재일동포의 전반적인 개관에 대해서는 이민호(2008)『모국을 향한 재일동포의 발자취 100년』(재외동포재단), 이민호(2015)『신한은행을 설립한 자이니치리더』(통일일보사)가 있다. 그 외, 재일한인 기업가의 지원연구로는 長野愼一郎(2010)『韓国の経済発展と在日韓国企業人の役割』(岩波書店), 河明生(2003)『マイノリティの起業家精神－在日韓 国人事例研究』(ITA), 林永彦(2007)「在日コリアン企業家の経営活動とネットワークの展望」(大原社会問題研究所雑誌 No.588), 林永彦(2008)「在日コリアン企業家の起業動機と企業類型化研究」(立命館国際地域研究 Vol.28)등을 일례로 소개할 수 있다.

〈사진〉 민단이 주도하여 동포에게서 모은 올림픽 100억엔 지원금을 기념하는 88올림픽 기념헌창비.(올림픽 공원 내 올림픽 파크호텔서. 2019년8월17일 촬영)

자본주의 시장경제 논리로 빠른 성장을 이뤘던 한국은 조총련계 동포 확보[42]를 위해 발전된 조국의 현실을 보여주자는 민단 주도의 모국방문단을 1975년부터 결성, 성묘단을 구성하게 된다. 앞에서도 언급했던 1982년의 국민연금 국적조항 철폐와 특별영주자제도의 실시(1988년에 협정 및 특별 영주자의 일원화), 88올림픽[43]등의 국제적 행사에

---

42) 북한과의 이념 경쟁에서 앞서가고 있는 한국사회의 발전상의 홍보는 물론, 모국애가 다분히 남아있던 초기 재일동포들의 일본내 경제기반력을 강력한 국가동력으로 이으려고 하는 국가정책의 의도가 내포된 총련계 동포 포섭을 위한 문호개방이었다. 그런 의도 속에서 일본내에서 대립 경쟁을 하던 민단이나 한국계 동포들은 십시일반 지원금을 연출하였고, 88올림픽 개최는 재일동포들의 물심양면의 지원이 있었기에 가능했다고 할 수 있다.

43) 1988년 9월 17일에 서울올림픽이 개최되지만 같은 해 9월 18일에 대한민국과 조선민주주의인민공화국이란 각 국가명으로 유엔에 동시 가맹을 하게 된다. 그렇기에 북한이란 표현보다 공화국이란 명칭이 국제사회적 통념으로서는 맞는 명칭이 된

조총련 동포들에게도 적극적으로 참가를 권장한 결과, 상당수의 동포가 한국이나 일본 국적을 취하며 조총련 조직을 이탈하게 된다.[44]

처참한 동족 간 살육과 민족 단절을 만든 미소냉전이 끝난 90년대가 되자 일본·미국·한국·조선 및 동서대립체제의 역학관계에 자신들의 운명을 맡겨올 수밖에 없었던 재일동포들은 자신들의 삶에 대한 주체적 선택 추구에 나서게 된다. 앞에서 술한 특별영주제도와 국민연금 국적조항 삭제, 입관특례법에 의한 퇴거 완화와 정주의 안정, 1세들의 감소로 인한 기억의 풍화, 막연한 [조국]과 [민족]보다 현 거주지에서의 구성원으로서의 삶을 선택하며 이념 대립보다 현실 생활의 향상을 우선하게 되었고, 한국의 해외여행 자유화 물결과 더불어, 재일동포들도 한국 문화와 접할 기회가 늘어났다. 일본식 통명(通名) 대신 민족식 본명(本名)사용자도 늘어났고, 일본 국적자 증가, 일본인과의 결혼도 증가하였다.[45] 한편, 폐허에서 일어난 한국의 88올림픽 성공과 90년대 말의 한류 열풍, 2002년의 한일월드컵 공동개최 등은 일본 속 동포들의 위상을 높이는데 영향을 미쳤고, 1-2세대보다 안정되고 풍요로운 물질 사회에서 성장한 3-5세대들은 민족이나 국가에 예속된 체제의 동력이

다. 단, 여기서는 이 글의 독자 대부분이 한국 내국인이라는 전제 하에 기존의 한국에서 사용되어 온 북한 혹은 북측이라는 용어를 사용하여 알기 쉽도록 이해를 도우려 했다.

44) 구체적인 사례는 필자가 인터뷰를 통해서 증언을 기록한 다음 연구에서 볼 수가 있다. 李修京(2016)「日本の多文化共生社会化への先駆け・在日女性たちの戦後の生き様(中) : '鄭秉春'の'在日オモニ'としての人生(Korean Women Residents in Japan as Pioneers of Japan's Post-war Multicultural Society : Chung Byongchoon's Life as the Mother of Zainichi)」『東京学芸大学紀要. 人文社会科学系. I』第67集, pp.58-74

45) 일본인과 결혼하는 재일동포가 1955년에는 결혼자의 30.5%, 1975년에는 48.9%, 2013년에는 87.7%로 증가하고 있다. 민단중앙본부웹사이트 통계(2018.11.17.) http://www.mindan.org/shokai/toukei.htm1#04

란 무거운 틀보다 자신들의 개인적 삶을 추구하며 재일동포이자 일본의 주민이라는 선택으로 자신들의 정체성을 직시하게 된다. 또한 국적도 자신들의 삶에 유리하게 선택하게 된다. 현재 일본에는 한국의 공관 외에 동포 임의단체로의 민단, 한인회, 귀금속상인회, 각종 종교단체, 북측 재일공관 역할을 하고 있는 조총련 등이 존재하지만 실질적으로 단체에 소속되지 않은 동포들이 더 많다는 것 또한 간과할 수 없다. 말을 바꾸자면 재일동포 사회가 다양해진 만큼 기존의 임의 단체의 존재의 이유는 다양한 동포들의 요구에 걸맞는 역할로 효율을 보여야만 존속할 수 있는 시대가 되었다고 할 수 있다. 시대 현상인 저출산 고령화 사회를 지탱할 노동력 부족으로 외국인 노동력 확보를 위한 다문화 공생사회를 표방하는 일본 사회가 비록 차별을 즐기는 혐한 세력이 활보하고 한일외교관계가 경색 상태라지만 과거처럼 대량학살의 국가 간 전쟁을 치르는 우행의 가능성은 희박하다. 1-2세대들보다 풍요로운 물질경제사회에서 자신들의 삶을 지향하며 성장한 3-5세 세대는 일본 사회의 구성원으로서의 위치도 확고히 하고 있다. 나름대로 자신들의 뿌리는 기억하되 현지 생활을 중심으로 일본에 살며 재일동포로 태어난 것을 강점으로 생각하려는 진취적 발상이 일본의 글로벌 인재 및 국가 동력 확보를 의도한 전략적 다문화정책을 보다 유연한 지역적 공생사회화로 견인하는 휴먼파워가 되고 있다.[46] 물론 한국계 학교나 조선학교도 체제 옹호 교육만으로는 존속할 수 없다는 현실을 직시하고, 다언어교육이나 수험에 강한 교육, 국제학교 체제, 재일동포의 강점 키우기,

---

[46] 이런 경향은 반드시 재일 한인만이 아니라 다언어 사용의 중국조선족 동포를 비롯, 각 국의 이민자들이 자신들의 생활터를 찾아서 이동하는 구조와도 유사한 부분이 있다.

예체능 인재 교육, IT교육에 주력하는 경향이고, 이러한 교육이 효과를 보이고 있다고 할 수 있다. 일본 사회에서 동포로서의 존재를 강점으로 깨닫고 자신들의 정체성 확립에 영향을 미친 [재일론] 내용을 한국계 학교의 교재 및 조선학교 교과서에서 확인하기로 하자.

5 일본의 한국학교 교육

2019년 9월에 한국 교육부가 공표한 재외 한국학교는 16개국 34개교 이고, 일본 내 한국학교는 아래의 4개 학교이다.[47)]

이 중에서 도쿄한국학교는 한국 교육부 지원을 받으며 커리큘럼을 자유로이 운영할 수 있는 각종 학교이다. 나머지 교토국제학교, 오사카 금강학교, 건국한국학교는 일본 문부성 교육법 1조의 정규학교에 해당 된다. 그러므로 일본의 교육과정(학습지도요령)에 따라 학사운영을 하 고, 일본인 교사도 배치하고 있다.

아래의 표에서 보듯이 일본에서 가장 큰 한국학교는 수도권의 중심 지역에 위치한 도쿄한국학교이다. 한국 정부지원의 10억엔과 재일동포 모금 13억엔으로 1954년에 건설 된 도쿄한국학교는 공간 부족과 운영

---

47) 이 4개 학교 외에도 구라시키, 다카라츠카, 홋카이도에도 학교가 만들어졌지만 학원 형태 정도에서 성장하지 못했다. 민단은 한국정부에 교육지원 요청을 계속 하였는데, 1965년의 한일협정 이후 교사 월급의 부분 부담, 교사파견 등의 지원이 이루어지면서 본국 파견의 장학관에 의한 지도를 받게 되었다, 日本教育学会教育 制度委員会·外国人学校制度研究小委員会(1972.8)「「在日朝鮮人とその教育」資 料集 第二集, 2쪽. 佐野通夫編(2012)『在日朝鮮人教育関係資料2』도쿄, 緑蔭書房, 176쪽 재인용.

상 유치부는 설치하지 않고 있다.[48] 현재, 초·중·고 학생수가 1,420명이고, 한국에서 파견된 교장(현재 곽상훈) 이하 전임교사 69명이 교육에 전념하고 있다.

《일본내 한국학교기본현황》

('19.4.1. 기준)[49]

학교명	대한민국 정부 인가일	학생 수(학급 수)					전임 교원 수							파견	
		유	초	중	고	계	유	초	중	고	교장	교감	계	교장(행정실장)	교사(교감)
동경한국학교	'62.03.16		715 (18)	358 (9)	347 (9)	1,420 (36)		37	15	14	1	2	69	1	
교토국제학교	'61.05.11			33 (3)	126 (6)	159 (9)			7	17	1	1	26		2
오사카금강학교	'61.02.24		89 (6)	48 (3)	67 (6)	204 (15)		15	10	12	1	2	40	1	4
건국한국학교	'76.10.01	39 (4)	152 (7)	93 (5)	174 (7)	458 (23)	6	9	14	14	1	3	47		2
소계(4개교)		39 (4)	956 (31)	532 (20)	714 (28)	2,241 (83)	6	61	46	57	4	8	182	2	8

* 출전; 한국 교육부

도쿄한국학교는 민단이 재일동포의 어린이를 위해 설립했으며, 지금도 대체로 민단 중앙본부 단장이 이사장을 맡고 있으며 학교 설립취지에 입각하여 재일동포들의 차세대 육성을 위한 민족교육에 힘을 쏟고

---

48) 1953년 10월의 민단중앙대회에서 민단중앙본부 직속의 민족학교 설립안이 채택되어 원래 구일본육군 경리학교였던 민단 중앙청사 250여평을 목조1-2층으로 개설하여 도쿄한국학교를 설립. 学校法人東京韓国学園開校50周年記念事業推進委員会 編(2005)『東京韓国学園 開校50周年記念誌』 46쪽 참조.
49) 교육부가 2019년9월에 발표한 같은 해 4월1일 기준의 한국학교 기본 현황표. 교육부 웹사이트 참조
https://www.moe.go.kr/boardCnts/view.do?boardID=350&boardSeq=78610&lev=0&searchType=null&statusYN=W&page=1&s=moe&m=0309&opType=N

있다.

도쿄한국학교는 해외의 한국학교 중에서 하노이국제학교와 호치민시국제학교 다음으로 규모가 크다. 도쿄 중심가인 신쥬쿠에 위치하고 있어서 90년대 이후의 한일관계가 좋아지면서 주변 상인 및 주재원, 상사 근무원 등의 증가와 더불어 취학자는 정원을 초과하고 있는 상태이다. 도쿄한국학교 입학을 원하는 대기 아동도 많을 때는 400명에 이른다. 필자는 2012년부터 도쿄 제2한국학교 설립연구팀에 참가하여, 2013년에 관동지역 수도권 거주 한국 국적자를 조사한 결과, 17만3천여 명이었고, 학령인구는 15,000여명에 이른다는 결과를 확인하였고, 이를 수용할 수 있는 수도권 유일의 도쿄한국학교가 이미 포화상태이므로 대기아동문제 해소를 위한 제2도쿄한국학교의 설립이 불가피하다는 것을 밝힌 적이 있다.[50] 또한 1420명의 학생들에게 허락된 운동장은 한 군데이고, 협소한 운동장과 실내 체육관을 함께 사용하는 것에 대한 해결책도 시급한 과제이다.

---

50) 이 문제는 예민한 정치문제와 일본의 혐한 분위기로 인해 무산이 되었다. 참고로 당시의 보고서 주요 골자는 다음에 공표되어 있다. 이수경 「'재일동포 교육'을 통한 '글로컬 코리언'육성 제안(1)(2)」『세계한인신문』, 2015년6월15일
http://www.oktimes.co.kr/news/articleView.html?idxno=5142
http://www.oktimes.co.kr/news/articleView.html?idxno=5143

〈사진〉 2018년12월1일 도쿄가쿠게이대학 학부3학년 다문화교육실습 인솔 때 촬영한 복도의 작품전 및 체육관에서 열린 도쿄지역 한글학교 한국어변론대회 찬조팀의 민속춤, 2019년 1월7일 도쿄한국학교 교사들 연수회 모습

그러나 한일 관계가 악화되자 당시 고이케 유리코(小池百合子)도쿄 도지사 후보는 일본인 유치원의 대기아동 문제를 이유로 한국인에게 학교를 내줄 수는 없다는 공약으로 지사에 당선되면서 제2학교 설립은 무산이 되었다. 이 공약은 혐한 세력을 의식한 정치적 움직임과, 학령기 아동을 가진 외국인의 입장을 모르거나 무시한 태도[51]에서 온 시대 역행이라고 할 수 있었다. 세계인권선언의 기본적인권 혹은 어린이 권리 조약을 무시한 공약이었지만 한일 관계의 악화와 일본 사회의 혐한 분

---

51) 일본에서 태어나고 자란 아이들 외, 도중에 온 아이들은 학생 정원이 초과한 도쿄 한국학교 전입학이 불가능하기 때문에 결국 일본학교에 들어가게 된다. 취학아동을 포함해서 대기 아동들이 모두 일본학교로 몰릴 경우, 문화적 역사적 배경이 다르고 언어 교육 또한 문제가 되는 가운데 외국 국적 아동은 [의무교육]이 아닌 이유로 교육의 사각지대로 내몰릴 우려가 있다.

위기 고조, 다문화출신 아이들의 교육시설 반대 혹은 무관심한 시민의식의 결여로 인해 도쿄제2한국학교 계획은 현재 잠정적 연기 상태에 있다.

참고로 고이케 유리코 도지사가 졸업했다는 카이로 대학이 있는 이집트의 카이로에도, 한국에도 일본인 학교가 존재한다. 현재 일본의 저출산 고령화를 생각하면 증가하는 외국출신 이주민, 특히 한국인 아이들의 교육 기관이 부족할 경우, 그들의 교육을 돕는 시설을 마련하도록 제안하고 배려하는 것이 일본사회의 바람직한 구성원 육성으로 이어질 수 있다. 2025년까지 노동력 부족으로 외국인 노동자 50만명 유치를 우선과제로 삼는 일본이 여전히 폐쇄적이고 동화주의 교육정책을 고집한다면 이주민 아동의 학교 적응 문제, 나아가서는 교육현장에서 파생하는 다문화권 관련 아동들에 대한 문화적 구조적 제반 이해가 동반되지 못하여 오히려 일본 사회 발전을 위해서도 바람직하지 못한 결과를 초래할 수 있다. 2019년도 문부성 발표에 따르면 초중고 및 특별지원학교 이지메(따돌림, 왕따, 학교폭력 포함) 건수가 54만3,933건에 이른다고 한다. 가정이나 성장 배경이 다른 아이들이 자신들의 문화에 자부심을 갖고 편견과 차별 없이 다닐 수 있도록 학교는 물론, 사회 전체의 인권의식을 높이는 것이 바람직한 학교 사회의 우선 과제라고 할 수 있다.

참고로, 일본의 재외 일본인학교 현황은 문부과학성 설명을 인용하면 다음과 같다.

「1956년에 태국 방콕에 처음으로 일본학교가 설치된 이래, 2015년 4월 현재 세계50개국 및 지역에 89개교가 설치되어 있고, 약 21,000명이 재학 중이다. 대부분이 초중학교의 의무교육을 중심으로 하고 있는데, 2011년에는 중국 상하이 일본인학교에 처음으로 고등부가 설립되었다. 기본적으로는 일본인학교는 문부과학대신(한국의 교육부장관에 해당)으로부터 국내 초중고와 동등의 교육과정임을 인정 받고, 일본인학교 중학교 졸업자는 일본 국내 고등학교에 입학자격을, 고등부 졸업자는 일본 국내의 대학입학자격을 가진다. 교육과정은 원칙적으로 일본 국내의 학습지도요령에 준하며 교과서도 일본 국내에서 사용하는 것을 사용하고, 교과서 구입도 일반 시중에서 간단히 구입할 수 있다.」[52]

도쿄한국학교에서는 고급영어교육 프로그램인 영어 이머젼 프로그램 (English Immersion Program)[53]을 통해 영어와 한국어, 일본어의 다언어 교육과 각종 동아리활동, 토요학교 운영과 더불어 민족교육에 대한 의식도 강조되고 있다. 이 학교 출신자의 인터뷰 내용은 후술하겠지만, 도쿄한국학교 곽상훈 교장의 학교 홈페이지 인사에서 민족교육에 대한 생각을 읽을 수 있어 아래에 그 일부를 소개해 둔다.

「1954년 재일본대한민국민단(당시 거류민단)이 세운 우리학교는 26명의 학생으로 시작하였지만 현재는 1,400명 이상이 공부하고 있는 세계적인 학교입니다. 학교의 규모면이나 교육의 질적인 면으로도 우수한 평가를 받고 있으며, 일본의 수도 도쿄에서 민족교육과 한인 교류의 구심점으로서의 역할을 하고 있습니다.

학생들은 12년 간 초·중·고등학교 일관교육으로 진로의 인식-탐색-준비를 위한 다양한 경험과 도전을 통한 학습으로 미래를 살아갈 힘을 키우고 있습니다. 아울러, 자율적인면학 분위기에서 "나라를 사랑하자", "힘써

---

52) 일본 문부성 [재외교육시설의 개요] 참조. 2019년 12월 22일 열람.
https://www.mext.go.jp/a_menu/shotou/clarinet/002/002.htm
53) 1960년대에 캐나다서 개발된 교과교육에 초점을 둔 교수법으로 목표하는 영어교육만이 아니라 그 언어 환경에서 다른 교과를 배우면서 영어에도 몰입하며 언어를 획득하는 것을 목표로 한다.

배우자", "사이좋게 지내자"라는 교훈을 실천하고 있습니다.

2019학년도부터는 "週-作文, 月-討論, 年-演說"을 교육중점으로 정하여 학생들은 모두 주1회는 작문을, 월1회 이상은 토론하는 기회를 가지며, 1년에 한번은 전교생 앞에서 연설을 하고 있습니다. 이를 통하여 자신의 생각을 다양한 언어를 사용하여 표현하는 역량을 키워나가고 있습니다.

초등부에서는 민족학교의 바탕 위에 국제학교로서의 기능을 발휘하도록 이머전교육을 실시하고 있으며, 인성교육과 특기적성 계발교육에 힘쓰고 있습니다.(후략)」[54]

세계화 시대의 차세대 양성의 기본이 다양한 언어 교육에 있음은 비록 한국학교뿐 아니라 일본학교나 조선학교를 포함한 세계 모든 학교의 시대적 공통과제이다. 그렇기에 국경을 넘나들 수 있는 이 시대의 교육 목표를 [세계인][국제인] 양성에 두는 것은 당연하다고 할 수 있다. 민족교육과 한인 교류의 구심점 역할은 민족학교의 공통점이라고도 할 수 있다. 그 외의 특징이라고 하면 일본 각지의 한글학교 교사들의 집중 연수나 각종 전통문화교육의 실천장으로 삼으며, 학생들에게는 모국수학은 물론 해외 연수를 실시하며 배운 것을 현지에서 활용하도록 하는, 민족학교의 이념을 바탕으로 하는 국제학교로서의 기능을 발휘하는 교육을 실시하고 있다는 것이다. 참고로 이 학교에서는2019년 현재, 재일 중국조선족 동포 교육을 하고 있는 [샘물학교]도 격주로 시설을 빌려서 주말교실을 운영 중에 있는데, 이 또한 도쿄한국학교이기에 기존의 지역 센터에서 하는 것보다는 민족교육의 환경이 정비된 안정적 교육시설이라는 장점을 활용하고 있다고 볼 수 있다.

---

54) 도쿄한국학교 공식 웹사이트 참조. 2019년12월20일 열람.
http://www.tokos.ed.jp/icons/app/cms/?html=/home/int1_1.html&shell=/index.shell:6

교토국제학교는 159명의 재학생과 29명(교장 1명, 교감 2명 포함)의 교사가 함께하는 교육기관이다. 이 학교는 1조학교이지만 국제학교체제를 갖추고 다언어와 문화교육, 동아리 활동, 그리고 인권교육을 강조하는 특징을 갖고 있다. 오래동안 오사카총영사관에 근무하면서 동포교육에 진력해온 박경수 교장의 인사말을 통해 이 학교의 특징을 확인해 보도록 하자.

> 「교토국제학원은 1947년에 개교하여 「진정한 국제인 육성」을 위한 교육에 최선을 다 해왔습니다. 한국어·영어·일본어의 트리링구얼 교육을 목표로 어학교육을 실시하고 있습니다. 또한 해외연수·국제교류 및 이문화 교육을 통해 이문화 이해력과 인권의식을 높여가고 있습니다. 나아가, 소규모 교육체계로 학생들과 교직원의 거리가 가깝고, 3학년 때에는학생 한명한명에게 진로지도 담당교원 한명이 배치되어 섬세한 지도를 하고 있습니다. 교직원과 학생들이 함께 웃음꽃을 피우는 화기애애한 분위기에서 함께 배우며, 「스스로 살아가는 힘」을 키워갑니다.」[55]

이 학교는 언어와 문화 교육과 동아리 활동, 해외연수·국제교류 및 이문화 교육을 통해 인권의식을 높이고 있다는 점에서 다른 1조학교와는 차별을 두고 있다.

1951년에 오사카니시나리 우리학교로 인가받은 금강학교(위의 사진 참조)는 오사카 시내의 니시나리에서 오사카 남항으로 이전하였는데, 시내와는 떨어져 있으나 조용한 환경의 교육시설이다. 금강학교는 현재 204명이 재학 중인데 원거리인 교토에서 어린 학생이 열심히 통학을 할 정도로 학교에 애착을 가진 학생들이 많다고 한다(2019년3월 6일 윤유숙 교장 인터뷰).

---

55) 교토국제학원 공식 웹사이트 참조. 2019년 12월20일 열람.
https://kyoto-kokusai.ed.jp/kr/info

〈사진〉 2019년3월6일 금강학교 수업 참관 때)

　학교 경영에 있어서 가장 중요한 것은 학생수인데, 최근의 저출산 경향으로 대부분의 민족학교가 학생수 감소 현상을 보이고 있다. 수도 도쿄의 신주쿠에 위치하고 수도권 유일의 민족학교인 도쿄한국학교를 제외하면, 1조학교인 금강학교, 건국학교, 교토국제학교는 일본 문부성 지원과 한국 교육부 지원을 받지만 만성적인 예산 부족으로 교사 확보조차 심각한 상황에 있다. 특히 한국학교 교사 월급은 일본의 공립학교 대비 70% 전후의 낮은 수준이라서 물가고의 일본에서는 여유롭지 못하다. 금강학교의 경우, 이러한 문제 해소를 위해 재일동포 금융기업가 최윤[56]이 2018년부터 이사장을 맡아서 학교 운영과 재정 개선에 관여하게 되었다. 이 학교에 최윤 이사장이 취임하고 나서 우선적으로 시작한 것은 어학력 특화를 위한 장려책이다.

---

56) OK캐피탈, 오케이 저축은행을 계열사로 두고 있는 아프로그룹 회장.

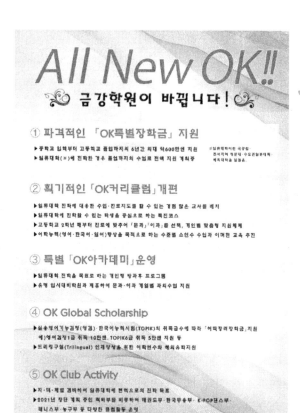

〈사진〉 오사카금강학교의 새 운영방침표. 금강학교 홈페이지서 캡처

재정적 여유를 배경으로 최윤 이사장은 학생들을 위한 장학금 제도에 힘을 쏟고 있다. 어학력, 특히 한국어와 영어에 우수한 초등학교 4-6학년생들에게 장학금을 수여하는 등57), 학습 동기를 적극적으로 유발

---

57) 한글 토픽자격증 취득학생에게 수여한 장학금 내역. 초등학교 4-6학년 대상. 2019년 12월 현재. TOPIK 1급(3000엔): 4학년11명
TOPIK 2급(5000엔): 4학년3명, 5학년3명, 6학년2명
TOPIK 3급(10000엔): 4학년1명, 5학년2명, 6학년1명

시키고 있다. 참고로 금강학원의 이사장은 위와 같은 교육 방침을 내놓고 있다.

또한 이 학교에서는 한국의 역사와 지리, 일본에서의 한국인의 역사 외에 다양한 전통 문화의식 및 태권도, 사물놀이, 한국무용 등의 교육 내용을 공개하고 있는데, 그 중에서도 한국의 역사 및 지리, 일본에서의 한국인의 역사를 보자면 다음과 같다.

한국의 역사

한국의 고대사부터 현대에 이르기까지의 역사를 다루며, 특히 일본과 관계가 깊은 문화나 역사와 연결시키면서 같은 아시아에 있는 한국과 일본의 관계를 학습합니다. 금강학원에서는 학생들이 보다 넓은 시야와 국제적인 감각을 갖춘, 미래사회를 인도할 글로벌 인재가 될 수 있도록 역사 교육에도 힘쓰고 있습니다

한국의 지리

행정적으로 구분된 한국의 지리를 체계적으로 학습하며, 각 지역이 가지고 있는 특색이나 풍토에 대해 학습합니다. 특히 일본의 문화중에서는 한국을 비롯한 대륙의 영향을 받은 문화가 많이 있기 때문에, 일본과 깊은 관련성을 가진 한국문화(음식문화 등)에 대해서도 수업시간에 함께 다루고 있습니다.

일본에서의 한국인의 역사

일본과 한국은 역사적으로 밀접한 관계가 있습니다. 오랜시간 동안 양국의 관계가 그대로 사람과 사람의 관계에까지 영향을 끼쳐왔습니다. 역사적인 배경 또는 개인적인 이유 등 다양한 경위로 지금까지 많은 한국인

TOPIK 4급(20000엔): 4학년1명, 5학년1명, 6학년2명
TOPIK 5급(30000엔): 4학년 2명, 5학년 3명, 6학년 2명
TOPIK 6급(50000엔): 5학년 2명, 6학년1명

이 일본에 오게 되었습니다. 그러한 역사에 대해 시대 배경을 바탕으로 다양한 시점에서 고찰하며, 앞으로 보다 좋은 관계를 만들기 위해서 어떻게 하면 좋을지를 주제로 학습하고 있습니다.」[58]

이렇게 표명한 내용에서 후술하는 교재를 작성하고 그것을 참고하여 조국의 역사와 지리 및 재일동포에 관련한 수업으로 민족교육을 하고 있다고 추측할 수 있다. 한편, 한국 교육부의 파견으로 금강학교와 인연을 맺은 윤유숙 교장 인사말에서 밝힌 금강학교 운영방침을 보자면 다음과 같다.

「저는 금강학교를 '다니고 싶은 학교', '자녀를 보내고 싶은 학교', '근무하고 싶은 학교'로 만드는데 근간을 두고 운영하겠습니다. 앞으로 미래를 이끄는 인재는 '남들과 다르게 생각하는 창의력과 다른 사람과 함께 어울리는 배려의 인성을 갖고, 자신의 꿈을 이루는 사람'이라 생각합니다. 이러한 사람을 기르기 위해 '건강한 몸의 힘(體), 아름다운 마음의 힘(人), 즐거운 배움의 힘(知)'을 길러주는 것을 교육의 지표로 삼아 최선을 다하겠습니다. 행복한 학교는 모두가 오고 싶고 머물고 싶은 학교로, 배움이 즐거운 학생들, 열정과 사랑이 넘치는 교사, 그리고 소통하고 참여하는 학부모의 협력으로 만들어집니다. 소중한 우리 학생들과, 교육과정 전문가로서의 열정이 넘치는 선생님들, 그리고 협력하고 지원해 주시는 학부모님들과 함께 금강학교 교육가족 모두가 가지고 있는 꿈이 실현되는 행복한 학교가 되기를 기대해 봅니다.」[59]

교장의 열성이 학교 운영에 반영되는 것은 두말 할 나위가 없을 것이다.

---

58) http://www.kongogakuen.ed.jp/education/ 2019년 12월 20일 열람.
59) 오사카금강학교 공식 웹사이트 참조. 2019년 12월20일 열람.
    http://www.kongogakuen.ed.jp/greeting/

한국계 첫 1조학교인 오사카의 스미요시구에 자리잡은 백두학원 건국학교는 458명의 학생이 재학 중이다. 현재 학교운영을 맡고 있는 이종건 교장은 국제사회에 사는 글로벌리더 육성을 교육 목표로 삼고 있고, 특히 한국어와 일본어, 중국어, 영어의 다언어 속에서도 영어력이 학교의 강점임을 역설하고 있다.[60]

1946년3월에 설립한 이 학교의 교육 방침 및 중점 목표는 다음과 같다.

1. 사립학교의 독자성과 재일한국인 학교로서의 특수성을 충분히 살려, 지·덕·체의 원만한 발달을 꾀한다.
2. 재일한국인으로서의 자긍심을 가지고 국제사회에 적응할 수 있는 폭넓은 능력을 겸비하여, 사회에 공헌하는 유능한 인재를 육성한다.

[중점 목표]
1. 민족교육의 충실
2. 기본적 생활습관의 지도
3. 진로지도의 철저
   진학지도-기초학력의 정착, 특별진학지도
   취직지도-취직정보의 신속화, 직업선택지도

로 되어 있다. 오랜 전통에서 계승되어 온 교육 방침과 중점 목표를 기본으로 하면서도 민족교육의 충실과 글로벌 사회를 이끌 유능한 인재 양성에 주력해 온 건국학교는 현재, 다른 한국학교 처럼 다언어 다문화 시대의 흐름을 의식한 다언어 교육을 통한 국제(세계시민 양성)화 교육에 힘을

---

60) 건국학교 공식 웹사이트 참조. 2019년 12월20일 열람.
   http://keonguk.ac.jp/greeting/

쏟고 있으며, 한국어와 영어, 일본어, 중국어를 학습할 수 있는 환경임을 밝힌 뒤, 특히 영어 학습을 비중있게 다루고 있다는 것을 강조하고 있다.

위에서 언급한 4개의 한국학교는 조금씩 차이를 보이고 있지만 기본 적으로는 다언어 교육과 국제사회를 리드할 수 있는 국제인(세계인)육 성을 강조하고 있다. 1조학교에서도 민족전통을 가르칠 수 있는 동아리 활동으로 태권도나 사물놀이와 전통의식 등을 가르치고 있다.

앞에서 말했듯이 도쿄한국학교는 각종학교가 되어 있지만 나머지 3 개의 1조학교는 일본의 법령에 따라 설립된 사립학교이므로 일본의 교 육과정에 따라서 학습이 이루어진다. 하지만 설립 취지는 동포 차세대 아이들에 대한 민족교육이 공통적이다. 차별 많은 이국에서 성장하는 아이들이 민족에 대한 자긍심을 갖고 당당하게 성장해 주기를 바라며 한국의 재외국민 육성을 의도한 게 재일동포의 민족교육이다. 설립 초 기와 달리 한국 정부의 재외한국학교로 인정을 받으며 민족교육의 교 육목표를 대사관으로부터 받게 된다.

1973년의 [주일본 대한민국대사관(장학관실)의 재일한국인 교육목 표]를 보면 다음과 같다.

> 국민교육헌장[61]에 입각하여 재일한국인 교육의 목표를 다음과 같이 정함.
> (가) 대한민국 국민으로서의 자각과 긍지를 갖게 하고 투철한 반공애국정 신을 함양함
> (나) 재외국민으로서 건전한 생활을 영위할 수 있는 능력을 배양하며 나 아가 조국과 유대를 강화하고 그 발전에 기여케 함
> (다) 교포사회에서 협동단결하고 이 사회에서 조화 친선하는 인격을 도야함

---

61) 1968년에 발표된 대한민국 교육의 지표를 담은 헌장이었으나 1994년에 사실상 폐기. 필자도 국민교육헌장을 매일 아침 조회에서 암송했던 기억이 있다.

참고로 교육학자이자 뉴커머의 입장에서 재일동포 및 다문화교육을
해 온 권오정은『2015 재외동포재단 조사연구용역보고서』[62]에서 재
일동포의 민족교육이 다음과 같은 의미로 사용되고 있다고 지적하고
있다.

(1) 외국인과 구별되는 한국인(한민족)으로서의 독자성을 높이려는 교육
(2) (본국 혹은 타지역의) 한국인과 일체감을 갖도록 하려는 교육
(3) 한국인·한민족으로서 애국·애족의 심성을 기르려는 교육
(4) (일본) 지역사회의 일원으로 생활하는데 필요한 공공적 자질을 육성하
    려는 교육
(5) 한국인으로서의 수준 높은 발신력을 갖고 세계를 무대로 활약할 수
    있는 능력을 함양시키려는 교육
(6) 다문화사회에서의 공생 능력과 자질을 기르려는 교육

물론 이 내용은 한국학교의 교육을 대상으로 하기 때문에 모든 재일
동포의 민족교육이 범주에 들어가는 것은 아니다. 또한 권오정은 민족
교육이란 사회적 요구·학습자의 요구·학문적 요구 위에서 성립·변화
한다고 지적하며, [재일동포의 민족교육은 동포의 주체적 선택이 극도
로 제한된 정황에서 이루어져왔기 때문에][63] 선택제한 조건을 강요한
「결정적 정황의 요구」에 따라 성립·변화될 수밖에 없었고, 그러한 정황
속에서 재일동포의 민족교육이 실천되었기에 그 결과, 학습자(동포)의
정체성이 변화·발달되어 왔음을 지적하고 있다.

---

62) 이수경(대표)·권오정·김웅기·김태기·이민호(2017)『2015 재외동포재단 조사연구
    용역 보고서-재일동포 민족교육의 실태 심화조사 및 정책 방향 제시』재외동포재단
63) 李修京·權五定(2018)「在日コリアンの'共生に生きる'という主体的選択(1)－在日
    コリアンの民族教育の変遷過程を辿って－」『東京学芸大学紀要人文社会科学系Ⅰ
    第69集』, 113－125쪽 참조.

이상으로 일본의 한국학교에 대해 개괄해 봤다. 일본에는 한국학교, 조선학교 외에 재일동포들이 차세대 동포 아이들을 세계인으로 육성시키겠다는 취지로 설립한 오사카의 '코리아국제학원', 이바라키현의' 청구학원 츠쿠바'가 있지만 이들은 한국 정부의 지원에서 빠져있고, 한국학교라는 국가적 굴레에서 벗어나 자유로운 커리큘럼으로 운영하려는 의도가 강하기 때문에 이 글에서는 취급하지 않았다. 그러나 '청구학원 츠쿠바'의 경우, 학교 설립자인 김정출 이사장을 비롯하여 경영진이 한국 국적자이며, 수업이 이뤄지는 교실 전면에 태극기를 부착하고 있다는 사실(64)에서 한국학교의 지원 대상 여부를 학교측과 검토해 볼 여지가 있을 것이다.

6 한국학교 교재에서 보는 재일동포 기술 내용

위에서 언급했듯이 한국학교는 일본의 학교교육법 제1조에 해당되는 소위 일본의 정규학교로 인정받은 학교가 3학교(오사카의 건국학교, 금강학원, 교토국제학교), 지방자치체의 지원은 받을 수 있으나 일본 정부 지원은 받을 수 없는 각종학교인 도쿄한국학교가 있다. 각종 학교(조총련계 조선학교도 각종 학교)는1조교가 아닌 대신 교육과정을 비교적 자유로이 운영할 수 있는데, 도쿄한국학교는 한국 교육부가 해외

---

64) 이민호「한국계학교 학교별 주요 현황 및 특성」, 전게서, 이수경·권오정·김웅기·김태기·이민호(2017)『2015 재외동포재단 조사연구용역 보고서-재일동포 민족교육의 실태 심화조사 및 정책 방향 제시』, 208쪽 참조.

한국학교로 인가한 한국의 정규학교이므로 한국 정부의 재정지원을 받으며 한국의 교육과정에 따라 운영하고 있다. 또한 교과서는 대부분이 한국학교의 교과서를 사용하고 있다. 반면에 다른 3학교는 일본의 기본적 커리큘럼을 따르며, 일본 교과서를 사용하며 학교에는 일본인 교사를 배치하는데, 특설 과목은 재량에 따라서 개설할 수 있으므로 간사이 지방의 한국학교에서는 이 시간을 활용하여 재일(동포)형성사나 민족전통의식, 한국지리나 한국역사 등을 개설하고 있다. 종합 학습 등의 수업을 이용하여 민족 문화나 한국어를 학습할 수도 있다.

여기서는 1조학교의 일본 교과서, 도쿄한국학교의 한국 교과서는 생략하기로 하고, 한국학교에서 일본의 재일동포를 소개하며 [재일론]과 관련한 내용을 취급한 교재만을 소개하기로 한다.

1) 성시열·하동길·김인덕·한영화·김일해·김태학·박성기(2010) 『교토·오사카와 함께하는 한국사』(오사카 금강학원 초중고등학교·교토국제학원공동발행)

근대 이후 재일동포의 역사에 대해서는 교토국제학원과 오사카 금강학원의 교사 및 한국의 재일동포 연구자 등 7명의 필진이 엮은 한국통사 교재 『교토·오사카와 함께하는 한국사』(위의 왼쪽 사진 참조)를 중학교 2학년용 부교재로 개발하여 사용하고 있다. 이 책은 주로 정치사와 사회사적 측면에서 교토나 오사카 등의 관서지방 주변의 관련 사적지를 한일 2개 국어로 소개하고 있다. 이 책을 사용하는 학생들 눈높이도 고려하여 금강학원 중고등학교 재학생5명의 학생기획위원의 의견도 반영시키는 노력을 엿볼 수 있다.

〈사진〉 왼쪽은 『교토·오사카와 함께하는 한국사』, 오른쪽은 한국계 학교서
사용중인 교육부의 사회 교과서 및 비상교육과 천재교육의 역사 교과서와
재일한인사 교재들

민족과 국가 체제를 강조하는 한국의 [국사]가 일본에서 생활해야 하
는 재일동포 차세대들에게는 거리감이 있었던 만큼, 이 책에서는 학습
자 자신이 왜 일본에 살며 한국학교에 왜 다니고 있는지를 물으며, 한국
학교의 설립 경위나 재일동포가 존재하게 된 시대적, 사회적 배경을
설명하고 있다.

서문에서는「역사를 배우는 의의」와 함께「현재에 살아가는 존재로서 자신의 과거를 알지 못하면 미래를 준비할 수 없다」고 역설하며 자신들의 뿌리나 정체성을 의식하도록 기술하고 있다. 또한「자신의 과거, 집단의 과거에 대해 알고 실천에 옮길 때 우리들의 과거를 아는 진정한 의미가 있는 것」이며, 역사는 기록이고, 기억이 출발이기에「누군가에게 있었던 일들을 기억하고, 기록하고 다른 사람들에게 전달하는 작업. 이러한 작업을 통해 나와 다른 사람들과 함께 기억을 공유하고 공감하며 '하나'됨을 느껴보시기 바랍니다」라는 글로 재일한인 커뮤니티, 나아가서는 민족과 조국과의 일체감으로 이끄는 복선을 마련하고 있다.

　내용은 7단원으로 구성되어 있는데, 1단원에서는 한반도의 고대국가 형성과 그에 관련된 단군신화설, 일본이나 수·당과 한반도와의 관계나 3국의 대외교류, 불교나 한자·논어 등을 전한 백제 문화와 일본으로 건너간 '도라이진(渡来人)'의 역사와 관계되는 사적지, 일본 신도에 미친 영향 등을 통하여 재일 한인의 뿌리를 의식하도록 설명되어지고 있다. 2단원에서는 삼국통일 이후의 신라의 문화적 발전과 불교의 움직임, 고려건국의 경위와 왕건의 통일정책과 대외무역, 도읍지 개성이 현재의 남북사회에 시사하는 의미, 1135년에 개성에서 서경(현재의 평양)으로 천도하여 북진정책을 과감히 추진하려 했던 묘청에 대한 단재 신채호의 역사적 평가, 몽골군이나 왜구의 침략 등을 소개하여 조국의 지정학적 위치와 일본과의 관계를 생각하도록 짜여져 있다. 그리고 3단원에서는 조선 건국에서부터 세종의 문화적 위업, 양반에 의한 권력구조, 도요토미 히데요시에 의한 1592년, 1597년의 임진왜란과 정유재란의 침략과 피해(교토의 귀무덤 포함), 그들에 납치당해 온 도공들의 후손에 의해 발전한 일본 각지의 도자기 제작기술, 일본의 화해안에 응하여 파견하기 시작한 조선통신사가 일본 사회에 미친 문화적 영향과 아메노모리 호우슈(雨森芳洲, 1668년~1755년)의 외교적 자세 등이 소개되어져 있다.

4-5단원에서는 근대 열강의 움직임 속에서 조선을 침략한 일본 제국주의에 의해 식민지가 된 경위, 동학농민운동 등의 항일저항운동, 명성황후 살해나 헤이그 밀사 파견, 그리고 안중근에 의한 이토 히로부미 사살 후의 일본에 의한 한국 강제병합과 식민지화. 그 뒤의 다양한 사회 변화나 사람들의 의식 변화, 각 지에서전개된 독립운동, 생계나 유학을 위해 오사카의 츠루하시나 니시나리, 교토에 이주해 온 한인들, 1923년의 관동대진재 당시의 한인학살 등을 소개하며 재일동포들이 존재하게 된 배경을 설명하고 있다.

6단원에서는 온갖 차별과 설움에 대항하며 일본에서 투쟁해 온 재일동포들의 역사나 민족문화 계승·발전을 소개하고 있는데, 동포1세대와는 달리 3-4세대에 이르러서는 그들의 정체성 문제가 부각되고 있다.

7단원에서는 일본과의 외교문제의 걸림돌이 되고 있는 역사문제, 특히 일본군 위안부 문제나 야스쿠니신사 문제, 독도의 역사와 한일 양국의 인식 차이 등이 동아시아 평화구축에의 과제가 되고 있음을 지적하고 있고, 궁극적으로 나아갈 길은 동아시아의 평화적 미래에 있으므로 재일동포 차세대들이 어떻게 미래를 만들어가야 할 것인지를 모색하게 되어 있다.

전체적으로는 한국의 학교에서 설정된 역사시간 만큼의 수업을 들어 온 사람에겐 기초적인 내용이라 할 수 있지만, 이 교재에는 간사이 지역의 한국학교에 다니는 학생들에게 보다 친근감이 생기도록 거주 지역의 사적지나 시설을 소개하여 한국사의 관심을 끌고, [재일동포의 역사]를 의식적으로 기술하면서 [재일론]으로 이끌어 가려고 한 것이 특징이라고 할 수 있다. 물론, 고대나 근세, 근대에 한반도 내부에서 일어난 역사적 사건 등과 관련된 '기억의 공감·공유'는 일본 사회에서 생활해야 하는 아이들에게는 그만큼의 거리감과 막연함이 존재할 수밖에 없다는 현실은 감안하고 제작한 듯하다.

오사카 금강학교에서 3년 간 역사교육을 담당했던 이경훈이 2013년에 건국학교, 금강학교, 교토국제학교 학생들(중학생 221명, 고등학생 211명)에게서 설문 조사로 얻은 내용을 보면 재일한인학교 학생들의 역사 관심을 추측할 수 있다.

재일한국학교 중학생 한국역사 수업에 대한 만족도를 묻는 항목에서 [불만족/매우 불만족/모르겠다]에서는 중학교가 47.9%, 고등학교가 60%를 나타내고 있다.[65] 이에 대해 설문조사를 한 이경훈은 학생들의 수준을 고려하지 못한 교과내용과 이에 기초한 교사의 수업으로 인해 교과에 흥미를 잃고 있다고 판단하고 있다.[66]

[한국역사 수업시간에 가장 공부하고 싶은 내용]에서는 중학교가 옛날이야기와 한일관계사, 그리고 생활과 문화의 순으로 높았고, 고등학교에서는 한일관계사와 생활과 문화, 그리고 옛날이야기 순이었다. 역사인물이나 문화재 보다는 중학교에서는 한국의 옛날이야기가 높은 관심을 보였고(23.8%), 고등학교에서는 자신들이 처한 환경을 의식한 한일관계사(25.8%)가 높은 관심사가 되어 있는 것이다.[67]

---

65) 이경훈(2016)「재일한국학교의 '한국역사' 교육실태와 개선방안」『동북아역사논총』53호, 456쪽 참조.
66) 위의책, 457쪽 참조.
67) 위와 같음.

실제 한국학교에서 역사를 가르치며 얻어낸 학생들의 관심사나 요구에 맞는 수업이나 교재 연구가 얼마나 중요한지 참고할 설문 결과로 괄목할만한 연구이다. 특히 일본의 한국학교에 다니는 학생들은 일본에서 생활하는 경우가 대부분이기에 한일 역사관계에 대해서도 배타적인 감정보다 공생을 향한 보편성으로 이어지는 수업을 의식해야 하며, 역사를 알리되 적대화 감정을 키우는 교육은 자제를 해야 하기에 이경훈과 같은 노력을 보이며 일본의 현장 사정도 적극적으로 연구 검토 인식할 수 있는 양질의 교사 양성이 한국학교 교사 확보의 우선 과제라고 할 수 있다.

또한, 주기적으로 학생들의 수업 반응이나 정체성에 관련된 내용 조사, 요구와 관심사 등을 조사하는 것도 의미가 있다. 기존의 한인역사(national history)란 다양성보다 결속된 '하나'의 국가관을 권유하는 자민족중심주의 의식에서 강한 내셔널리즘이 작용하는 경향을 볼 수 있는데, 2021년에 외국주민 300만 시대의 현실을 감안한다면 한국 역시 다문화공생교육을 직시하는 역사 교육이 필요할 것이고, 특히 최근의 한일사회를 생각한다면 한국학교 한국사 교육 문제는 재일동포만의 문제가 아닌 다문화사회를 지향하는 한국 전체의 과제라고 볼 수가 있겠다.

참고로 『교토·오사카와 함께하는 한국사』의 번역문에 보이는 역사 취급 부분은 비교적 내용이 약한 편에다 내용 중에 표기가 틀린 것은 옥에 티라고 할 수 있겠다. 예를 들자면 48쪽의 승려 묘청의 서경천도운동이 1170년으로 되어있으나 1135년으로 수정표기 해야 할 것이고, 105쪽의 초대 조선총독인 데라우치 마사타케(寺內正毅)와 관련한 글에서 그의 무덤 소재지를 '하기시(萩市)'라고 표기한 것은 '야마구치시(히라노 3쵸메, 山口市 平野3丁目)'[68]로 수정해야 할 것이다.

2) 『간사이에서 한국을 걷다(関西で韓国を歩く)』(2014, 오사카금강학교 발행)

이 책은 위에서 소개한 『교토·오사카와 함께하는 한국사』의 속편에 해당하는 책으로 학생들이 익숙해져 있는 교토, 오사카, 나라를 대표하는 문화 유적지를 알기 쉽게 편집하여 한국어와 일본어 대역으로2개국 언어학습도 할 수 있게 짜여 있다.

기본적으로는 오사카금강학교 교사들이 주축이 되어 있어서 금강학교의 교재로 주로 활용되는 듯하다.

이 교재는 오사카 금강학원의 초·중·고등학교[69]교사(일본인 교사 포함), 학생들(일본국적 재학생 포함)이 관서지역의 문화재나 사적지 등을 통해 한일교류사는 물론 한국의 역사에도 쉽게 접근할 수 있도록 만들어진 교재이다. 이 교재는 한국 교육부의 재외한국학교 교수학습 자료개발 사업으로 만들어진 비매품 교재이지만 재일동포(뉴커머, 재일중국조선족 포함)의 역사 가이드북으로도 활용할 수 있게 내용 구성이 되어 있다.

총 130쪽인 이 책은 45쪽 까지 교토 지역, 48-89쪽 까지는 나라 지역, 90-123쪽 까지는 오사카 지역의 사찰이나 신사, 문화재, 미술관 등이 소개되어져 있다. 124쪽부터 인물탐구로 역사 인물을 소개하고 있고, 130쪽은 참고문헌과 참고사이트를 소개하고 있다.

---

68) 필자가 재직했던 야마구치현립대학교 근처, 셋슈테이엔(雪舟庭園) 근처의 히라노3쵸메 작은 산 언덕배기에 묘가 자리잡고 있다. 필자는 데라우치 마사타케의 묘를 만든 가족과의 인터뷰를 통해 묘를 어떻게 만들게 되었는지, 갑작스런 데라우치의 죽음으로 선로를 잇고 미야노 역을 만든 과정 등을 들은 적이 있다.

69) 본문에는 I오사카 금강학원소중고등학교I라고 표기되어 있다. 1조교인 일본 학교의 명칭을 의식해서 초등학교가 아닌 소학교 표기로 한 것으로 추측할 수 있다. 2쪽의 일러두기에는 이 책 사용 학생들이 일본 현지에서 학습하는 것을 고려하여 인명, 지명 등을 일본어로 읽는 것을 원칙으로 했음을 밝히고 있다.

〈사진〉『간사이에서 한국을 걷다』(2014)의 표지와 목차, 각 단원 정리 소개)

전체적으로는 4항목 씩 소개한 뒤에는 [나도 역사가-][예술을 느끼자]
[시대 속으로-][문화를 느끼자] 라는 코너를 만들어서 학생들 스스로가
조사하거나 생각하여 역사에 있어서의 알기쉬운 지식을 재확인하도록
유도하고 있다. 신사가 무엇인지, 한국에도 있는 귀무덤의 소개 등을
간단히 정리하고 있다. 한국어 원문과 일본어 번역이 실려 있는데, 고대
사 혹은 구전형식으로 전해오는 이야기는 [-설이 있다]-라고 알려져 있
다라는 표현이 많은 만큼 교사가 그 역사를 깊이 알고 수업에 임해야
할 부담을 안고 있는 책이라고 할 수 있다.

교토 지역 단원을 본다면, 최근의 역사 수정주의 경향이 강해지는
일본에서 기요미즈데라나 후시미이나리신사 등 외국인 관광객으로 발

길이 끊이지 않는 일본의 대표격 사적지에 대한 정확한 문헌 혹은 사료 제시가 없이 서술적 표현으로 지나치면 자칫 오해를 살 수 있기에 보다 정확한 내용을 아이들에게 전하거나 혹은 아이들로 하여금 조사를 해보도록 과제를 내는 것도 궁리해 볼 가치가 있다. 물론 근대 이후의 자료가 남아있는 경우는 보다 구체적 표현이 되어 있다. 단지, 40-41쪽의 시인 윤동주의 시비 소개에서는 [서시]를 의역 없이 순수하게 번역을 했다고 했으나 금강학원 집필자의 누가 번역책임자인지가 누락되어 있다. 비매품이고 금강학원에서 사용하면서 학원내 집필자는 모두 공유를 하는 내용이므로 표기를 생략했는지 모르겠다. 또한 윤동주는 평양 숭실학교 폐교로 용정의 광명중학교를 졸업하는데, 문익환, 정일권 등과 함께 만났던 당시의 의미 있는 만남의 장이 일체 무시된 채, 단순히 [평양의 기독교 학교와 서울의 연희전문학교에서 수학한…]인물로 되어 있다. 일본과의 관계라면 숭실학당은 기독교 학교로 신사참배를 거절하여 폐교되었기에 그 학교에서 다른 중학교로 갈 수 밖에 없었던 흐름은 가필이 필요했다. 지면의 한계가 있어서 간단히 처리한 내용도 있지만 나라 지역의 단원에서는 56-59쪽의 이소노카미 신궁(石上神宮)은 꽤 정밀하게 응축시켜 놓은 내용을 확인할 수 있다. 천리교로 유명한 나라현 텐리시에 있는 이 신궁 속의 칠지도(七支刀)에 대한 논의는 필자도 학부 졸업논문에서 연구한 바 있어서 현장을 몇 번 갔던 곳이다. 비교적 간결하면서도 알기 쉽게, 그리고 사실적 사료를 근거로 제시한 것을 보면 항목마다 담당자가 다르다는 것을 알 수 있다. 한반도와 깊은 관계가 있는 호류지와 같은 사찰에서 다양한 시점을 갖도록 코너를 만든 것도 일본과 한반도와의 관계성을 알 수 있도록 하는 중요한 요소이다.

한편, 근대사의 불행의 표상인 야나기모토(柳本)비행장터의 관리에

관련된 내용이나 2015년에 유네스코 세계문화유산이 된 하시마(端島 별명;군함도), 112-113쪽의 다카츠키 다치소(高槻タチソ)지하호에 동포 노동자들이 동원된 배경과 이유, 전후 현재의 피해측과 가해측의 기억 과 기록에 대한 논의가 가능하도록 설정한 것도 피해측의 차세대가 역 사의 트라우마를 초월할 수 있는 과제이기에 함께 과거사를 보도록 배 치된 듯하다.

참고로, 이 교재에서는 교류의 흔적을 고대사와 관련된 문화재나 사 적지, 혹은 근대적 시설이 중심인데 비하여 시텐노지(四天王寺)의 왓소 축제나 재일동포 타운으로 잘 알려진 츠루하시(鶴橋)의 코리아타운 및 타운 입구의 미유키모리 신사(御幸森神社)를 소개하며, 그 신사가 모시 고 있는 닌토쿠텐노(仁德天皇)와 한반도와의 파트너십을 부각시키고 있다. 그런 관계로 그의 묘로 알려진 사카이시의 닌토쿠텐노료(仁德天 皇陵)와 그의 존재를 소개하여 고대의 교류에서 현대까지 이어져 온 닌토쿠텐노의 사례를 기억하도록 내용을 꾸미고 있다.

일본에서 태어나고 자란 아이들에게 고대의 한일 교류를 통해 현재 까지 잇는 시민교류와, 근대사에 있어서의 불행했던 역사의 기억이 피 해측과 가해측이 다르다는 지적과, 그 불행이 지금까지 영향을 미치고 있다는 점을 통하여 미래의 평화적 우호관계의 필요성을 논하며, 최근 의 왓소 마츠리나 한류 문화의 공유 등을 미래 지향적으로 풀어서 수업 을 하면 사진 자료도 풍부하여 아이들이 친근감을 가질 수 있는 교재이 다. 단지, 이 교재가 교사용이라면 보다 더 1차 사료, 자료를 사용하는 것이 필요하고, 민족적 자긍심을 부각시키는 것을 의식하다 보니 시대 적으로 고대 사적지에서 바로 근대사로 건너 뛰어 시대적 문화재 소개 의 흐름이 부자연스럽다. 이런 점에 대해서 교재 스스로 [현장 교사들이 중심이 되어 만들었기에 학문적 고증이 치밀하지 못한 부분도 있다(2쪽)고 기술하고 있다. 이 교재를 보다 보완하여 교사 및 학생들의 활용 가능성을 높였으면 한다. 교토, 오사카, 나라 지역에서 활동하는 재일동 포나 혹은 학교 선배들 등의 인물소개, 혹은 금강학원 출신 선배들이나 관계자들의 후배들에 대한 격려문 등을 코너에서 소개를 하여 보다 친근감 있고 자부심을 가질 수 있도록 보충을 하는 것도 좋을 듯하다. 올드커머 만이 아닌 뉴커머의 활동, 다문화적 사회 속의 재일동포의 존재 등 현재의 간사이 지역이 조명된다면 더 충실한 내용이 될 것이다.

3) 『역사 교과서 재일코리안의 역사』(『歴史教科書　在日コリアンの歴史』)

『역사 교과서 재일코리안의 역사』는 일반 판매용 서적으로 취급되고 있는데, 민단 중앙민족교육위원회가 기획하여 재일동포 교육을 위한 역사책으로 2006년에 출판한 책이다. 재일동포들의 발자취 및 관계 역사를 기억하는 연구자들 여섯명[70]이 주집필자가 되어있는데 재일동포의 기록과 자료와 증언 등이 시대별로 정리가 잘 되어 있다. 이 책은 2013년에 제2판을 발행하여 새로운 법적 지위나 한국의 재외투표, 그리고 한류 문화와 그 반동 등 최근의 사회적 현상 혹은 변화에 대해서 가필을 하고 있다. 해방 전후로 나눈 이 책은 고등학교 학생을 대상으로 해설한 교재인데 중학교 상급학생 정도면 유익하게 읽을 수 있도록 사진이나 자료가 풍부하게 게재되어 있다.

현재 도쿄한국학교를 비롯하여 한일관계는 물론, 재일동포 역사를

---

70) 강덕상, 강재언, 김경득, 박일, 강성, 정대성. 이들 중 강재언교수, 김경득변호사는 고인이 되었다.

가르치는 현장의 교재로서 사용되고 있다. 이 책은 초기의 재일동포들이 일본에 오게 된 계기부터 시작하여 정주하게 된 시대적 흐름과 사회적 배경, 그들이 만들어 온 재일동포 사회에서의 다양한 활동을 사진과 당사자들의 기억을 적재적소에 넣어서 소개하고 있다. 특히 특별영주자의 행보나 힘들었던 삶, 일본 사회와 가난과 차별 속에서 성장해 온 재일동포 커뮤니티나 동포 기업가, 문화인들의 소개도 덧붙여져 있다.

책자 마지막에는 향후 재일동포가 나아가야 할 방향에 대한 제안에 이르기까지 포괄적으로 소개하고 있다는 점에서 보면 지금까지 발행된 교재 중에서는 재일동포의 역사와 활동상황을 폭넓게 아우르는 [재일론]의 교재로서 높이 평가할 수 있다. 일본의 재일동포로서 축적해 온 역사를 정리해 놓았고, 재일동포로서의 정체성을 가지고 일본은 물론, 한일관계의 가교 역할, 그리고 세계적으로 활동할 수 있는 가능성을 시사하는 점에서 동포 차세대의 글로컬 시민육성을 위한 교재라고 볼 수 있다.[71]

좀 더 구체적으로 교재의 내용을 보자면, 조국 강산을 뒤로 하고 일본으로 건너 간 동포들의 발자취를 비롯하여 당시의 동아시아 공간 속의 일본과 조국과의 관계, 국제 정세 속에서 동포의 도일, 동포사회의 형성과정, 초기 동포들의 도일 사진 등 귀중한 역사 자료나 사진들이 많은 지면에 소개되어져 있다. 또한, 일제 강점기 때 동포들이 조국 독립을 위해 어떻게 연대해 왔는지를 소개하며, 해방전 1923년의 관동대지진 발생으로 인한 동포들의 수난, 숱한 차별이나 편견을 감내하며 정착하는 과정, 그리고 강제연행, 징용, 징병 시대를 엮은 해방전의 움

---

71) 뿌리를 기억하며 거주지(로컬)의 책무, 생활에 충실하며 국경을 넘나들며 글로벌 사회의 구성원으로서 활동하며 살아가는 다문화공생 시대의 시민상.

직임, 해방 후의 분석과 1965년의 한일 국교정상화와 관련된 내용, 1991년의 입관 특례법 이후의 정주화와 일본 내에서의 권리 취득을 위한 운동 전개를 체계적으로 기술하여 다양한 사진이나 관련 인물 소개, 혹은 역사 관계의 컬럼을 중간 중간에 넣어서 독자가 알기 쉽도록 내용을 엮고 있다.

〈사진〉『歷史教科書　在日コリアンの歷史』作成委員会編(2006)『歷史教科書 在日コリアンの歷史』, 도쿄, 明石書店)

　물론 초등학교 교재로는 내용을 소화하기에는 어려운 부분이기에 중학교 3학년 혹은 고등학교 학생들이면 유익하게 공부할 수 있도록 되어 있다. 중간 중간에 재일동포의 문화, 예술, 스포츠, 경제 분야 등의 활동 등을 넣고 있고, 일본이나 한국 교과서에서는 볼 수 없는 귀중한 재일동포 자료 사진, 통계 등이 사용되고 있어서 자료집으로서의 가치도 높다.

단지, 민단중앙본부에서 기획한 교재인 만큼, 재일동포 중심의 구성이 되다보니 그들에게 배려하여 공생의 노력을 해 온 주변인, 특히 일본인 혹은 일본 커뮤니티와의 관계를 기록하지 못한 점, 동포들의 권익옹호를 위해 함께 협력해 준 일본 시민사회의 움지임이 기록되지 못한 게 아쉬운 점이다. 앞으로도 교재를 사용할 경우, 다문화공생을 지향하는 시점에서의 동포들의 주체적 선택에 영향을 미치는 [재일론], 공생을 위해 활동해 온 다양한 동포 및 일본인 소개도 가필 작업을 하여 보완해 나간다면 보다 내용이 충실해질 것 같다. 특히 80년대 이후에 증가하는 뉴커머의 증가나 동포들 가정에 증가하기 시작한 다국적화나 다양화에 대하여 항목 내용을 구성하는 것도 현실 직시를 위해 좋을 듯하다.

또한 집필진 전원이 일본에서 태어나고 자란 구정주자 남성들로 구성된 점에서 뉴커머나 여성들의 시점에서 활동한 발자취가 기록되지 않은 부분 등의 한계성도 아쉬운 부분이다. 재일동포 여성들의 구정주자, 뉴커머 등이 지역 주민으로서 일본과 어떻게 삶을 공생하기 위해 활동해 왔는지, 어떻게 아이들을 키워왔는지를 조사하여 향후 내용을 보완할 필요가 있을 것이다. 민단은 부인회도 존재하기에 조직의 역사만큼 그들 구성원들의 역할도 기대된다.

전반적으로는 풍부한 자료와 내용으로 묶어진 한국계 재일동포의 [재일론]을 볼 수 있는 좋은 교재이지만, 구정주자(올드커머)의 역사 교과서라는 한계가 있고, 재일동포 전체를 아우르는 교과서를 위해 위의 지적내용을 보완한다면 후학을 위한 좋은 교재로 남을 것 같다. 참고로 비교적 충실히 짜여진 이 책을 한국 국내에 번역하여 소개하는 작업도 앞으로의 과제라고 할 수 있다.

4) 동포 민족교육을 위한 교과서 『在日韓国国民教科書』(민단중앙본부 발행)

　민단중앙본부 문교부 교재편찬위원회가 1978년에 발행한 『民族教育50時間用教材 在日韓国国民教科書』는 256쪽으로 된 교과서이다. 학교 학습자만이 아니라 민단계 재일동포 전체를 대상으로 한 우리말 기초학습 교과서라고 볼 수 있다. 국어 기초편에서는 간단한 국어 문법과 회화를 50시간에 습득하도록 되어 있고, 97쪽 부터는 실용적인 문장으로 편지 읽기, 일기 읽기 등에 보충교재로 웃는 모습(의태어)과 웃음 소리(의성어)가 소개되어 있고, 117쪽부터는 명절과 풍습에 대해서 우리말로 설명되어 있다. 127쪽 부터 154쪽까지는 일본어로 한국의 고대사부터 근대까지의 역사를 개괄하고 있고, 155쪽부터 180쪽까지는 한국 전도를 활용한 지리가 일본어 기술로 소개되고 있다. 음악편에서는 애국가나 동요, 민요 등 대중적으로 알려진 곡들이 실려 있다. 215쪽부터는 설날이나 추석 같은 세시풍속에 대해서 한국어를 섞어가며 일본어로 설명을 하고 있고, 전통적인 혼례나 제례, 축문 적는 법, 제사 상차리는 법 등을 넣고 있다. 무엇보다 138쪽에서 139쪽에 이르기까지는 일본 제국주의 침략에 의해 국권을 빼앗기고 3.1운동, 6.10만세운동, 1929년의 광주학생운동과 같은 독립운동과 상하이의 임시정부에 대해서 적혀져 있고, 조선초기부터의 일본과의 갈등에 대해서도 간결하게 소개하고 있다. 재일동포에 대해서 언급한 것은 그다지 많지 않다. 142쪽에 재일한국 청년·학도의용군에 대하여 기술하고 있는데, 이 책에서 주목할 만한 재일동포에 대한 언급이기에 소개해 둔다.

「6·25 동란이 발발하자 재일한국인 청년 및 학생들은 위기에 처한 조국과 민족을 구하기 위해 결기하여 의용군을 조직하여 조국의 각 전선에 참전하여 용감하게 싸웠다. 제1차 의용군부터 제5차에 걸쳐서 합계 645명의 청년과 학생들이 출병하여 각지의 격전지를 돌면서 싸웠고, 한국 역사상에 눈부신 무훈을 세웠지만 이 의용군 중에서 59명이 전사하고 97명이 행방불명이 되는 등 큰 희생을 치뤘다. 휴전 후 의용군 중에서 220명이 한국에 남고 그 밖의 의용군은 일본에 돌아와서 대한민국 재향군인회를 조직하여 조국의 안보와 재일동포를 위해 노력하고 있다.」(142쪽)

이 책은 많은 내용을 한 권에 수록한 만큼 부피가 있다. 재일동포들에게 민족과 전통을 전하기 위해 다양한 내용을 배우도록 궁리를 한 교과서라고 할 수 있다. 이 책을 학습하고 나면 중급용 책이 준비되는데, 필자가 가진 책은 국어 기초편 발행에서 7년이 지난 뒤의 책이다. 『在日韓国国民教科書』 중급용은 총 342쪽으로 된 책인데, 국어 회화나 우리말 문장 읽기를 통해 건국신화나 모국 각지 방문, 한글과 세종대왕, 우리 강산 소개와 일기쓰기나 편지 읽기에 익숙토록 하여 한국에서 교육받는 내용에 가깝도록 구성되어져 있다.

이 교과서의 아쉬운 점이라면 국어편도 역사편도 참고편도 모두 한국 국내 대학의 교수들이 필진이라는 것이다. 결과적으로 일본에서 살아야 할 재일동포들의 위상을 위한 동포 소개 내용이 부족하고, 대한민국 국민 형성을 위한 교과서로 짜여져 있기 때문에 동포로서의 정체성이 경시된 구성이 되고 말았다. 집필방침을 보면 한국의 전통과 생활문화, 생활 습관, 관습 해설이 중심으로 한국인의 의식 구조를 이해하는데 도움되는 요소를 넣었다고 한다. 재일동포들의 존재에 대해서 266쪽과 267쪽에 걸쳐서 설명하고 있는데, 간토대지진 때의 일본에 의한 동포 학살과 전쟁에 징병 혹은 징용으로 끌려와서 강제 노동 등으로 시달렸고, 해방 후에도 재일 한국인에 대한 차별이 멈추지 않고 있다고 설명하고 있다. 이런 설명 자체가 생활인으로서, 혹은 노동자로서, 여성들의 움직임이 누락된 채 단순하게 재일동포를 전쟁 희생자로만 표기하고 있다. 267쪽에는 지하호에 동원된 동포가 [어머니 보고싶어. 배가 고파요, 고향에 가고 싶대가 적혀진 사진을 소개하고 있지만 어느 노동현장인지 출처가 명확하지 않다. 271쪽에서 272쪽에는 한국전쟁에 민단계 동포가 참전한 설명이 있는데, 이것은 앞에서 나온 국어 기초편에 적혀진 내용과 차이가 없다. 280쪽과 281쪽에는 강제징용과 재일동포에 대해서 간단히 일본어로 소개할 뿐이다.

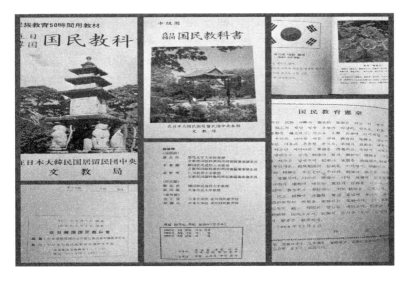

〈사진〉 국기에 대한 맹세나 국민교육헌장이 실린 국어 기초편과 고급 한국어로 된 중급용 『국민교과서』. 국기에 대한 맹세는 내용이 수정되었고, 국민교육헌장은 94년에 폐기

284쪽의 참고편에서는 한국의 전통의식이나 국경일에 대해서 한국어로 설명을 하고 있다. 중급편이라지만 한국에서 교육을 받고 일상생활 용어가 한국어인 사회에서 사는 사람에게는 중급 수준이 될지 모르지만 생활용어가 일본어인 일본 사회에서 생활하는 동포들, 그것도 어릴 때부터 우리말 문법 등의 학습경험이 없는 동포들에게는 상당히 고급 문장으로 이뤄진 구성이라서 어떤 교육방법으로 얼마만큼의 교육적 효과가 있었는지는 알 수 없다. 또한, 재일동포에 대한 기술은 조국을 위해서 멸사봉공하여 한국전쟁 참전 희생에 대해 언급한 정도이다. 말을 바꾸자면 전쟁에 끌려온 재일동포, 한국전쟁에 참전했던 의용군 소개 외에는 재일동포 자신들의 문화나 커뮤니티 활동 등의 기술은 빠져있다. 그 점에서 앞에서 소개한 재일동포들이 자신들의 역사나 문화를 배울 수 있는 교재들과 큰 차이를 보이고 있다.

5) 그 외, 한일역사교류의 교재

위의 교재 외에도 건국학교 등에서 사용되는 교재와 같이 각 학교에서 자신들의 오리지널 교재를 개발해서 사용하고 있다. 기본적으로 한국의 학교에서 사용하는 교과서와 앞에서 소개한 교재와 함께 교사들 재량으로 활용한다고 볼 수 있다.

필자가 확인한 위의 교재 외에, 중등부 이상에서 사용할 수 있는 교재, 재일동포가 알아두면 좋은 한일교류의 사례를 담은 아래와 같은 교재가 있다. 단, 한국어판은 국내 시판용이기에 한국학교 재학생용 교재보다 교사가 참고문헌으로 활용하는 것이 현실적일지 모른다. 이 책은 한일관계 완화를 위해 한일 양국의 교사들이 서로 다가서기를 모색하며 집필한 책이라고 볼 수 있다.

(1) 한국역사교과서연구회(한국), 일본역사교육연구회(일본) 공동편저
(2007)『한일교류의 역사(한일공동 역사교재) 선사부터 현대까지』혜
안 (일본판; 歷史教育研究会(日本)·歷史教科書研究会(韓国) 共編(2007)
『日韓歷史共通教材 日韓交流の歷史 先史から現代まで』明石書店)

이 책은 한국의 역사교과서연구회와 일본의 역사교육연구회가 10년
의 공동작업으로 완성한 공통교재 첫 통사인데 서울시립대학교와 도쿄
가쿠게이대학 등의 민간 학자40여 명이 공동 저술한 책으로 [한국과
일본은 함께 나아가야 할 동반재라는 서문과 함께, 선사시대부터 21세
기까지의 시대를 서로 토론과 합의를 거쳐 집필한 책이다. 특히 고등학
생을 대상으로 알기 쉽도록 시대별 해설을 하고 있는데, 일본어판(한국
어판 미견) 책 뒷 편의 358쪽에서 410쪽 까지 [보다 깊이 이해하기 위해
서(한국명; 더 깊은 이해를 위하여)]라는 부록을 수록하여 집필자의 의
도나 내용의 해설을 싣고 있다. 기본적으로는 한일 역사교류를 선사시
대부터 보고 있는데, 총 12장 454쪽으로 각 시대별 교류를 소개하고
있다. 앞에서 소개한 교재들을 보다 학술적으로 심화시켰다고 할 수 있
고, 역사학자들의 전문적 지식이 풍부하게 소개되고 있는 게 특징이다.
조선통신사의 교류의 역사와 근대 한일관계, 제10장의 일제 강점기 속
에서 시작되는 한국인들의 일본 도항과 생활, 해방 후의 교류확대 속에
서 한일조약 체결 전후의 동포들의 일본에서의 권리 투쟁 등의 움직임
을 341쪽부터 349쪽까지 자세히 소개하고 있다. 역사의 공동 인식이
어려운 것은 주지하는 바이나 가급적 서로가 다가갈 수 있고, 상호 이해

할 수 있도록 하려는 노력이 깃든 교재라고 할 수 있다. 또한 자료가 풍부하게 사용되고 있어서 교사들의 수업용은 물론, 재일동포나 한일 관계를 보다 깊이 알고 싶은 학생들은 이 책을 교재로 활용하면 유익하게 학습할 수 있을 것이다.

(2) 역사교육자협의회(일본)·전국역사교사의 회(한국)『마주 보는 한일사 1-화해와 공존을 위한 첫걸음, 선사 시대-고려 시대』(2006), 『마주 보는 한일사 2-화해와 공존을 위한 첫걸음, 조선시대-개항기』(2006), 『마주 보는 한일사 3-화해와 공존을 위한 첫걸음, 한일 근대사』(2014), 사계절. (일본판; 歷史教育者協議会(日本)·全国歴史教師の会(韓国)共編 (2015)『むかいあう日本と韓国·朝鮮の歴史 近現代編』大月書店)

이 책은 2006년에 2권을 내고, 2014년에 보완 가필한 내용으로, 기존의 한일역사교류에서는 예민한 항목으로 치부하던 오키나와나 남녀평등, 반핵평화운동, 1987년 6월의 한국 민주화운동, 주한미군, 다문화 공생사회를 지향하는 일본과 한국, 독도와 다케시마 등을 취급하고 있다. 한국학교 학생들이 3권의 한국어와 일본어로 된 교재를 갖추기에는 교사들의 추천 등이 필요하겠지만 한국어와 일본어를 충분히 구사할 수 없는 현실을 감안하면 교사들용의 교재로서 활용도가 높다고 할 수 있다.

재일동포에 대해서는 근현대편 285쪽의 축구선수 정대세와 이충성, 히가시오사카시의 야간중학교에서 처음으로 글을 배운 재일동포 1세의 고령자 학생 소개 등, 앞에서 언급했던 교재에서 취급하지 않았던 시점의 재일동포가 소개되어지고 있다. 그리고 히타치재판으로 알려진 민족차별철폐운동의 박종석의 사례를 들면서 재일코리안의 노력에 의해 다문화공생사회로의 길이 열렸음이 강조되어 있다. 비교적 다른 교재에 비해 여기서는 비중이 적은 편이지만 한국과 일본 만이 아니라 근대 베트남과 중국 등과의 관계사를 볼 수 있는 교재라고 할 수 있다. 또한 역사 교육을 담당하는 현역 교사나 연구자들이 총 12년이란 오랜 시간을 들여서 화해와 공생을 위한 모색을 하면서 악화되는 한일관계 완화를 위한 지혜로 내 놓은 교재인 만큼 그 내용도 재일동포 소개를 제외하고는 충실하게 잘 짜여져 있다고 볼 수 있다. 한국학교의 교사용 교재로도 활용할 가치가 있다.

〈사진〉한일교류의 역사 사례를 심도있게 취급한 교재들. 한국과 일본에서 동시발행)

(3) 李修京編(2006)『韓国と日本の交流の記憶』白帝社(한국어판; 이수경 감수, 도기연, 나성은 공역(2010)『한일 교류의 기억』, 한국학술정보)

이 책은 필자가 한일 교류관계를 학생들에게 가르치기 위해 기획하여 총17명의 전문 필진들에게 의뢰하여 출판된 것이다. 1부에서는 일본 사회에 영향을 준 한국 사람들을 취급했고, 2부에서는 한국 사회에 영향을 준 일본 사람들을 소개하고 있다. 적당히 컬럼 등을 넣어서 한일관계만이 아니라 재일동포를 도와 준 일본인들이나 재일동포에 대한 소개도 의도하고 있다. 1부 1항에서는 나가노 가미코치 개척과 조선인 노동자를 처음으로 밝혔던 조사 내용을 소개하고 있고, 안중근과 동양 평화사상과 일본인들, 2차 대전의 외교관 박무덕의 행동, 마츠시로 대본영 지하호 경험자 최소암씨의 소개 등, 개개인을 통해 재일동포사회 및 한일관계에 관련된 역사로 접근하고 있다. 이 책은 필자의 학교나 호세이(法政)대학 등 몇 개 대학 교재로 사용되어 왔고, 일본 각지의 학교나 지역 도서관에서 소장, 대출되고 있으며, 보다 널리 국내에도 알리기 위해 2010년에 국내에서도 번역(나성은, 도기연 번역) 출판이 되었다. 참고로 특히 재일동포 이해를 위한 교재로 사용할 수 있는 내용이 적혀진 1부 목차를 소개해 두기로 한다.

제1부 일본 사회에 영향을 준 한국 사람들 (집필 담당자)
 1. 일본 최고의 절경 가미코우치(上高地)의 개척과 조선인 노동자(이수경)
 2. 생애 마지막까지 외쳤던 안중근의사의 동양 평화론(이수경)
 3. 전쟁을 피하고 평화로운 일본을 절실히 염원했던 박무덕/도고(東郷)
  (이수경)
 4. 마츠시로(松代) 다이혼에이(大本営) 노동자 최소암의 소원(오비나타

에츠오)

5. 민족을 초월한 '복지의 아버지' 김용성과 나자레원(이수경)
6. 불도저 시장 김현옥과 한국의 일본인 유골(유노 유우코)
7. 한국과 일본의 우호적 가교역할에 일생을 바친 최병대(이수경)
8. 시인 손호연의 평화를 위한 기도(이수경)
9. 동아시아의 빛나는 별 역도산(고이케 미하루)
10. 사츠마(薩摩) 도자기의 종가 심수관과 한·일 문화 교류(김정애)
11. 동북아시아 평화 공동체의 가교 '재일 코리언'(이수경)
12. 한일 사회를 감동으로 이어주는 이수현(이수경)
13. 츠시마(對馬島)의 청소 활동을 통한 이웃나라와의 교류(박경수)
14. 현대 사회에 지친 마음을 치유해주는 한류문화(이수경)
15. 끊임없는 노력으로 한·일 관계를 이어주는 가수 '보아' 와 배용준(유노 유우코, 오카노 유키에)
16. 윤동주를 통해 만나는 세계의 시민들(이수경)
17. 공통 역사 인식을 위한 노력(마에다 요코·이수경)
18. 주일·주한 미군에 대해서 함께 생각해 보기(마츠무라 히로유키)
19. 한국에서 일본어 교육에 공헌하고 있는 단체(가도와키 가오루)
20. 재일 교포 최초의 변호사 김경득의 한·일 우호의 염원(이수경)
21. 국경을 초월하는 스포츠 교류—가교역할에 전력 중인 안영학(이창엽)

이 외에도 [한중일이 함께 쓴 동아시아 역사]책 등이 있으나 재일동포를 소개하기 보다는 교과서 속에 쓰인 각국의 역사 인식이나 입장을 재확인하면서 악화일로의 동아시아 외교 관계의 완화 및 서로 다가가기를 의도한 글이기에 이 글에서 구체적인 설명은 생략하기로 한다.

7 조련 이후 조선학교[72]의 교육 개편과 교과서 내용 변화

1) 조련의 학교에서 조총련 산하의 조선학교로

2019년6월 현재, 28,975명의 재일 조선적 동포 중에는 분단국가가 아닌 하나의 통일 국가(One Korea) 상태를 염원하는 일부 1-2세대 동포를 제외하면 대부분이 조총련 조직 관계자나 지지자라고 봐도 과언은 아닐 것이다. 물론 지금은 예전처럼 애국애족주의 찬미나 귀국할 수 없는(환영받지도 못하는 귀국) 조국에 대한 향수, 혹은 일본 사회와는 다른 우상 절대주의 체제에 회의를 느낀 조직 이탈자의 일본 혹은 한국 국적 취득자가 증가하면서 같은 가족이면서 조선적, 한국적, 일본적 등의 국적을 갖는 다국적 가정도 늘고 있다. 그런 현실을 직시한 조총련 및 조선학교는 재일동포 출신으로서 일본의 지역 주민, 사회 구성원으로서 활동하는 그 연장선상에 조국과 조직과의 연결고리를 잇는 것이

---

72) 조선학교는 북한의 교육제도와는 달리 유치부·초급·중급·고급·대학교를 설치하고 있으며 전성기에는 일본 각지에 161개교 40,000명을 넘는 학생들이 재학하였다. 그러나1965년의 한일 국교정상화 이후, 재일한인아동 및 학생들의 일본학교 입학이 증가하였고, 1991년의 특별영주자 정주 가능성으로 안정된 거주 가능성이 보이자 조직을 이탈하는 사람이 늘어났다. 또한 일본인 납치문제로 사회 전체의 이슈화가 되면서 외교적 갈등이 고착되자 학생수가 줄어들게 된다. 2019년 현재 조선학교는 휴교 중인5개교를 포함한 66개교, 총 학생수가 약 6,000명이지만 앞으로도 통폐합으로 인한 학교 및 학생 감소가 예측되기에 학교운영은 그다지 밝은 전망은 아니다. 물론 이러한 현상은 한일 사회현상이기도 하지만 사활을 건 조총련 입장에서도 어떻게든 학교 유지를 해야만 커뮤니티 및 조직 구성원 확보가 가능하기에 다양한 학교 운영에 힘을 쏟고 있고, 다언어교육화나 첨단CT교육, 예체능 엘리트 육성 등의 교육 특화에 주력하고 있다. (필자의 2018년 재외동포재단 연구용역 및 2019년 일본 문부성 과학연구비 조성 연구 과제를 위한 조선학교 관계자 인터뷰 및 학교 방문 조사 내용 포함)

효율적이라는 자각을 하게 된다. 참고로 북일정상화가 이뤄지지 않은 상태이고, 북에서 일본으로 자유왕래가 불가능했기에 재일조선적 대부분은 해방 전부터 거주해 온 특별영주자 혹은 영주자의 후손에 해당된다.[73] 그렇기에 격감한 조선적 인구만큼 현실적이고 실리적인 교육적 변화가 [재일론], 즉 일본에서 재일동포로 살아가며 일본사회의 구성원, 일본의 지역 주민으로서 세계를 직시하는 글로벌 차세대 육성을 교육 목표로 내세우고 있다. 이 교육의 변화는 교과서 내용을 보면 곧 알 수 있다.

앞에서도 말했듯이 해방 직후 결성한 조련은 민족교육 운동으로 국어 교육과 민족정신 되찾기를 주창하며 동포들 민족교육 준비에 착수한다. 1946년 1월에 제1회 전국문화부장회를 소집하여 모국어 초등교육 시행을 결정하였고, 2월부터 교과서 편찬위원회를 발족하여 교과서를 준비하며 학교 설립을 시작한다.[74] 그 해 4월부터 초급, 중급, 상급의 3년제 초등학원을 정비, 같은 해 9월에는 6년제 학교로 재통합하여 국어, 역사, 지리, 산수, 체육, 음악 등의 수업을 실시하였다.[75] 학교 교육을 실시하려 했을 때 필요했던 전 과목의 교재 개발이었는데, 도쿄 제국대 신인회 출신으로 조련 준비위원장을 했던 김두용[76]등의 지식 청년들이 교육 체제를 준비하게 된다. 혼란스런 해방 직후의 물자 부족

---

73) 최근의 탈북자는 구정주자에 해당되지 않으므로 여기서는 생략한다.
74) 1946년 10월 5일에 도쿄조선중학교가 재일조선인 첫 중등 교육기관으로서 개교하게 된다. 도쿄조선중고급학교 웹 사이트 참조.
http://www.t-korean.ed.jp/pg630.html
75) 도쿄조선중고급학교 웹 사이트 참조. http://www.t-korean.ed.jp/pg630.html
76) 김두용에 대해서는 다음 연구를 참고. 李修京(2008)「金斗鎔と新人会、その後の社会運動」『種蒔く人』・『文芸戦線』を読む会編『「文芸戦線」とプロレタリア文学』, 도쿄, 龍書房, 97-128쪽 참조.

과 인재 부족, 운영자금 부족, 당국의 조련 탄압 등이 겹친 상황 속에서 동포 아이들에게 민족을 일깨워주고 우리말을 하게끔 만들어야 한다는 청년들의 민족의식과 교육적 신념 하나로 [민족교육]에 몰입하였기에 한 때는 120만부의 교과서를 발행하는 위력을 보였다. 지금처럼 편리한 인쇄, 발행 환경이 아닌 노동력 동원의 등사판 인쇄 작업이었음을 생각하면 당시의 민족운동이 어떠했는지를 알 수가 있다.

〈사진〉 1946년 초등학교 음악 교과서[77], 조련 교과서 편집위원회[78]

4년간의 조련 시대(1945.10-1949.9) 교과서 개발 및 편찬, 보급활동에 대해서 학우서방의 교과서편찬위원 및 조선대학교 교수를 역임한 김덕룡(金德龍)은 다음과 같이 4단계로 시기를 구분하고 있다.[79]

77) 山一雄, 趙博編(1989)『在日朝鮮人民族教育擁護鬪争資料集Ⅱ』, 도쿄, 明石書店, 351쪽
78) 도쿄조선 중고급학교 웹 사이트 참조. http://www.t-korean.ed.jp/pg630.html
79) 金德龍(2004)『朝鮮学校の戦後史−1945〜1972』社会評論, 35-53쪽 참조.

- 제1단계(1945.10-46.2): 이진규(李珍珪)가 편찬한 조련 첫 교재인 『한글 교본(ハングル教本)』의 대량 인쇄, 각 민족학교에 보급.
- 제2단계(1946.2-47.1): 민족교육 강습소에서 정규학교 체제로 바뀌는 시기. 본격적인 교과서편찬 및 보급을 위해 교과서편찬위원회가 정식 발족, 활동개시. 옵셋판 교과서 및 부독본출판. 이 시기에 특히 주목할 것은 각 초등학교간 정보교환과 교사·어린이·학부모의 연계, 학부모 계몽에 영향을 미친 어린이용 잡지 『어린이통신』(1946.7.1.)의 창간인데, 이 잡지에는 조련의 정치노선, 즉, 북측의 사회주의시책 및 김일성지지를 명확히 하고 있다.[80]
- 제3단계(1947.1-47.10): 초등학교 학년제 도입에 따른 학년별 교과서 편찬, 중학교 설치에 따른 중학교 교재 편찬, 청년 및 부녀교육용 교재 개발 등 조련의 교재 편찬, 보급 활동이 가장 활발했던 시기. 편찬의 기본 방침은 어린이의 흥미, 관심을 충분히 배려할 것, 교사의 교수활동에 직접 활용할 수 있을 것, 그리고, 민족교육의 이념과 실천을 매개할 수 있을 것. 재일본조선인교육자연맹 결성.
- 제4단계(1947.11-49.9): 이 시기에는 일본 당국과 GHQ에 의해 민족교육이 탄압을 받고, 조선학교 폐쇄령에 저항을 했으나 결과적으로 조련이 강제 해산을 당한 시기. 정부의 탄압 속에서도 전국적인 교재 통일이 성취되었으나 조선민주주의인민공화국 정부가 성립된 이후 교과서 검열이 엄격해졌던 시기였다.

4년이라는 짧은 기간에 「민족교육」을 학교체제로 전환하여 추진한 결과, 1947년 10월까지 소(초등)학교 541개교(학생; 56961, 교사; 10250[81]),

---

80) 『어린이통신』 창간의 "편집방침은 분명히 당시(1946년 7월)의 북부 조선의 사회주의 시책에 호의적인 것이었다."는 점이다. 권두시로 김인세(金仁世) 작 「민족의 영웅 김일성 장군」과 함께 「개선」 연설하는 김일성의 사진이 게재되어 있었다. 이 방침은 1946년 2월 제 2회 임시전국대회에서 실질적으로 남북 분단 상황 속에서 "북 조선을 지지한다는 입장을 한층 명확히 밝힌" 조련의 정치노선 및 제3회 전국 대회에서 결정하는 "진보적 민주주의의 건국이념과 조국애가 투철한 사회 공민을 양성한다."는 조련의 교육방침과 같은 맥락이었다. 金德龍, 앞책, 37-42쪽 참조.
81) 1948년 4월의 민단측 조사에 따르면 조련계 초등학교 교사는 1,196명이고 중학교가

중학교 7개교(학생; 2761, 교사; 95), 청년학교 22개교(학생; 1765, 교사; 101), 고등학교 8개교(학생; 358, 교사; 59)의 개설이라는 놀라운 성과와[82] 더불어 일본문부성으로부터 각종학교로 인정받기도 했다. 1948년 10월까지 조련이 편찬, 출판한 각종 교재는 93종류 120여만 부, 그 밖에 24종류 30여만 부에 달했으니 민족교육 운동에 부어진 열정이 어떠했는지 짐작할 수 있다. 물론 그 배경에 존재한 일본 제국주의에 대한 저항과 이념적 신념으로 다져진 투철한 민족정신의 발로를 간과할 수 없다. 탄압에 대해서 투쟁적 저항으로 임했던 민족교육열의 조련에 대해 당시 반공주의 체제였던 일본과 GHQ는 격렬해지는 반체제적 사상 운동을 염려하여 조련을 강제 해체시킨다. 그 후 흩어졌던 잔여 세력을 규합한 북한의 해외공민 조직인 조총련이 결성되자 선진국 일본의 북측 해외조직으로서 미국, 일본, 한국 및 민단 측 자유진영과의 대립에 전위부대적 입장을 취한다. 남일 외무상이 재일동포 자제의 민족교육을 보장한다는 선언과 더불어 1957년부터 북측의 교육원조를 받게 된 조총련은 북측 지침에 따른 일본내 강한 조직력을 우선 과제로 하게 된다. 이미 조련의 민족교육 운동을 체험했기에 동포들의 교육 시설을 전국적으로 설립하여 조총련계 동포의 커뮤니티 거점으로서의 학교 운영책도 펴나가게 된다. 1956년에는 최고 학부인 조선대학교가 설립된

25명으로 되어 있다. 교사수에서는 상당한 차이가 나고 있으므로 다른 기회에 보다 많은 자료로 비교 확인을 할 필요가 있다. 참고로 민단계 초등학생 수는 6,297명, 중학교는 242명, 훈련소289명으로 조련계에 비하면 압도적으로 적은 숫자이다. 韓青中央編(1970) 「在日韓国人の歴史と現実」, 佐野通夫編(2012) 『在日朝鮮人教育関係資料 2』도쿄, 綠蔭書房,176쪽 재인용. 민단계는 조련이 절대다수였을 때 이탈한 소수층이었기에 인재부족, 교육정책 및 교육자금 부족 등의 상황에 있었고, 무엇보다 학교 개설에 움직일 인재를 확보하지 못했던 것을 지적할 수 있다.

82) 藤島宇内・小沢有作(1966) 『民族教育—日韓条約と在日朝鮮人の教育問題』도쿄, 青木書店, 46-47쪽 참조.

다(1959년에 현재의 학교로 이전). 교육 기관을 재정비한 조총련은 조련에서의 경험을 반성하고 개선하여 보다 효율적인 민족교육 체제를 갖추려한다, 조선학교 교육에 오랫동안 관련해 왔던 이동준[83]은 민족교육에 대한 역사 및 과정의 반성과 더불어 앞으로 조총련의 재일동포 어린이 민족교육의 교과과목을 조선어, 역사, 지리, 외국어에 비중을 두고 있다. 조선어의 경우, [민족교육 속에서도 조선어라는 과목은 가장 소중한 위치에 있다. 조선어를 읽고 쓸 수 없는 조선인은 조국 문화나 과학을 습득할 수 없고, 더구나 조국 문화나 과학을 발전시키는 일에 임할 수 없기 때문이다[84]고 말한 뒤, 조선어는 읽기(독본)와 문법 학습에 주력, 역사교육에서는 [체계적인 역사교육 속에서 가장 소중한 것은 조선을 해방하기 위한 인민의 싸움이다. 외국의 조선지배가 얼마나 조선인을 고통스럽게 했는가를, 외국의 조선 지배를 없애기 위해 인민이 얼마만큼 싸워왔는가를, 조선인의 민족해방의 싸움에는 반드시 승리를 차지했던 것, 그러기 위해서 굳게 손을 잡지 않으면 안되었던 것, 아이들에게 가르치지 않으면 안된다[85]는 인민 투쟁을 위한 교육의 필요성을 역설하고 있다. 또한, 지리 과목도 일본제국주의에 의해서 식민지 시대 때 지리가 왜곡되었기 때문에 올바른 지리 교육이 민족교육의 중요한 과제라고 설정하고 있다. 그 외, 외국어 교육의 강조와 더불어 [일본에 있는 조선의 아이들이 일본어를 배울 필요가 있는 것은 당연한 것이다. 그러나 누구라도 방망이를 휘두르며 타민족에게 자기 민족 말

---

83) 1926년 2월 5일 경상북도 출신. 도쿄문리과 대학서 교육학 전공. 조선사범 전문학교장 및 조선대학 교무과장 및 재일조선인 총연합회(조총련) 중앙위원 역임. 참고로 조선사범 전문학교 및 조선대학 초기설립 설명은 다음 사이트에서 참고할 것. http://www.urihakkyo.com/2016/03/25/sp_korean-uv_60th/3/
84) 李東準(1956)『日本にいる朝鮮の子ども』, 春秋社, 147-159쪽 참조.
85) 위의책, 李東準『日本にいる朝鮮の子ども』, 153-154쪽.

을 배우라고 강요할 권리는 없다. 따라서 우리들은 이러한 일본어 교육에는 절대 반대한다. 민족교육 속에는 일본어 교과를 넣을 것인지, 안 넣을 것인지는 조선인 자신의 판단에 따라서 다양하다. 우리들은 조선의 어린이의 이익을 위하여 조선민족의 이익을 위하여 일본어를 배우지 않으면 안된다는 판단을 한 것이다.]86)고 기술한 뒤, 조선인학교에서는 일본어 외에 영어, 러시아어, 중국어를 중고등학교에서 선택하여 배울 수 있음을 설명하고 있다. 즉, 조련 시대의 초기 민족교육은 귀국을 위한 언어 교육과 문화, 조국에 대한 역사 등의 학습이었으나 조총련 결성 후는 일본에서 태어나고 자라나는 아이들과 민족(조국)의 이익을 위한 일본어 학습이라는 접근을 논하고 있다. 조총련 중앙위원 및 조선대학교 교무과장을 맡고 있던 그의 이러한 신념에서 조선학교의 민족교육을 위한 교육방침을 엿볼 수 있다.

2) 초창기 조선학교의 민족교육과 역사 교과서

1955년 5월에 조총련이 결성되지만 그 전부터 기존의 조련 학교의 존속 재건운동을 통한 조직 규합의 움직임 속에 1953년에 교토조선학교가 인가를 받게 되었다. 그 뒤, 1955년 4월의 도쿄조선학원 인가에서 시작하여 1970년 7월의 학교법인 나라조선학원까지 교육회법인인가 학교가 대학 포함 총 147개 학교87)를 가졌고, 1950년대는 161개교에

---

86) 위의책, 李東準『日本にいる朝鮮の子ども』, 158-159쪽
87) 초급 86개, 중급50개, 고급10개, 대학1개. 참고로 학원법인으로 인가 학교수는 101개, 미인가는 나가노와 후쿠시마. 日本教育学会教育制度研究委員会·外国人学校制度研究小委員会(1972.08)『「在日朝鮮人とその教育」資料集 第二集』, 23쪽. 佐野通夫編(2012)『在日朝鮮人教育関係資料2』, 緑蔭書房, 197쪽 재인용.

학생수가 4만명[88]을 넘을 정도로 민족학교는 열기를 띤다. 조선학교는 처음부터 북한의 교육과정과는 달리 일본 사회에서의 진급, 진학을 의식한 6·3·3·4제(초급학교·중급학교·고급학교·대학교)를 채택하였고, 초기에는 북한의 김일성 체제를 확산시키는 사상 교육이나 반일반제 교육의 지침을 받고 재외공민교육의 확대를 위해 일본의 압박이 강해질수록 민족교육의 장인 학교의 커뮤니티 결속도 강하였다. 이런 점에서 조선학교 출신들의 학교에 대한 애착과 그들만의 결속력은 또 다른 외부인에 대한 강한 배타성으로 나타나기도 한다.

한편, 북한의 교육정책을 받은 조총련 조직에서 일본 내 교육사정을 고려한 조총련의 커리큘럼을 조정하여 전국의 각 학교법인에 하달하면 각 학교는 그 지역의 특성이나 학생 규모 등에 맞도록 교육을 하게 된다. 일본 전국에 현재 5개 휴교를 포함한 학교는 66개교[89] 약 6000명의 학생이 있다고 한다. 실질적으로 61개교지만 향후 학생수 감소로 인한 통폐합, 휴폐교가 진행될 것으로 보인다.

한편 조선학교 홍보 사이트인 「우리학교 풍경」(朝鮮学校のある風景)에 표기된 조선학교는 총45개 학교가 소개되어 있다.[90] 사회적 현상이라고 볼 수 있는 저출산 현상으로 인해 학생들의 급감과 학교 폐교가 계속 되는 것은 한국이나 일본과 별반 차이가 없으나 조선학교의 경우, 특히 북한과의 외교문제 및 납치문제 등으로 헤이트 스피치의 공격 대상이 되고 조선학교에 대한 마이너스 이미지가 움직이기에 초기 조선

---

88) 「【朝鮮学校】在校生4万から6千人に激減　社会保険滞納10億円、核実験礼賛行事参加も」『産経新聞』2016년 3월2 6일자 인터넷판 참조. 2019년 12월 25일 열람. https://www.sankei.com/politics/news/160326/plt1603260006-n1.html
89) 조총련 공식 홈페이지 민족학교란 웹사이트 참조.
90) https://www.urihakkyo.com/aboutus/abouturihakkyo/

학교와는 현저히 달라진 일반 학교의 체제를 보여도 학생수가, 특히 지방에서는 줄어들고 있는 추세다. 필자도 연구 과제 수행을 위해 일본 각지의 몇 학교를 봐 왔으나 예를 들면, 2015년4월 현재, 학생수 18명[91]의 도호쿠(센다이) 조선학교는 깊은 산 속에 있는 만큼, 고급부의 폐교 이후 초중학교로 이어지지만 학생들이 통학하기에는 불편한 곳이었다. 향후 학생 혹은 교사 연수원으로 사용은 가능할지 모르나 학생수가 증가하여 정상적인 학교 운영은 그다지 기대하기란 어려울 듯하다.

참고로 2019년 현재 각 학교에서 사용되는 122점(초등부 51점, 중등부 31점, 고등부40점)의 교과서 및 부교재, 참고서적 등은 조총련 산하의 학우서방이 발행한다. 각 학교는 일본의 정규학교 수업일수와 차이가 없는데 부분적으로 토요 과외수업 등을 설치하고 있다.

한편, 조선학교의 교사양성은 기본적으로 1956년에 설립된 조선학교 최고학부인 조선대학교에서 담당하여 왔고[92], 1년에 1회 정도 여름방학을 이용하여 평양의 김일성종합대학이나 김형직사범대학, 평양교육대학 등에서 조선어 강습이나 사회과, 역사, 국어, 음악, 미술 등의 교과

---

91) 학교 입학식 페이스북 참조. 이 때 초급부 학생은 1명. 2019년12월 현재, 학생수는 더 줄었을 가능성이 있다. 2019년12월25일 열람.
https://www.facebook.com/permalink.php?story_fbid=573943266041737&id=509408192495245
한편, 2019년3월 도요하시 조선초급학교 졸업생이 2명이고, 같은 해10월 현재 미에현 요카이치 초급학교 6학년생 2명 등의 학생수에서 보듯이 지방의 조선학교는 학생수가 현저히 줄어든 상황이다. 반면에 교사들의 아이들에 대한 애정어린 교육을 볼 수 있기에 조선학교 출신 학생들의 학교에 대한 감정은 다인원의 수험용 학교에서는 볼 수없는 강한 애착을 띠고 있다.

92) 최근에는 본인의 이름 그대로 일본의 교사면허를 취득할 수 있어서 일본의 대학에서 유치부를 비롯 초중고등 교사면허를 취득하여 조선학교에서 교사를 하는 경우도 있다. 필자가 맡아왔던 일본의 교사면허증 갱신 집중강의(다문화교육 및 인권교육)에 보면 일반적으로는 일본인이 대다수이지만 그 중에는 총련계 교사들의 면허증 갱신 집중강의 수강자들을 볼 수 있었다.

과목 연수를 받으며, 일본 국내에서도 교육 연구방법을 중심으로 1년에 한 번씩 연수를 받는다.

조선학교는 한국이나 일본의 「교육과정」이나 「학습지도요령」같은 국정 커리큘럼은 없으나, 교육행정이나 학교 행정 및 운영 관계 내용의 문서나 조총련 자체의 교육과정 문서는 존재하며, 교과서는 조총련의 지도를 받아 교과서편찬위원회가 조총련의 가이드라인에 맞게 집필한 내용을 평양에 가서 가필 수정한 후 집필자들에게 전달하는 형식을 취하고 있다.[93]

교과서는 조총련 산하 출판사인 학우서방이 출판 판매를 맡아 왔으나 일반 교과서처럼 시중판매는 하지 않고 있다. 필자가 이 글에서 사용하는 교과서는 여러 지인들을 통하여 입수한 것인데, 조선학교는 2018년 현재, 점차 전자 교과서 체제로 옮기는 중이라고 한다.[94] 참고로 1960년대 교과서는 북측의 교육 지침을 따르고 있음을 교과서 표지의 [조선민주주의인민공화국 교육성 비준]이라는 기술에서도 추측할 수 있다.

초창기의 북한 교육체제는 김일성 중심의 유일한 영도체제하에서 사회주의 건설을 위한 이데올로기 동원과 노동력 재생산 기능을 담당하는 것[95]이었기에 자본주의 일본사회에서 생활하는 조총련계 산하의 조선학교 교육에는 그에 걸맞는 교육이 요구되었다.

조선학교 교과서 및 교재편찬과 조선대학교 교직원으로 민족교육에

---

93) 조선학교 교과서편찬에 상세한 지인 A씨 제공. 2018년10월..
94) 『学校法人 東京朝鮮学園 2018』, 5쪽 참조.
95) 조정아(2004) 「김정일 시대의 북한 교육 정책」『아시아교육연구 5(2)』,
    http://s-space.snu.ac.kr/bitstream/10371/89018/1/05-2-03%20김정일_시대의_북한_
    교육_정책.pdf

깊이 관여해 왔던 김덕룡 등은 민족교육에 대하여 다음과 같은 자부심
을 나타내고 있다.

「새로운 비약에 1959년12월, 조국의 항로(귀국사업이라 불린 동포들의
북송의 시작)가 열리고 부터 조선총련의 애국활동과 민족교육사업에서는
기존에 없던 고양을 갖게 되었다.아동·생도수가 급속히 증가함에 따라
학교건설사업은 1959년부터 1962년까지 4년간만 보더라도 76개교에 이른
다. 1965년6월의 「한일조약」체결 을 계기로 일본 당국은 또 다시 민족교
육에 대한 탄압을 강화했다. 그러나 재일동포는 조선총련의 지도하에 단
결하여 싸웠서 민족교육 탄압을 의도한 「외국인 학교법안」을 국회에서
7번이나 폐안으로 이끌었다. 특히 1968년4월17일, 조선대학교가 드디어
인가를 획득한 것은 재일조선인의 민족교육을 지키는 투쟁에서 지켜낸
큰 승리였다. 그 뒤도 싸움은 계속되어 1975년11월, 상인(山陰)조선초중
급학교(시마네켄 마츠에시)가 인가를 얻게 되면서 총련의 모든 학교가 인
가를 획득하고 민족교육의 합법성을 공고히 하게 되었다. 조선총련은
1977학년도와 1983학년도의 2회에 걸쳐서 커리큘럼과 교과서를 개편하여
서 새로운 환경에 맞도록 각급학교의 교육사업을 높은 수준으로 발전시켰
다. 오늘날 재일조선인의 민족교육은 45년 동안에 구축해 온 업적과 성과,
그 정당성과 높은 교육수준에 의해 일본 국민을 비롯해 세계의 광범한
인민 속에서 적극적인 지지를 받고 있다.」[96]

---

96) 朝鮮大学校·民族教育研究所編(編者 崔敬臣、金浣卓、金徳龍)『資料集·「在日朝
鮮人の民族教育の権利について』도쿄, 学友書房, 1991년, 20-21쪽

〈사진〉 왼쪽은 1960년대의 『조선력사』, 오른쪽은 최근의 『조선력사』

그러한 자부심 속에서 다음과 같이 민족교육에 대한 포부를 밝히고 있다.

「민족교육의 목적 조선학교의 교육목적은 모든 재일동포자녀가 주체의 세계관을 가지고 지·덕·체를 겸비한 참 조선인으로서 자신의 조국과 민족의 번영을 위해 기여하는 유능한 인재를 육성하는 데 있다. 다시 말하자면 자부의 생을 자기의 조국과 민족의 운명을 연결하고 조국과 민족을 열렬히 사랑하는 인간, 또, 폭넓은 지식과 건전한 체력을 가지고 시대 변화에 적극적으로 대응할 수 있는 자주적 정신과 창조적 능력을 가진 훌륭한 인재를 키우는 것이다.」[97]

참고로 지금까지의 조선학교 민족교육을 조총련 본부는 다음과 같이 평가하고 있다.

---

97) 朝鮮大学校·民族教育研究所編(編者 崔敬臣、金浣卓、金德龍)『資料集·「在日朝鮮人の民族教育の権利について』 도쿄, 学友書房, 1991년, 22쪽

총련과 재일동포들은 위대한 수령 김일성주석과 경애하는 김정일장군님의 옳바른 령도와 조국의 따사로운 사랑과 배려 밑에 온갖 난관을 이겨내며 민족교육사업을 발전시켜왔다.

즉, 김일성 체재와 김정일 체제를 통해서 조선학교는 민족교육사업을 발전시켜 왔다고 평가하고 있다. 그러면 여기서 간단히 60년대『조선력사』교과서 속의 민족주의적 내용을 살펴보도록 하자.

공통내용; 첫 페이지 교과명 아래에 [조선민주주의인민공화국 교육성 비준]이라고 기재. 역사 책 말미에는 해당 연표 혹은 조선반도 전체 지도를 삽입.

(1)『조선력사』상권(김득중 저, 1962년)
[우리 조국-조선민주주의인민공화국은 인민의 나라다. 인민은 나라의 주인으로서 우리 나라를 더욱 부강한 나라로 건설하기 위하려 노력하고 있다. 인민의 나라인 우리 공화국은 우리 나라 력사에서 처음 보는 새로운 나라며 자유와 행복의 나라다.](1쪽)

(2) 초급5학년용『조선력사』(1964년)
[우리 조국은 조선 민주주의 인민 공화국이다. 조선 민주주의 인민 공화국은 누구나 자유롭게 일하며 행복하게 사는 참다운 인민의 나라이다. 우리 조국은 아름답고 부강한 나라이다. 높고 푸른 맑은 하늘을 가진 우리나라는 어디에 가나 물 맑은 강이 흐르고 아름다운 산들이 솟아 있다. 땅 속에는 보물들이 가득하고 가을이 오면 곡식이 여물고

과실들이 무르익어 황금 벌과 과일 동산을 이룬다. 우리 조국은 빛나는 오랜 력사를 가지고 있다. 우리 조상들은 외국 침략자들과 힘차게 싸워 이겼으며 을지 문덕, 강 감찬, 리 순신 장군과 같은 애국 장군들을 가진 용감하고 애국적인 인민이다. 우리 조상들은 인민을 억압하고 착취하는 자들과 줄기차게 싸운 영웅적인 인민이다.](1쪽) 로 시작하는 조국은 김일성 원수님이 일본 침략자들 미국 침략자들과 싸워서 일군 공화국임을 논하고 있다. 일본에서 태어나고 자란 초등학교 5학년으로서는 꽤 어려운 내용이지만 교사들의 역량으로 그 내용을 풀어주는 듯하고, 필자가 인용한 교과서에는 한글 표기에 일본어 번역이 적혀져 있었다.

(3) 초급6학년용 『조선력사』(1964년)

주로 근대사를 취급하고 있는데, [자본주의 나라들의 침입을 반대하는 조선 인민의 투쟁에 대하여 원쑤 미제와 갑신정변, 1894년 농민 전쟁, 일제를 반대한 의병 투쟁, 3.1 인민 봉기와 더불어 일본 제국주의 반대 노동자, 농민들의 투쟁 사례, 김일성 원수 영도하의 항일 무장 투쟁, 8.15 해방 조선 민주주의 인민공화국 창건으로 위대한 조국 해방전쟁을 했고, 전후 사회주의 건설(협동 농장, 5개년 계획 시작, 공업 발전, 민주 수도 평양, 사회주의 공업 농업국가로 된 우리 나라, 누구나 다 공부할 수 있는 나라, 4월 인민 봉기, 천리마 작업반, 빛나는 앞길) 등으로 전개되어 있다.

그 외, 재일본 조선인 총련합회 중앙 교육부 교과서 편찬위원회 편찬 『조선력사』(중급1-2-3학년용, 고급2-3학년용. 1963, 학우서방) 의 내용 대부분이 김일성체제 찬미와 반일 반미 반제국 투쟁에 기여한 인민들의 공적과 혁명 해방운동, 전후의 사회주의 건설에 대한 기록이 강조되어 있다.[98] 예를 들면 고급부용 『력사』에 보면 일제 강점기인 1930년대 김일성의 활약이 소개되어 있는데, 1936년에,

> 「김일성 원수는 조선 혁명의 성격과 동력, 계급적 력량 관계를 분석하고 공산주의자들의 지도 하에서 전 민족적인 反帝 統一 戰線을 조직할 수 있는 가능성이 성숙되었다는 것을 지적하면서 모든 애국 력량을 망라한 반일 민족 통일 전선체로서 祖国光復会를 결성할 방침을 제시하였다.」
> (『력사』1964년, 150쪽)

등 항일 무장투쟁에 앞장선 조선혁명군 및 김일성의 업적이 비중있게 다루어지고 있다. 이 당시 교과서에서는 일본에서 태어나서 자라는 아이들에게 민족의 발자취보다 반일 반제국주의라는 배타적, 투쟁적 정신 무장의 강조가 눈에 띈다. 이러한 현실과 괴리감을 갖게 하는 기술은 김일성 사후에 완화되지만 1983년 교육과정에서도 여전히 조국과 민족에 귀속하는 동포를 강조하면서 재일동포들의 조직 이탈을 염려한 [재일론], 재일동포로서의 아이덴티티 인정을 부정하며 불편한 기색을 노골적으로 교과서에 표기하고 있었다. 이러한 재일동포의 속성을 부정하던 교육정책은 1991년의 입관 특례법 이후 상당수의 조직 이탈의 현실 앞에서 변화할 수밖에 없었다..

---

98) 총련중앙상임위원회 교과서편찬위원회 편찬(1964) 『조선력사 초급학교 제5학년용』 학우서방참조. 총련중앙상임위원회 교과서편찬위원회 편찬(1964) 『조선력사 초급학교 제6학년용』 학우서방참조.

3) 교재 개편과 민족교육의 변화

1993년의 3차 교재 개편을 통해 1983년의 내용에 비해 일본의 실정과 동포사회의 현실에 접근하고 있다.[99]

조총련은 세대 교체와 관련하여 교육정책의 방향에 대하여 다음과 같은 의견을 표명하고 있다.

「어떤 사회에서도 그러하지만 재일동포들 속에서 자식들에 대한 교육
문제는 가장 큰 관심사로 되고있다. 오늘 재일동포사회에서는 세대교체
가 촉진되어 일본에서 나서자라는 새세대들이 압도적인 다수를 차지하고
있다. 세대가 교체되는 속에서 새세대동포들은 민족교육에 더 깊은 관심
을 돌리고 있으며 자녀들이 일본에서 살아가면서도 자기 자식들이 민족성
을 지키며 참된 조선사람으로서의 자각을 가지고 살아나갈 것을 절실히
바라고 있다. 총련은 자녀 교육에 대한 동포들의 요구와 념원은 오직 민족
교육사업을 통해서만 실현될 수 있으며 재일동포들의 과거력사가 여실히
보여주는 바와 같이 세대가 아무리 바뀌어도 민족교육사업을 중단함이
없이 진행하여야 후대들을 떳떳한 조선사람으로 키울수 있다고 확신하고
있다. 총련은 재일동포들과 함께 민족교육사업을 자식들의 앞날을 좌우
하는 중대한 문제로 간주하고 민족교육을 굳건히 지키며 계속 발전시켜
나갈 결의를 가다듬고 있다.」[100]

---

99) 권오정의 다음 논문에서 자세한 조선학교 교과서 분석을 볼 수 있다. 「조선학교
교과서에서 보는 체제유용성 추구의 민족교육－고급부 현대조선력사를 중심으
로－」 동의대학교 동아시아연구소편(2019) 『동아시아 마이너리티 사회와 타자표
상』(박문사), 209-259쪽 참조. 참고로 필자와 권오정이 2018년도 재외동포재단에
제출한 공동연구 보고서(미발행)에서 조선학교 교과서의 재일동포 기술 부분을
다룬 내용도 참고.
100) 조총련 공개 사이트의 「민족교육-교육권옹호와학교운영」란 참조.
http://www.chongryon.com/k/edu/index5.html

일본어판에서는 아래와 같이 기술하고 있다.

「いかなる社会においてもそうであるように、在日同胞にとって、子女にたいする教育問題は、もっとも大きな関心事である。今日、在日同胞社会では世代交替が進み、日本で生まれ育った新しい世代が圧倒的多数を占めるようになった。世代交代のなか、在日同胞は、子女たちが日本に定住しても朝鮮人としての自覚と誇りをもって生きていくことをのぞみ、民族教育のより一層の発展に大きな期待をよせている。朝鮮総聯は、子女教育にたいする在日同胞たちの要求と念願は、民族教育によってのみ実現することができると確信している。在日朝鮮人運動の歴史が示しているように、同胞子女たちを次代をになう立派な朝鮮人に育てるためには、民族教育をよりいっそう発展させなければならない。総聯と在日同胞は、民族教育をしっかりと守り、ひきつづき発展させる決意に燃えている。」[101]

이러한 조총련의 변화 내용이 두드러지게 보이는 것이 2003년의 교육내용이다. 개편에 즈음하여 다음과 같은 메시지를 남기고 있다.

「풍부한 민족성과 높은 민족자주의식을 소유하고 재일동포 사회에 대한 올바른 력사인식과 주인으로서의 자각, 재일동포사회와 조국, 일본을 비롯한 국제사회에서도 활약할 수 있는 자질과 능력을 갖추고 화목하고 유족하며 힘있는 동포사회 건설에 믿음직하게 이바지할 수 있는 인재를 육성할 수 있게 하였다. 특히 자라나는 새세대 들에게 민족성을 심어주는 데에서 중요한 위치를 차지하는 초중급학교를 국적, 사상과 신앙, 단체소속을 불문하고 모든 재일동포 자녀들이 다닐 수 있는 광폭의 민족교육

---

101) 総連の公開サイトの日本語版「民族教育-教育権擁護と学校運営」欄参照。
http://www.chongryon.com/j/edu/index5.html

마당으로 꾸리기 위하여 민족성 육성을 전면에 내걸고 초중급학교 교육내용을 개편하였다.」[102]

이의 일본어판은 다음과 같다.

「豊かな民族性、しっかりとした民族自主意識を身につけ、在日同胞社会に対する正しい歴史認識と主人公としての自覚を持ちながら、ウリナラ、日本や国際社会で活躍できる資質と能力を備え、仲むつまじく豊かで、活力のある同胞社会を築くことができる人材の育成をめざしました。特に、新しい世代の民族性を育むうえで重要な位置を占める各地の初中級学校を、さまざまな思想や信条を持った同胞たちの子女を対象とする、広く開かれた民族教育の場にするために、民族性育成を前面に押し出して教育内容の見直しを行いました。」[103]

위 내용에서 「국적[104], 사상과 신앙[105], 단체 소속을 불문하고 모든 재일동포 자녀들이 다닐 수 있는」이란 기술 부분에서, 체제를 위한 사상적 신념으로 유지해 온 조총련계 교육의 파격적인 개편을 엿볼 수 있다. 저출산 사회의 학령기 아동 확보 문제는 한국계 학교나 일본 학교도 안고 있는 현대사회의 과제라고 할 수 있지만 조선학교는 동포사회 거점의 존속 문제와 직결되기 때문에 학생 확보에 더더욱 필사적으로 대책 마련을 서두를 수밖에 없는 사정을 미루어 알 수 있다는 것이다..

---

102) 조총련 공개 「민족교육-2003년부터 적용된 새교과서」사이트 참조.
http://chongryon.com/j/edu/index3.html
103) 総連公開の日本語版「民族教育-2003年度からの新教科書」サイト参照.
http://www.chongryon.com/j/edu/index3.html
104) 일본어판 웹사이트에는 [국적을 달리하는 사람도 받아들인다는 [국제 표기는 없다.
105) 일본에는 특히 통일교나 기독교, 불교 신자들이 많은데, 여기서는 특정 종교인이라도 모두 받아 들이겠다는 의사를 명확히 표명하고 있는 것이다.

그러한 현실을 앞에 두고 각 학교법인은 지역적 특성을 표면에 내세우며 일본의 일반 정규학교에 가깝게 변화하고 있음을 홍보하고 있다. 사이타마조선초중급학교는,

「커리큘럼을 일본에서 영주하는 것을 전제로 하고 있으며 교과서 내용도 민족과목을 제외하면 일본 학교와 거의 같습니다. 조선학교 교과서는 아이들의 민족의식을 키우고 폭넓은 과학지식과 기술을 습득시켜서 일본에서의 생활에 충분히 대응하도록 지식과 능력을 기르는 것을 목적으로 양성하고 있습니다. 전체로는 모국어를 비롯하여 조선의 역사와 지리, 민족문화와 전통을 바르게 전하고 일본과 세계사, 지리, 사회에 대한 교육에 주력하며 일본어와 외국어 교육에도 많은 시간을 들이고 있습니다.」[106]

라며 자신들의 교육내용을 명기하여 일본 사회에 대한 신뢰관계 구축을 의도하고 있다. 이러한 변화는 다른 조선학교에서도 나타나는데, 학생수가 감소한다는 것은 그만큼 조선학교 커뮤니티의 축소라는 의미이기도 하다. 그렇기에 조선학교는 자구책으로 학교를 단순히 교육의 장만이 아니라 재일동포들의 일본에서의 권익 옹호는 물론, 예전처럼 일본과의 배타적 대립보다 일본 사회의 구성원이자 그 지역의 주민으로서 지역을 이끌며 일본인 혹은 지역 주민들과 교류할 수 있는 장으로 조성해야 한다고 입장을 바꾸고 있는 것이다.

---

106) 사이타마조선초중급학교 공식 웹 사이트 참조.
http://saitamakoreanschool.ed.jp/phi.html

〈사진〉 2019년도 도쿄조선제6유초급학교와 니시도쿄조선학교 공개수업. 지인 제공

그런 노력은 매년 가을에 전국의 조선학교에서 개최되는 연례적 행사인 공개수업 에 맞추어 이루어지는 음악무용회, 각종 조선 음식 판매회 등과 더불어 지역 주민들에게 베푸는 불고기 시식회 등을 예로 들수가 있다.

조선학교 교과서의 변화 중에서도 특히 눈에 띄는 것은, 체제옹호 내용과 더불어 과격한 어투의 기술이 많았던 역사나 사회과 교과서이다. 과거의 인민에 의한 투쟁과 혁명사상적 바탕에서 집필되어왔던 교과서의 기술이 최근의 변화 이후에는 재일동포가 취해야 할 삶의 자세 등으로 바뀌고 이런 내용들이 초급부터 고급까지 많은 비중을 차지하게 되었다.

고급 『현대조선력사』는 역사 주체를 「인민」으로 보며, 고급1에서는 초기 재일동포들의 다양한 투쟁과 전쟁기 동포들 처지 소개, 고급2에서는 80년대 전까지의 민족교육과 애국애족운동, 한일회담 반대투쟁 등이, 고급3에서는 90년대 이후의 동포들의 환경 급변과 주체적 해외교포 운동 선구자의 소개, 새 세기 애국애족운동을 통해 일본에서 거주하게 된 경위를 상세히 기술하고 있다. 무엇보다『현대조선력사』의 경우, 재일동포에 대한 내용이 고급 1·2·3 의 총 3권 합계 440쪽 중 94쪽(1: 23쪽, 2: 36쪽, 3: 35쪽)을 차지하고 있는데 이는 교과서 전체의 21.4%에 이른다. 한국학교에서 사용되는 한국의 교과서인『고등학교한국사』(비상교육사 발행)는 본문에서 이주 동포 전체에 대해 13행 기술하고 있을 뿐이고, 리베르스쿨사의『고등학교 한국사』는「재외 한인 사회의 형성과 발전」단원을 본문 12행 및 약간의 자료 읽기 정도로 구성하고 있다.

특별영주자제도 실시 전의 80년대 전까지는 일본과 공생하는 재일동포로서의 정체성을 모색하는 [재일]론을, 고급 교과서에서는 [주체적 자이니치의 정립을 일본으로 귀속하고 조선과 조총련에서 이탈하려 한다며 강하게 부정하며, 일본사회에 대해 비판적이고 조국에 예속는 국민형성교육을 지향하고 있었다. 또 재일동포를 민족과 조국의 발전을 위한 재외 노동력이라는 가치 집단으로 위치시키고 있었다. 그러나 1-2세의 감소, 특별영주권의 부여에 따른 국민연금 국적조항 철폐와 입관 특례법에 의해 일본 사회의 구성원 자격을 갖는 정주자로서의 입지가 확보되면서 재일동포들은 거주지 주민으로서의 자이니치의 정체성을 추구하기 시작했고 체제를 우선시키는 조직으로부터 이탈이 늘게 된다. 그런 현실을 받아 들여 93년의 개편을 거쳐 2003년 교육 개편에서는 일본 사회에 정주하는 모든 동포들에게 열린 조선학교임을 홍보하며 민족과 조국을 향한 의식의 보전과 더불어 일본의 지역 주민과 함께 어우러져 당당히 살 수 있도록 지도하는 방향을 제시하기 시작한 것이다.

〈사진〉 조선학교가 사용하고 있는 최근의 각종 교과서

4) 『현대조선력사』(고급 1·2·3) 에서 보는 재일동포 기술 및 재일론[107)

　『현대조선력사』에서는 역사의 주체를 인민으로 보고 있는데, 조선반
도의 주역을 하나의 민족일 때의 조선 인민, 한국 전쟁 후의 북에 사는
조선 공화국 인민, 남조선 인민, 재일동포로 구분해 그들의 투쟁의 과정
을 민족의 역사로 삼고 있다. 그 속에서도 특히 외연에서 「투쟁」해 온
재일동포들 자신들의 역사를 중시하고 있는게 인상적이다. 앞에서 언
급했듯이 기존의 거류민으로서 귀국을 의식한 민족교육의 막연함과 달
리, 1980년대부터는 특별영주제도를 포함한 다양한 움직임으로 「자기
역사(自分史)」에 대한 학습요구가 분명해지고 자신들의 정체성을 강하
게 의식하기 시작한다. 남북한 및 민단 대 조총련의 격한 이념 대립

---

107) 상게서, 이수경, 권오정(2018) 「조선학교의 교육 체계와 교육 내용」『조선학교 실
　　태 파악을 위한 기초 조사』재외동포재단(보고서는 제출, 보고집은 미발행)

속에서 민단 주도의 모국방문단이 1975년부터 결성되고, 이후, 많은 동포들이 남한 출신이었던 조총련계 동포들도 열린 모국의 발전 사회를 보게 되고, 1986년의 아시안게임, 1988년의 서울 올림픽의 화려함과 비교되는 북측의 현실에 더 이상 북측의 요구에 따른 교육 내용만으로는 한계가 있음을 인식한 조총련 본부는 이 즈음에서 동포들의 정체성과 더불어 일본에 살게 된 경위와 함께 앞으로 살아야 할 일본 사회를 적극적으로 알아야 한다는 입장에서 일본의 역사 기술도 상세하게 표기한다. 여기서는 재일동포와 관련된 목차를 확인하도록 한다.

   (1)『현대조선력사』(고급1, 2004년초판)
      4. 광복 후 재일동포의 처지와 애국애족운동
         1) 광복 직후 재일동포들의 지향과 처지
         2) 재일본조선인련맹의 결성
         3) 재일동포들의 권리쟁취투쟁
         4) 민주주의적 민족교육을 지키기 위한 투쟁
         5) 통일정부수립을 지지하는 투쟁
  제2편 조국해방전쟁(1950.6-1953.7)
      1. 전쟁전야의 정세
      2. 조선전쟁의 개시와 확대
         1) 전면전쟁으로 확대
         2) 조선인민군의 전략적 후퇴와 새로운 반공격
         3) 적극적인 진지방어전
         4) 미제와 남조선통치자들의 범죄행위
      3. 전쟁시기 재일동포들의 처지와 투쟁
      4. 조선인민의 위대한 승리

(2) 『현대조선력사』(고급2, 2007년재판)

    4. 조선전쟁후 재일동포들의 애족애국운동

        1) 조선전쟁후 일본의 형편과 재일동포들의 처지

        2) 재일본조선인총연합회(총련)의 결성

        3) 민족교육과 애국애족운동의 새로운 발전

제4편 외세의 압력과 재침책동을 물리치고 공화국에서 사회주의공업화를
실현하며 남조선에서 군사독재를 반대하는 투쟁(1961-1969)

    3. 군사독재와 〈한일회담〉을 반대하는 남조선인민들의 투쟁

        1) 군사독재〈정권〉과 〈한일회담〉

        2) 〈한일회담〉과 장기집권반대투쟁

    4. 1960년대 재일동포들의 애국애족운동

        1) 1960년대 일본의 형편과 재일동포들의 처지

        2) 〈한일회담〉 반대투쟁

        3) 민주주의적 민족권리를 지키기 위한 투쟁

제5편 〈두개 조선〉조작책동을 반대하고 공화국에서 온 사회의 주체사상
화를 실현하며 남조선에서 〈유신〉독재를 반대하는 투쟁(1970-1980)

    4. 1970년대 재일동포들의 애국애족운동

        1) 1970년대 일본의 형편과 재일동포의 처지

        2) 애국애족운동의 계승

        3) 민주주의적민족권리의 확대와 조국통일운동

(3) 『현대조선력사』(고급3, 2008년재판)

    4. 1980년대 재일동포들의 애국애족운동

        1) 1980년대 재일동포들을 둘러싼 환경의 변화

        2) 총련 조직의 강화와 권리옹호투쟁

        3) 애국애족운동의 새로운 전환

    5. 련방제통일을 실현하기 위한 투쟁

        1) 통일방안의 전민족적합의를 이룩하기 위한 투쟁

        2) 민족적 화해와 대단결을 실현하기 위한 투쟁

　　교과서에는 하나의 민족일 때의 조선인민, 분단 후의 공화국과 남조선 인민, 그리고 재일동포로 구분하여 분리하고 있는데, 한 민족으로서의 조선 인민의 투쟁은 근세 이후 일본과의 관계 혹은 근대 이후의 제국주의 및 분단 이후 반일·반제·반봉건체제와의 혁명적 투쟁을 사례로 들고 있고, 김일성 체제 하의 공화국 인민 투쟁은 사회주의 국가 건설이나 주체사상의 실현을 위한 투쟁, 강성대국건설을 위한 투쟁 등을 기술하고 있다. 교과서상의 그러한 투쟁의 구체적인 예를 들자면 「인민들은 각지에서 일제의 식민지통치를 짓부시고 일제소유의 공장, 기업소들을 빼앗아 자체의 힘으로 보위관리 하였으며 친일파, 민족반역자들을 숙청하였다.」(고급 1: 7쪽), 「인민들의 앙양된 기세에 눌리여 지주, 예속자본가, 친일파, 민족반역자들은 머리를 쳐들지 못하였으며 인민들로부터 완전히 고립되어 갔다. 광복직후에 발휘된 우리 인민의 애국적 열의는 조선사람 자체의 힘으로 능히 자주독립국가를 건설해 나갈 수 있다는 것을 뚜렷이 보여주었다.」(고급 1: 8쪽) 등의 기술을 들 수 있다. 재일동포의 투쟁에 대해서는 아래와 같은 주요 내용이 기술되어 있다.

【재일동포의 투쟁】
· 귀국을 위한 투쟁
· 재일본조선인련맹의 결성과 민족교육의 시작, 4·24교육투쟁
· 주석님을 받들어 〈공화국에 직결하자!〉의 고수

· (한국전쟁시) 조국(조선)보위를 위한 투쟁-〈조선민주주의인민공화국의 사수〉
· 재일본조선인총련합회(총련)의 결성
· 민족교육의 새로운 발전-조선대학교 창립·(조선으로부터의) 교육원조비와 장학금 수령
· 귀국의 권리 획득(1959년12월14일 첫 귀국선 출발)
· 〈한일회담〉 반대투쟁
· 공민권, 기업권을 지키기 위한 투쟁
· 민족교육을 지키기 위한 투쟁
· 조선사람 되찾기 운동
· 조국왕래, 여행의 자유 실현
· 조선의 자주적평화통인 지지-7·4공동성명의 실현
· 법적지위와 생활권을 옹호하기 위한 투쟁
· 범민족통일운동

조선학교의 『현대력사』교과서에서는 재일동포가 왜 존재하게 되었는지, 어떤 입장인지를 명확히 밝히고 있는데, 「자기 역사(自分史)」기술은광복후·조선전쟁 후·1960년대·1970년대·1980년대·1990년 이후까지 시대별로 고급 1·2·3전체의 6장에 걸쳐 기술하고 있다. 중요 내용을 보자면 다음과 같다.

「재일동포들은 미일당국의 탄압을 무릅쓰고 민주주의민족교육을 지키기 위한 투쟁을 더욱 힘있게 벌려나갔다. (1948년) 4월 24일 효고현의 3만여명의 재일동포들은 군중집회를 가지고 대중적인 투쟁을 벌림으로써 현지사로부터〈학교폐쇄령〉을 철회하고 동포들의 요구조건을 받아들이게 하는 성과를 거두었다. 그러나 미점령군은 〈학교폐쇄령〉철회를 무효로 선포하고 효고지구에 〈非常事態〉를 선포하였으며 수천명의 일본무장경관과 미군헌병들을 내몰아 동포들을 탄압하였다. (중략) 재일동포들은

〈피흘리며 쓰러진 동포들의 원쑤를 갚자!〉고 웨치면서 맨손으로 헌병, 경찰들과 용감하게 싸웠다. 조국인민들은 물론 일본을 비롯한 세계 각국의 진보적 인민들도 민족교육을 지키기 위한 재일동포들의 투쟁을 적극 지지 고무하고 아낌없는 성원을 보내였다. 이에 고무된 재일동포들은 더욱 굳게 뭉쳐 대중적인 투생을 치열하게 벌렸다. 민족교육을 지키기 위한 투쟁에 의하여 일본당국은 1948년 5월 5일 〈조선인의 독자적인 교육을 실시할 것〉을 밝힌 覚書에 서명하지 않을수 없었다. 이리하여 해외교포교 육력사 상 류례없는 4.24教育鬪争(阪神教育鬪争)은 빛나는 승리를 이룩하였다.」

(고급 1: 69-70쪽)

「미일당국의 탄압과 박해 속에서도 재일동포들은 경애하는 김일성주석님의 1950년 6월 26일 방송연설을 높이 받들고 공화국을 사수하기 위한 투쟁에 떨쳐나섰다. 재일조선인활동가들은 전쟁직후 조국방위위원회를 내오고 전체 동포들을 구국성전에로 부르는 호소문을 채택하였으며 뒤이어 祖国防衛隊(조방대)를 조직하였다.」

(고급 1: 104쪽)

「国籍条項에 따라 동포들은 모든 사회보장제도의 적용대상에서 제외하거나 차별하였다. 일본당국의 직업차별, 취직차별 등 민족차별정책으로 하여 동포들의 기업활동은 급속히 파탄되어갔으며 〈조선인〉은 대학을 졸업하여도 취직을 할 수 없었다.」

(고급 2: 38-39쪽)

「공화국의 해외교포조직인 在日朝鮮人総連合会(총련)의 결성을 선포하였다. 경애하는 김일성주석님께서는 다음과 같이 교시하시였다.〈1955년 5월 25일은 재일동포들에게 있어서 잊을 수 없는 력사적인 날입니다. 바로 이 날에 총련이 결성됨으로써 재일동포들의 운명과 재일조선인 운동발전에서 근본적인 전환을 가져오게 되였습니다.〉」

(고급 2: 41쪽)

「특히 일본당국이 1966년 1월 재일동포들의 〈법적지위에 관한 협정〉의 〈발효〉를 계기로 재일동포들에게 〈協定永住権〉申請과 〈韓国国籍〉을 강요해나서자 (공화국국적법에 규제된 자기들의 공민권을 지키기 위한) 투쟁은 보다 더 적극적으로 진행되었다. (중략)공민권을 지키기 위한 투쟁을 통하여 〈협정영주권〉 신청과 〈한국국적〉 강요책동은 저지파탄되고 오래동안 부당하게 오무라수용소에 갇혀있던 동포들도 구원되게 되었다.」

(고급 2: 89-91쪽)

「재일동포들 속에서는 세대교체가 급속히 이루어지기 시작하였으며 동포들이 종사하는 직종이 확대되고 일정한 경제생활기반이 마련되어 상공인화가 이루어짐에 따라 일본定住化경향이 나타나기 시작하였다.(중략)경애하는 김일성주석님께서는 재일조선인운동의 실태를 통찰하시고 …조선사람 되찾기 운동을 벌릴데 대하여 가르치시였다.」

(고급 2: 137-138쪽)

「일본당국의 탄압과 〈동화〉정책이 강화되는 속에서 1980년대에 들어와 일본국적으로 〈귀화〉하는 재일동포들의 수가 해마다 늘어나게 되었다. 이 시기 재일동포구성에서 압도적비중을 차지하게 된 2세, 3세 동포들 속에서 민족성이 희박해졌다. 일부동포들속에서는 사회주의조국과 총련조직을 멀리하는 〈재일론〉까지 나타나게 되었다.」   (고급 3: 40-41)

위에서 보듯이 재일동포들의 일본 동화정책에 대한 저항과 민족말살정책에 맞선 투쟁의 기억, 한일정상화를 통한 협정영주권 신청과 한국국적의 취득 권유를 통한 동포사회의 약체화에 맞서서 저항해 왔음을 밝히고 있다.

재일동포들의 조국에 대한 역사 학습이란 곧 자신들의 조국찾기와 맥을 함께하는 것이었다. 교토대학 교육학부 비교교육연구실의 조사에 따르면 1979년만해도 조국의 역사 학습을 바라는 동포가 65.4%였고 재일동포사 학습을 바라는 동포는 34.6%였는데 1989년의 조사에서는 조국의 역사 학습은 35.8%로 감소하고, 동포들 자신들의 역사 학습을 64.2%가 원한다는 결과가 있었다.[108) 역사 학습에 대한 요구의 현저한 변화의 배경에는 안정되어가는 조국을 찾기보다 [나는 누구이고, 왜 일본에 있는가?]의 갈등과 정체성 찾기에 대한 요구가 높아진 것으로 볼 수 있다. 이런 변화를 북한과 조총련은 조직 이탈을 염려하며 "사회주의 조국과 (조)총련을 멀리하는, 민족성이 희박해지는" 부정적 현상으로 보고 있다. 교과서는 동포들의 "자이니치(在日)로서의 정체성 추구" 경향을 「〈재일론〉까지 나타나게 되었다」는 본문 외에 다음과 같은 주까지 달아 이를 경계하고 있다..

> 「〈재일론〉:〈재일〉이라는 조건, 〈국제화시대〉를 운운하면서 재일동포들을 일본사회의 구성원으로 보고 조국과 조직을 멀리하면서 일본사회와의 관계속에서 共生의 길을 찾아야 한다는 주장을 말한다.」
>
> (고급 3: 41쪽)

위의 기술 방향은 아이러니하게도 최근 헤이트 스피치 세력들의 재일동포 부정의 주장과 같은 상호 배타적인 논리에 토대하고 있다. 흑백논리의 배타적 시각에서 헤이트 스피치 세력은 일본인이 아닌 자(조선인)를 배제해야 한다고 주장하고, 조선학교 교과서는 조선인이 아닌 자(일본인)와의 공생은 조국과 조직(조총련)으로부터의 이탈, 즉, 조국과 조직에 대한 배신행위로 보고 있는 것이다. 다만, 앞에서 살펴보았듯이, 재일동포의 삶의 현장인 일본사회의 제도적 변화와 재일동포 자신의 의식 변화가 진행되고 있어 재일론을 부정만 할 수 없는 현실을 조총련

---

108) 京都大学教育学部比較教育研究室(1990)『在日韓国朝鮮人の民族教育意識』, 28-29쪽

(교과서)도 받아들이기 시작했다.

5) 중급2학년과 초급6학년『사회』교과서에서 보는 일본과 재일동포

조선학교 교과서 중에서도 가장 큰 변화를 확인할 수 있는 것은 사회과 교과서이다. 조총련은 사회과 교과서에서 아래와 같은 교육내용에 대한 기술 방향을 표명하고 있다. 단, 사회과교과서 안내의 조선어판에서는 일본어판 홈페이지에 공개된 [일본의지리·역사·사회 학습에 많은 시간을 들이고 있다]라는 부분은 삭제되어 있다.[109]

「■민족의 동질성을 더 넓은 시야에 서서
-재일을 념두에 두고 민족과 조국, 동포사회에 대한 인식을 깊이도록 하였다. 우리민족, 우리조국, 우리민족문화 재일1세들의 체험, 동포망을 구축해 온 력사재일동포들의 권리와 생활—새로운 시점에 서서 남조선문제와 통일문제를 취급하였다.」[110]

일본어판도 같은 내용이 기술되어 있다.

「■「民族のアイデンティティー」広い視野で—新たに南、統一問題
　・ウリ民族、在日同胞、民族文化
　・在日一世の体験や同胞コミュニティーを築いてきた業績
　・在日同胞の権利と生活
　・南朝鮮社会と統一問題を以前よりくわしく扱います。

---

109) 조총련 공개「민족교육-2003년부터적용된새교과서」사이트 참조.
　　http://chongryon.com/j/edu/index3.html
110) 위와 같음.

즉, 실제 거주하고 있는 일본에서의 생활 방법이나 일본사회 구조에 대한 학습을 통하여 일본사회의 구성원으로서의 삶을 준비하고, 재일 동포로서의 정체성과 민족의 뿌리를 잊지 않도록 1세들의 체험이나 커뮤니티 구축노력을 돌아보고, 일본에서 살아가면서 찾아야 할 권리 등을 학습하며, 한국과의 통일에 대해서도 생각할 수 있도록 하겠다는 의지가 엿보인다.

참고로, 이 글에서는 사회과 교과서를 중심으로 재일동포에 대한 기술을 살펴보기로 한다. 필자가 입수한 중급 2학년『사회』는 주로 원시 사회에서 현대의 국제정세, 그리고 북한이 1988년에 조선민주주의인민공화국으로서 가맹한 유엔과 그 활동, 환경문제와 에너지 문제, 비핵평화문제를 다루고 있다. 북한의 비핵화 문제가 국제사회의 현안이 되고 있는 만큼 북측의 핵 연구에 대해서는 기술이 없고, 130-131쪽에 미소 핵군비 확대경쟁의 격화와 비핵 평화를 위한 국제적 운동의 흐름, 핵군축과 핵무기 철폐를 개괄적으로 적어 놓고 있는데, 이 내용은 일본 중학생들과 공유할 수 있는 기술이라고 볼 수 있다.

(1) 중급2『사회』(2004년 초판, 2017년 재판)

중급 2학년『사회』에서는 일본에 대한 학습량이 총137쪽 중 37쪽을 차지하고 있다. 일본의 현행 중학교 사회의 학습 내용은 「파이(カ형)」으로 배열되고 있어, 1-2학년에서 역사 지리를 병행해서 학습하고 3학년

---

111) 総連の公開サイトの日本語版「民族教育-2003年度からの新教科書」参照。
http://www.chongryon.com/j/edu/index3.html

에서 공민을 학습하게 되어 있지만, 조선학교의 교과서는 이전의 「방석형」 배열 방식에 따라 1학년 지리, 2학년 역사, 3학년 공민(정치·경제·사회) 영역을 학습하도록 되어있다. 그렇기에 필자가 가지고 있는 중급 2학년 『사회』내용은 역사로 구성되어 있고, 그 역사의 27%를 일본사로 채우고 있다. 이는 일본의 학습지도 요령에 따라야 한다는 제도적 요구 이상으로, 일본에서 살아가야 하는 동포 아이들에게 자신들의 거주 사회인 일본을 학습시키려는 의도가 반영된 것이라고 볼 수 있다. 그 풍부한 학습량의 구성을 목차로 본다면 아래와 같다.

제3장 고대와 중세의 일본
제1절 일본의 원시시대
제2절 고분의 출현과 야마또왕권
제3절 아스까와 나라시대의 정치와 문화
제4절 헤이앙시대와 귀족의 정치
제5절 사무라이정치의 시작과 가마꾸라바꾸후
제6절 남보꾸쬬와 무로마찌바꾸후
제7절 센고꾸시대와 나라의 통일
제8절 에도바꾸후의 성립과 에도시대
제9절 에도바꾸후의 약화와 일본의 개국
제4장 근대의 세계
제5절 메이지유신과 근대 일본의 성립
제5장 현대의 세계(1)
제4절 제1차 세계대전 후의 일본
제6장 현대의 세계(2)
제4절 전후의 일본

반일의 입장을 취해왔던 재일동포 스스로가 자신의 거주국에 대한 학습을 심화한다는 것은 그동안의 일본 사회에 대한 배타적 적대적 의식에서 벗어나서 이제는 지역 주민으로서 일본을 이해하고 그 사회에서 적극적으로 살아가야한다는 필요 인식과 의식의 표출이라고 할 수 있다.

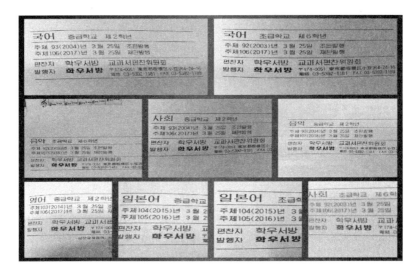

〈사진〉 최근 발행된 각종 교과서 발행일 및 발행처. 지인 제공

(2) 초급6 『사회』(2003년 초판, 2017년 재판)

초급 6학년용 『사회』(2003년 개편, 2017년 재판)는 총 104 쪽의 지면에, 학술적인 차원에서는 초보적이지만 역사 지리를 포함한 일본의 사회적 시설과 기능 전반에 관한 사실관계의 내용을 상세히 기술하고 있다. 또, 재일동포의 일본에서의 생활도 다양하게 다루고 있다. 이는 한국의 교과서에서는 볼 수 없는 일본의 사회생활에의 적응과 동포의 권익 옹호를 염두에 둔 편찬임을 말해주고 있다. 초급 사회는 거주지 일본

에서의 생활에 필요한 기초적인 사회 인식의 육성이라는 교육적 배려 뿐만 아니라 지면 배분에서도 세계 지리나 역사 속의 일본을 다루는 중급 사회 및 조선의 지리나 역사에 중점을 두는 고급 교과서와 달리 일본을 중심으로 상세히 기술할 수 있는 여유를 가질 수 있다고 보여진다. 총 컬러의 이 책은 공간마다 관련 사진이 들어 있어서 아이들이 친근감 있게 배울 수 있는 그림책 유형으로 되어 있는 점도 흥미롭다.

내용적으로도 충실하게 재일동포가 존재하게 된 경위와 일본에서 생활, 일본의 다양한 환경 소개, 일본 속 동포들이 취해야 할 권리와 생활, 그리고 조총련과의 관계가 기술되어 있다. 생활과 정치 구조, 국가의 역할, 선거 구조, 의회, 내각, 재판소 등의 법체제에 대한 구체적인 설명으로 시작되는데, 그 뒤 일본에서의 경제생활, 물건 값 개념 등을 설명할 때 등장하는 그림에는 한복을 입고 물물교환하던 옛 사람들의 모습 등을 삽입하여 민족의 역사와 전통을 의식하도록 되어 있다.

2-21쪽에는 일본의 의회나 내각·재판소 등 일본의 정치 행정구조를 파악할 수 있도록 소개해 놓고, 일본에서의 생활과 경제 관련 내용이 22-57쪽에 전개된다. 이 교과서는 2017년 재판 발행본인 만큼 최근의 기업 규모나 기업 경쟁 상황, 휴대전화 계약 대 수(35-36쪽) 등이 들어 있고, 운수업 혹은 창고업을 통한 무역 유통과 상업 구조 등을 알기 쉽게 그래프까지 동원하여 기술하고 있다(38-43쪽). 또, 생활과 저축의 중요성을 역설하며 은행의 역할과 생활 의식에 대한 내용(44-47쪽), 각종 세금과 일본의 세금 활용에 대한 내용(48-51쪽)이 실려 있다.한편, 첨단 과학기술 발전이나 사회 정보화, 문화생활의 변화나 지구환경문제, 유엔과 국제문제가 58-87쪽까지 정리되어 있으며, 특히, 유엔의 세계인권선언 소개와 더불어 1991년에 「우리나라」 즉 「독립국가」로서의

북한이 세계기구인 유엔에 가맹하고 있음을 기술하고 있다. 마지막에
는 「우리들의 생활과 재일동포사회」란 소제목으로 88-104쪽까지 재일
동포의 역사와 권리, 조총련계 재일커뮤니티 활동에 대하여 소개를 하
고 있다.

88쪽 이후의 재일동포에 대한 기술 내용을 좀 더 구체적으로 살펴보
자. 우선 조총련계 커뮤니티 활동으로 화목하게 춤추고 있는 사람들의
사진이 상단에 들어 있는 88쪽에는 일본이 1905년부터 40여 년간 조선
을 식민지화한 역사가 기술되어 있다. 강제적으로 혹은 살기 위하여 일
본에 오게 된 재일동포가 해방 후 귀국을 열망하지만 대책이 제대로
안 세워져서 주저하는 사이에 남조선(한국)에 미군이 들어가서 조국은
북과 남으로 분열하게 되었다고 적혀져 있다. 그 과정에서 귀국하지 못
하고 정주한 것이 재일동포라는 설명이다.

90쪽의 「오늘의 재일동포」에서는 새 세대의 등장이나 다양한 이유로
일본 국적을 취득한 사람도 있지만 그들도 조선민족의 피를 이어받은
「우리 동포」라고 기술한 뒤, 「최근에는 남조선에서 유학이나 취업으로
일본에 건너 와서 생활하게 된 사람들도 증가하고 있습니다.」라고 기술
하고 있고, 91쪽에서는 공부한 내용을 간단하게 정리하도록 학습 정리
박스를 마련하고 있다.

92쪽에서는 「재일동포들의 권리와 생활」에서 외국인 등록증명서를
다루고 있는데, 재류자격의 종류와 증명서의 「상시휴대의무」 및 「제시
의무」에 대해서 설명하고 있다. 한편, 94쪽에서는 「민족교육」의 중요성
을 역설하고 있는데 특히 조선학교의 설립 경위와 학생들의 활약 상황,
재정적 보조의 필요성을 주장하는 활동도 소개하고 있다.

96-99쪽의 「재일동포들의 직업과 생활」「재일동포사회의 변화와 과

제」에서는 재일동포의 각종 직업이나 재일한인 고령자를 위한 복지시설[112]을 소개하고 있다.어린학생들이 고령자들을 위문하는 사진이나 어머니들의 활동사진도 게재하고 있다. 한편, 시대의 변화와 더불어 민족성이 희박해지는 새로운 과제를 지적하며, 이러한 현상 때문에 신세대에 대한 민족교육이 더욱 필요하게 되었다는 점을 강조하고 있다.

> 「오늘 재일동포사회에서는 민족성을 지키는 것이 무엇보다도 중요한 과제로 나서고있습니다. 그것은 세대가 교체되여 새 세대들 속에서 民族性이 점차 희박해지고 있기 때문입니다. 비록 일본에 살지만 재일동포들은 민족성을 굳건히 지켜야 합니다. 조선사람의 성과 이름을 귀중히 하고 우리 말과 글, 자기 민족의 력사를 더 잘 알며 노래와 춤을 비롯한 민족문화를 습득하기 위한 다양한 활동을 널리 벌리는 것은 민족성을 지키는데서 중요한 일로 나섭니다.(중략)민족성이 넘치는 화목하고 유족한 동포사회를 꾸리기 위해서는 이러한 과제들이 꼭 해결되여야 합니다.」
>
> (『사회』 초급 6: 97-99쪽)

100-104쪽에서는 「재일동포와 총련」에 대해서 기술하고 있는데, 「오늘날 재일동포들이 존엄을 가지고 해외공민으로서 당당히 살아갈 수 있는 것은 총련이 있기 때문」이라고 전제하고, 이 총련을 「1세 할아버지·할머니들이 경애하는 김일성 주석의 현명한 영도를 받아서 1955년5월25일에 결성하였다」고 적고 있다.

조총련 조직의 활동기관으로서, 조선대학교를 비롯한 교육기관, 금

---

112) 100세 시대의 고령화 시대인 만큼 고령자가 늘자, 민단이나 조총련만이 아니라 뉴커머의 재일동포도 고령자 시설 혹은 데이케어를 적극적으로 설치, 운영하고 있다. 조선학교는 공간 여유에 따라서 학교 내에 데이케어를 설치한 학교도 있으며, 고령자가 많은 지방 민단에서도 고령자 복지시설 혹은 데이케어를 설치, 운영하고 있다.

강보험을 비롯한 경제기관, 금강산가극단을 비롯한 문화기관, 조총련 기관지를 발행하는 조선신보사를 비롯한 출판보도기관을 갖고 있다는 점도 명기하고 있다. 또한 조총련은 동포들의 민족성 육성 때문에 학교만이 아니라 민족학급, 토요이동교실, 청년학교, 우리말 교실 등을 설치하여 말과 글을 계속 유지시키는 동포적인 운동을 전개하고 있으며 생활상담소를 설치하는 등 다양한 동포들 생활과 권리를 지키는 활동을 계속하고 있음을 학습시키고 있다. 이러한 기술에서 조총련이 단순한 동포들의 구심체 이상의 국가적 성격을 갖는 조직이고 교육(교과서)을 통해 조총련에 대한 충성과 귀속의 의지를 갖게 하려는 의도를 엿볼 수 있다. 민단이 재일동포의 임의단체로 인식되어지고 있는 것과는 대조적이라 할 수 있다. 동시에 104쪽에서는 「일본과 국제사회에서 당당하게 활동하며 민족과 조국을 위하여 이바지할 수 있는 동포사회」가 바람직하다는 점을 강조하고 있다. 이 부분이 바로 조총련이 재일동포를 위해 북한과 타협하여 획득한 재일론의 인정이라고 볼 수 있다.

교과서 마지막에는 학습정리 박스의 결어에, 「재일동포들의 미래는 커가는 신 세대들에 달려 있다」고 기술되어져 있다.

이상으로 초급6학년용 『사회』교과서의 재일동포에 대한 기술 내용을 확인하여 보았다. 무엇보다도 이 교과서는 재일동포가 지역 주민, 사회의 구성원으로서 살아가야 할 일본 사회의 구조와 기능을 학습하고 동시에 민족의 정체성과 조국으로 이어지는 동포 커뮤니티를 중시 여기는 의식을 유지 계발해 갈 수 있도록 내용을 구성하고 있다. 사용된 사진이나 사회 정보는 주로 일본을 배경으로 하고 있으며, 일본사회에서 살르아가는 방법을 설명한 것이 총 104쪽 중에 17쪽에 달한다. 일본에서 뿌리를 내리고 주민으로서 살아가며 조국이나 민족을 위해 이바지 해주길 바라는 기대가 엿보이는 분량이라고 할 수 있다.

6) 중급2학년과 초급6학년『일본어』교과서에서 보는 일본과 재일동포

(1) 중급 2『일본어』(2015년 초판, 2016년 재판)

이 책은 초급과는 달리 다양한 쟝르의 단가나 고전문학에서 현대문학 작품까지 다양한 문장이 소개하고 있고, 편지 쓰기나 작문 작성, 한자에 대해서도 체계적으로 가르치고 있다. 일본을 대표하는 문호 나츠메 소세키(夏目漱石)의 [봇쨩(坊ちゃん・도련님)]이 실려 있고, 단가도 여러 종류가 소개되고 있는데, 그 중에는 일제에 의한 강제 병합을 개탄한 이시카와 타쿠보쿠(石川啄木)의 작품이 27-28쪽에 들어 있다.

85-95쪽에서는 일본의 고전 문학 작품집인 곤쟈쿠모노카타리슈(今昔物語集)의 백제에서 온 화가를 다룬「百済の川成と飛騨の工」가 소개되고 있다. 116-117쪽에는 조선학교 교사들이 학생들의 통학시간을 적은 글이 실려있는데 이는 어떤 상황을 정리하여 기술하는 방법의 예시이다.

146-159쪽에는 히로시마 원자폭탄의 피해자인 소년의 처절한 경험담과 더불어 자신의 아이들이 후루이치(古市)의 조선학교를 다니며 결코 식민지의 불행의 반복을 용서하지 않는 훌륭한 인간으로 성장하였다는 작문을 게재하고 있다. 당시의 한반도 정세나 일본과의 관계, 조선인 차별 등의 사회 구조 속에서 생존해 온 발자취를 기록하며 조선학교에서의 아이들의 성장 과정을 민족교육의 일환으로 보고 있는 글이다. 이 교과서는 일본어와 상용한자, 동의음, 작시 작문법 등을 싣고 있는데,

조선학교 중급2의 『국어』교과서나 일본과 한국의 중학교 2학년 『국어』 교과서와 비교하면 비교적 내용이 어렵게 짜여진 느낌이다.

(2) 초급 6학년용 『일본어』(2015년 초판, 2016년 재판)

일본어 교과서는 조선 관계 혹은 일본 속의 생활에 필요한 정보들을 초급 6학년에 맞도록 구성한 내용들이 모두 일본어로 기술되어 있어, 일상적으로 일본어를 사용하는 재일동포 어린이들에게는 접근하기 쉽다.

재일동포 스스로에 의한 교육이 국어강습소를 차려 민족·우리말을 가르치는 일로 시작되었던 만큼, 조선학교는 지금까지도 조선어교육을 철저히 시행해오고 있다. 조선학교 졸업생이 우리말을 할 수 있는 것은 이러한 노력이 있어왔기 때문이다. 다만, 재일동포 특히 구정주자의 일상 언어는 기본적으로 일본어이지만 뉴커머, 일시적인 체류자 등이 섞이면서 다양한 변화가 일어나 우리말과 일본어를 적절히 섞어 사용하는 혼용어 사용도 늘고 있어 계승어의 변질 현상이 보이기도 한다. 또한, 글로벌 시대의 인구 이동과 다양한 문화가 함께하는 다문화공생사회화가 진행되면서 재일동포들도 민족의 언어만이 아니라 일본어를 포함한 다언어 교육·학습에 힘을 기울이기 시작하였다. 한국학교에서도 조선학교에서도 최근에는 이 시대의 재산이 될 언어 교육을 특화시키고 있다.

조선학교 일본어 교과서는 일본어 학습은 물론, 일본어에 익숙한 동포 어린이들에게 일본어로 민족의 수난사를 전하고 앞으로의 삶에 대한 지혜를 가르칠 수 있도록 편찬되어져 있다. 또한 어린이의 흥미를 끌기 위한 궁리도 엿볼 수 있는데, 예를 들자면, 조선 팔경의 대표적인 명승지 금강산 문장 속에서 금강산의 수려함을 묘사하는 한자 사용, 음독으로 읽는 어휘, 한자어의 성립 등 다양한 언어 배경과 활용의 학습을 유도하고 있다(6쪽). 9-18쪽의 장애자 보도(바리아 프리)에 대한 문장에서는 일본의 복지 상황, 장애자들이 다닐 수 있는 환경, 몸이 부자유스런 사람들이 느끼는 불편함에 대해서 한자어를 돋보이게 만들어 설명하고 있다(9-18쪽). 또한 파란 색 우산을 주제로 빗속에서 보이는 다양한 풍경과 색상에 대한 설명문도 실려 있는데 이 설명문에 그려져 있는 신체가 부자유스런 사람들이 즐기는 보도블록과 파란 색 우산의 배경은 일본의 흔한 도시 풍경이기도 하다.

38-45쪽에서는 도표, 사진 등을 활용한 프레젠테이션의 화법, 방법에 대해서 구체적으로 설명을 하고 있다. 피망을 활용한 음식의 다양성과 그 레시피, 요리 방법에 대한 설명도 나오고 있는데 이들은 일상생활과 학습 과정에서 활용되는 언어 능력의 발달을 돕겠다는 의도에서 나온 것이라고 볼 수 있다.

46-63쪽에는 1923년9월1일의 관동대지진(오전 11시 58분에 관동지역 일대를 덮친 대지진)을 소재로 쓰여진 [조선에서 온 동생(朝鮮から来た弟)]이라는 글이 실려 있다. 일제 식민지 시대 때 조선에서 방적공장에 일하러 왔던 조선인과 그 형을 찾아 도쿄에 온 동생 이야기가 그려져 있다. 동생 신창범이 긴 여행 끝에 도쿄 역에 내린 것이 1923년 9월 1일, 형이 일하며 머무르는 판자집에 가서 조선인 노동자에 대한 이야기를 듣고 있는 중에 지진이 발생하고 도쿄에 익숙하지 못한 형제들이 비극을 겪게 되는데, 억울하게 형이 죽은 뒤, 시체 무덤 속에서 2주일 만에 생명을 얻었던 동생 신창범은 일본칼에 잘려서 왼쪽 손가락이 없지만 현재 일본에 살고 있다는 체험담을 바탕으로 나라 가즈오(奈良和

夫)라는 작가가 쓴 비극사이다.

당시 조선인 일본인을 구별하기 위해 일본의 교육칙어를 외우지 못하거나 역대 천황 이름을 대지 못하면 조선인이라고 취급받아 참혹하게 죽은 일본인도 중국인도 있다는 설명도 덧붙여져 있다. 여담이지만 일본인이라 해도 과연 일본의 역대 천황 이름을 외울 수 있는 사람이 얼마나 될까? 필자가 매년 관동대지진 문제를 인권 수업에서 취급하며 몇 백 명의 수강생들에게 묻지만 지난 20년 동안 자신있게 대답한 학생은 한 명도 없었다. 필자의 대학원 후배 1명이 외운 적 있었지만 거의 일본왕조실록을 꿰뚫지 않은 이상은 불가능에 가까운 일이다. 억지로 당시의 동포들을 대학살로 몰고 간 야만적 행위였기에 이 역사 기술은 한국의 교과서도, 한국학교 교재에서도, 조선학교 교과서에서도 공유하고 있다. 이 관동대지진은 조선대학교 교원을 지낸 사학자 금병동(琴秉洞)교수의 조사에 의해 조선인 희생자가 6000명 이상이라는 사실이 세상에 밝혀지게 되었다.[113] 위의 유언비어는 일본의 권력자들이 관동대지진 당시의 혼돈 속에서 일어날 수 있는 민중 폭동과 불안에 떨고 있던 지진 피해자들의 정부를 향한 원성을 우려하여 조선 노동자들, 노동운동가들, 사상활동가들에게 뒤집어씌우기 위하여 만들어진 것이었다.[114] 교과서의 이야기는 과거사가 아니라 지금도 일본에서 큰 지진

---

113) 琴秉洞 編(1996) 『朝鮮人虐殺に関する植民地朝鮮の反応』録蔭書房
114) 3·1독립운동 사태를 수습하기 위하여 사이토마코토(斎藤実)가 제3대 총독으로 부임하여 소위 문화정책을 펴는데, 그가 경성에 착임하는 1919년9월1일 강우규에 의해 폭탄 세례를 받는다. 사이토가 경성에 착임할 때 동행했던 음악저작권법의 권위자였던 미즈노렌타로(水野錬太郎) 및 그가 주례를 서 준 부하 아카이케아츠시(赤池濃)와 쇼리키마츠타로(正力松太郎) 등 소위 악인 트리오는 1923년9월1일 관동대지진이 발생하자, 당시 열악한 노동환경과 값싼 임금으로 착취당하고 있었던 조선인 노동자 및 그들을 옹호하며 사회주의 노동운동을 전개하던 사상가들을 처분할 의도로 조선인들이 우물에 독을 풀었다는 유언비어를 퍼뜨리게 한다. 그들은

이 있을 때 우물에 한국인이나 조선인이 독을 넣었기에 우물물을 마셔서는 안된다는 SNS의 유언비어가 돌 정도로 아직도 살아있는 비극의 불씨이다. 지금 일본에서 우물 물을 누가 어느 정도 마시는지 모르지만 생각 없는 루머 제조를 하는 사람이 있는 한 소수층의 긴장은 계속되는 것임을 남북한 및 한국학교, 조선학교가 인식을 공유하며 가르치고 있는지도 모른다.

그 외 지구온난화와 세계적인 환경 문제(90-101쪽) 등이 기술되어 있고, 152-153쪽에는 외래어의 예문으로 조선학교가 힘을 쏟고 있는 축구에 대한 기술이 들어 있다. 일본의 외래어가 주로 서양제국에서 들어온 용어임을 설명하고 있고, 아울러[오노마토페](의성어, 의태어)에 대해서도 학습하도록 기술하고 있다.

최종 15단원의 161-168쪽에서는 초등학교 6년간을 돌아보며 자신의 학교생활을 어떻게 정리할 것인지, 조선학교와 개인의 성장에 대한 에피소드를 연표로 작성하여 발표하도록 되어 있는데, 마지막으로 민족의 역사와 이어지는 사람의 이름에 대하여 다음과 같이 기술하고 있다.

「조선민주주의 인민공화국의 국기에 빛나는 오각성을 향해서 크게 자라주길 바라는 아버지의 바램이 깃들여져 있습니다. 동생들 이름도 그렇습니다. 이름은 그 사람에게 있어서 귀중한 것입니다. 이름을 정확

치안을 명분으로 많은 조선인들을 안전히 대피시킨다며 시나가와(品川) 연병대 등으로 격리시키기도 했다. 관동대지진 당시의 사회적 배경과 조선인 노동자 및 노동운동자 관계, 유언비어 속의 언론 전략, 조선인을 위해 진력한 요코하마 츠루미(鶴見) 경찰서장 오오카와츠네키치(大川常吉) 등에 대해서는 다음 연구에서 상세한 내용을 확인할 수 있다. 李修京(2004)「関東大震災直後の朝鮮人虐殺と日韓報道考察」『山口県立大学国際文化学部紀要第10』, 李修京(2006)「人命を重んじて真実を直視した警察の鑑・大川常吉」李修京編『韓国と日本の交流の記憶』, 도쿄, 白帝社, 128-131쪽 참조.

하게 부르는 것은 그 사람을 소중히 생각하고 그 민족을 존중하는 것으로 이어지는 것이라고 생각합니다. 세계 어느 누구라도 자신의 이름, 민족에 대해서 가슴을 펴고 얘기할 수 있는 날이 하루라도 빨리 왔으면 합니다.」

이 교과서는 비교적 최근에 발행(2015년 초판, 2016년 재판)된 것으로, 다른 교과서들에 비하여 관동대지진 관련의 역사나 중국의 고사성어 등의 실용적인 부분도 있으나 장문의 문장이 들어 있고 내용이 어렵게 구성되어 있어 초급 6학년이 소화시키기에는 어려움이 있을 듯하다.

7) 중급2학년과 초급6학년 『국어』교과서에서 보는 민족의식

(1) 중급2 『국어』(2004년 초판, 2017년 재판)

총 184쪽의 중급2 『일본어』가 총197쪽의 중급2 『국어』보다 어렵게 구성된 것은 일본에서 성장한 필자의 제자도 공감하였다(2019년12월26일). 그만큼 일본 사회의 용어인 만큼 한정된 지면에 많은 내용을 담아 학습 시키려는 열의가 반영된 것이라고 할 수 있다.

중급2 『국어』에서는 온달과 평강공주 이야기나 명절 수리날, 축하와 위로의 뜻 표현, 두 속담군, 번견탈출기, 토끼전 등의 옛날이야기나 실용적인 의례 의식용 글과, 산제비라는 시 등을 소개하고 있다. 18-29쪽에는 [민족의 자랑이 깃든 곳에서]가 들어 있는데, 이는 학생들이 일본의 사적지로 유명한 교토나 나라 지역에 수학여행을 가서 여러 문화재를 보며 고대의 조상들이 일본에 미친 영향을 확인하고 자부심을 가진다는 내용이다. 특히 일본의 국보 1회[미륵보살반가사유상]이 신라에서 온 것이라는 사실에서[한없는 민족적긍지와 자부심으로 쿵쿵 울려주는 듯 하였대(18쪽)는 감동, 고구려무덤벽화를 본 딴 다까마쯔즈까고분의 벽화를 본 후 [우리의 가슴에는 강력한 군사력과 찬란한 문화를 자랑하던 동방의 강국-고구려의 후손이라는 뿌듯한 긍지가 차올랐대(21쪽)는 자부심, 호류지(법륭사)의 고구려 담징이 그린 금당벽화의 아름다움과 담징의 업적, 백제관음보살상의 평가에 대해서 [프랑스의 한 작가는 《만일 일본렬도가 가라앉는다고 할 때 단 한가지만을 내갈것이 허용된다면 나는 이 백제관음보살상을 가지고 가는것에 아무런 주저도 하지 않을것이다.》라고 하면서 백제관음보살상이 없으면 호류지의 가치는 절반이하로 떨어질것이라고 말하였다고 한다,](24쪽)라는 객관적 믿음이 기술되어 있다. 또한 백제왕이 일본왕에게 하사한 《칠지도(七支刀)》에서 뿌듯한 감동을 받았다는 기술과 더불어,

「기묘한 나무가지모양의 이 《칠지도(七支刀)》는 귀신을 물리치는 신기한 힘을 가지고 있었다고 전해지고 있다.(중략) 이런 생각을 하느라니 신비롭게 광채를 뿜는 《칠지도(七支刀)》가 눈앞에 어려오고 저 멀리 바다 너머에서 이 왜나라에 막강한 영향력을 행사해온 백제의 위용이 새삼스레 느껴지며 가슴이 뿌듯해왔다.」(26쪽)

는 감상이 적혀져 있다. 이러한 설명문 중간 중간에 한글 단어의 의미가 설명되어지고 있고, 일본 나라 지역의 이름인 '나라'가 선조들에 의하여 지어진 이름이라는 말로 자부심은 절정에 달한다. [우리는 가슴을 활짝 폈다. 조선민족으로 태여난 긍지로 가슴은 부풀어 올랐대(28쪽)는 감동의 자부심이 표출되어 있다. 29쪽에서는 자기가 사는 지방이나 다른 지방의 유적, 유물을 찾아보라는 연습문제를 제시하여 고구려, 백제, 신라의 다대한 영향이 일본 속에 스며들어 있다는 자부심을 일깨워 일

본의 지역 주민으로서 당당히 살아갈 수 있는 자신감을 북돋아 주고 있다. 또한 삼국시대 유물을 통해 통일 민족의 의식도 일깨우고 있는 것을 알 수 있다. 이런 감상문을 느낌글이라고 하는데, 이 교과서에서는 78쪽에서 94쪽까지 6.15 북남공동선언의 통일 조국에 대한 감동적 느낌을 장문의 예문으로 들고 있다. 105-107쪽에는 한국에서도 잘 알려진 시조들이 실려 있고, 170쪽에서 175쪽의 [학급신문을 만들어보재에서는 조선학교 학급 동무들의 다양한 본보기 글이 소개되어져서 학생들이 자신들의 언론에 관심을 갖도록 편찬되어 있다. 부록에서는 한자 어휘와 더불어 조선학교 학생들의 예문 등을 곳곳에서 사용하고 있어서 학생들이 친근감 있게 교육을 받도록 편찬되어 있다.

(2) 초급6 『국어』 (2003년 초판, 2017년 재판)

초급6 『국어』는 총 158쪽에 달하는데 4에서 10쪽까지는 축구 소조장을 맡은 수남이가 학교생활에 있어서 6학년은 고학년이고 맏이이기 때문에 모범적 행동으로 책임력있게 맏이다운 행동을 해야 한다는 내용으로 시작한다. 그리고 제2과의 [나의 고향]에서는 남의 나라 일본에서 태어나고 자란 주인공이 아름다운 제주도 서귀포 출신의 할아버지에 대한 에피소드를 기술하고 있다. 할아버지가 6.15 북남공동선언 다음해에 총련 고향방문단으로 고향에 갔을 때 그 쪽의 친척들을 찍어 온 비데오를 소개하고 있는데, 일본에서 온 다른 사람들과 달리 조총련의 민족교육을 받아 조선말도 잘 사용해서 대화에 문제가 없었고, 자신의 아이들도 조국이 보내준 교육원조비와 장학금의 덕택으로 민족교육을 충실히 받아 우리말을 잘 할 수 있다는 내용이 기술되어 있다.

「조선사람은 응당 조선말을 해야지요. 우린 비록 일본에서 살아도 우리 학교를 세워 놓고 우리 말과 글, 歷史와 地理, 文化를 배웁니다. 앞으로 만나게 될 창수와 창옥이도 총련의 민족교육을 받아 우리 말을 잘합니다. 이것은 바로 조국에서 보내준 교육원조와 장학금의 덕택입니다(중략) 나의 이름이 나오니 가슴이 울렁거리고 얼굴이 뜨거워졌습니다. 그러면서도 내가 우리 학교에서 우리 말을 배운것이 얼마나 다행한 일이였는가고 생각했습니다. 나도 멀지 않아 고향땅에 갈것입니다. 그것은 내가 조선사람이고 우리 할아버지의 손자이기때문입니다. 그때에는 서귀포에서 헤엄도 쳐보고 한나산登山도 할것입니다. 나는 할아버지와 아버지가 가슴 펴고 찾으신 고향땅에 조선의 아들로 찾아가겠습니다.」(16-17쪽)

이 부분은 최근의 남북한 관계 혹은 조선학교 관계자와 한국인과의 교류가 늘어난 점이나 통일 조국을 의식한 내용이 반영된 것이라고 할 수 있다.

한편, 77-84쪽에는 재일동포 꼬마 축구단이 조국인 평양의 만경대 학생소년궁전을 방문하고 광복거리의 모습에서 아름다운 조국을 느낀다는 글이 실려있다. 1만여 명의 어린이들이 200여개의 소조실에서 才能을 꽃피우고 있다는 말을 듣고 「아, 바로 여기가 아이들을 나라의 《왕》으로떠받들어주는우리조국만이마련해줄수있는어린이들의궁전이구나… 우리는 궁전을 돌아보면서 나라의 《왕》이 된 우리의 모습을 永遠히 간직하자고 記念写真을 찍고 또 찍었다.」(82쪽) 는 감명 받은 느낌이 기술되어 있는데, 국어 교과서인데 재능, 영원, 기념사진 등은 한자로 표기되어 있는 것을 볼 수 있다. 《왕》으로 떠받든다는 내용은, 현실의 사회적 경제적 정치적 구조나 행태와 유리된 이념에 지나지 않다는 사실을 접어두고 어린이들에게 허구를 가르친다고 해도 지나친 말이 아니다. 민족교육이 국가체제를 우선하여 수행되어왔다는 일면을 보여

주고 있는 부분이라고 할 수 있을 것이다.

120-127쪽에는 [제16과 치마저고리]의 제목으로 언니의 초급학교 졸업식날 다채로운 색상의 조선 치마저고리를 입은 어머니들의 모습이 전설 속의 금강산 선녀들 같았다는 글이 실려 있다. 그리고 어머니나 학교 교사가 들려주는 이야기 속에서 치마저고리에 민족의 정신이 깃들어 있음을 알게 되었고, 본인도 치마저고리를 입을 날을 꿈꾼다는 내용이다. 소녀의 어머니가 말하는 치마저고리를 입었던 이유는 다음과 같다.

┌ 「일본땅에서 살아도 너희들을 당당한 조선사람으로 키워주는 우리 학
교에 感謝의 마음을 전하고싶었단다. 그리구 너희들이 앞으로도 조선사
람된 긍지를 안고 떳떳이 살길 바래서 민족의 상징인 치마저고리를 입고
오자고 약속했단다.」(123쪽)

민족정신이 깃든 전통복에 대한 애착과 아이들에 대한 어머니의 격려가 들어 있는데, 이런 민족의 상징이 부정적으로 치부받는 일본 사회지만 치마저고리의 정신을 통해 민족이라는 개념을 부각시키고 있다. 조선학교 학생들이 교복처럼 입는 치마저고리는 현재 한국에서 선호하는 치마저고리나 개량한복과는 거리가 있는 원색의 것이다. 한국측에서 본다면 조선학교 학생이나 학부형들이 입는 치마저고리는 독특한 문화일 수도 있다. 다문화공생을 주창하는 일본이지만 이런 이문화 혹은 문화적 차이에 대해서 반드시 관대하지만은 않기 때문에 일상적으로 치마저고리를 입고 다니는 경우는 거의 없다. 그래서 이 교과서에서는 오히려 치마저고리를 통한 민족정신의 기억을 되뇌이려고 한다는 의도를 엿볼 수 있다.

그 외, [제19과 잘 있거라 정든 모교여]에서는 조선학교에 다녔던 학생들의 졸업과 학교에 대한 인사를 기술하고 있다.

> 「눈앞의 일본학교 그냥 두고서 뻐스와 전차 갈아타기 그 몇번 무거운 가방 메고 겨우 다달았을 때 校門은 두팔 벌려 우리 맞아주었지」(141쪽)

대체적으로 조선학교는 교통편이 불편한 곳에 있는 경우가 많다. 그렇기에 이 내용에서 보면 어렵게 통학했던 친구들과 따스하게 맞아주던 학교를 떠나며 「철부지 우리를 조선의 아들딸로 키워준 배움의 집에 (후략)」(142쪽) 라며 모교에 대한 애착을 표출하고 있다. 대외적으로 소외층의 조선학교 학생이었지만 학부형이나 학교의 결속과 학생들의 동고동락에서 오는 일체감이 결과적으로 학교를 커뮤니티의 거점으로 만들어 왔다고 볼 수 있다.

오늘날 조선학교는 북으로부터의 지원을 기대할 수 없어 학교 운영이 어렵게 되어 있고, 더구나 1959년부터 시작한 북송사업으로 북측에 간 93,000여 명에 대한 인도적 책임추궁, 일본인 납북자문제와 같은 정치적 현안의 무거운 짐들이 고스란히 조총련의 몫이 되었고, 조총련계 이탈 인구증가와 저출산소자화 현상이 겹쳐 취학어린이가 극도로 감소하고 있어 휴폐교를 거듭하여왔다. 이런 상황을 극복하고자 조총련은 조직의 사활을 걸고 조총련계 어린이 이외의 모든 어린이에게도 문호를 개방한다고 선언하고, 매력적인 교육을 위해 체제지상주의보다 일본의 정규 학교와 같은 학사 운영에 접근하고 있다. 또한 AI시대 교육을 염두에 둔 ICT교육의 강화(2018년 현재, ICT[115] 연구학교로 시험중이

---

115) Information and Communication Technology; 정보처리나 통신에 관한 기술, 산업, 설비, 서비스 등의 총칭으로 일본에서는 [정보통신기술로 통칭

며 각 교실에 Wifi 설치 모색), 6학년 이상은 각 가정에서 구입한 i-Pad 사용, Interactive Text(당분간은 초등4-5-6학년 국어교재를 중심으로) 활용, 다언어(조선어, 일본어, 영어, 중국어)교육, 예체능엘리트교육에 특화한 소수정예주의 교육에 임하고 있다. 물론, 지역이나 학교 규모에 차이가 있기 때문에 조선학교 전체 현황이라고는 할 수 없으나 적어도 안영학이나, 리충성, 정대세처럼 국경을 넘나드는 세계적인 축구 선수 등의 스포츠 엘리트를 배출하고 있으며, 축구를 하고 싶어서 조선학교를 찾는 일본인도 있는 점에서 상당한 교육효과를 내고 있다고 할 수 있다.

현재 전국 61개교, 약 6000명의 학생이 재학 중이지만 일본문부성 지원이 없는 자구적 운영속에서 소수 엘리트 교육을 지향하고 [재일론] 인정의 2003년 교육과정 및 교과서의 대폭 개편을 확인하기 위해 조선학교 교과서에서 [재일론]과 연관되는 내용을 살펴보았다.

8) 그 외의 재일조선학교 교과서 개괄

필자가 입수한 역사, 사회 이외의 교과, 과목의 교과서 중 초급, 중급의 교과서는 우선 전반적으로 색상이 풍부한 편이다. 일본의 통신사나 관계기관의 협력을 얻어 게재하고 있는 사진이나 기타 자료의 다양한 색상도 인상적이다. 한국학교나 일본의 여느 학교에서 사용하는 교과서와 다를 바 없지만 북한 내의 교과서와 비교한다면 화려하다고 말할 수 있다.

(1) 중급2 『영어』교과서에서 보는 재일동포

최근 다언어 특화와 영어 중시의 입시 체제에 맞추어 비영어권을 비롯하여 지구촌 어느 지역 어느 학교서나 영어에 대한 교육열은 대단하다. 힘의 논리가 작용하는 국제사회의 현실 속에서 강대국인 미국, 영국, 호주, 뉴질랜드 등의 현지에서의 영어 공부를 위해 유학하는 경우도 많지만 국내에서의 영어교육의 열기도 뜨겁다. 일본에서는 입시용 영어 교육이 중심이었으나 2010년부터 실제 사용하는 회화 능력을 육성시켜 글로벌 인재 육성의 기반 구축을 의도하여 초등학교에서부터 영어 학습을 도입한 신학습지도요령이 실시되었다. 시험적이기는 하지만, 5학년과 6학년의 「외국어활동」(연간35단위시간)이 필수화되었다. 그리고 2020년 4월부터 전국 초등학교 3학년부터 영어가 필수 과목이 되는데, 3-4학년은 「외국어활동」으로, 5-6학년은 「교과」로 영어를 학습하게 된다. 이에 1조 한국학교는 물론, 영어를 의식하며 다언어교육 특화에 힘을 쏟는 조선학교도 모두 영향을 받을 수밖에 없다.

중급2『영어』(2014년 초판, 2017년 재판)은 총 129쪽으로, 교과서 속의 삽화에는 가급적 조선학교 제복이나 유니폼을 입은 학생들을 그리고 있다. 15-17쪽, 21쪽, 25쪽, 26쪽, 31쪽, 48쪽, 49쪽, 54쪽, 55쪽, 61쪽, 63-64쪽, 76쪽, 78쪽에 그려진 학생들, 특히 여교사나 여학생들은 치마저고리를 입고 있다. 본문은9과로 구성되어 있고, 용도별 학습으로는 배워 두어야 할 신체 부위나 명사, 형용사, 부사, 직업, 여러 표식 등은 《Let'sLearn》의 구분에 넣어 두고, 회화는 주로 《Let's Talk》에서, 가족원족이나 장래희망이나 취미를 적으며 배우도록 《Let's Write》를 설정하고 있고, 영문 작품 읽기도 3편이 들어 있다. 29-31쪽에서는 조선학교에 대해 외국인과 회화를 하고 있는데, Salma라는 학생은 가정에서는 모국어인 스와히리어를 사용한다고 되어 있고, [매개 민족은 자기의 고유한 언어를 가지고있으며 모국어는 바로 그 민족의 얼입니다(29쪽)가 제4과 타이틀 아래에 적혀 있다. 이런 민족의 고유 언어에 대해서는 44쪽의 영국에 대한 소개에서도 웨일즈어(the Welsh people have their own language, Welsh)의 고유성을 언급하고 있다.

한편, 스와히리어를 모국어로 하며 학교에서는 영어를 사용하는 Salma가 도쿄에 고급조선학교가 있냐고 묻자 수철은 고급조선학교도 있고 조선대학교(Korean University)도 있으며 고급조선학교를 졸업하면 조선대학교로 진학을 한다고 대답하고 있다. 조선어가 국어이기 때문에 말도 할 수 있다는 회화다. 또 코리안이 어떻게 일본에 있냐는 물음에 대하여, 일제 강점기 지배하에 있던 1945년 이전에 조상들이 일본으로 왔다는 대답과 함께 아래와 같은 대답을 한다.

「Su Chol: And there were no Korean schools in Japan. After 1945 they built schools for their children.
Salma: How many Korean schools are there in Japan?
Su Chol: There are about 100.
John: Those schools are an important part of your history.」(31쪽)

즉, 1945년 이전에는 조선학교가 없었던 일본에 1945년 이후에 그들의 아이들을 위해서 세웠는데, 약100개교가 있으며 조선학교는 조선인 역사의 중요한 부분이라는 내용이다.

한편, 84-86쪽에서는 한반도 서해에 살고 있고, 일본의 큐슈 하카타만에서 볼 수 있는 아시아의 귀중한 새인 저어새(Black-faced Spoonbills)에 대하여 설명하며 청정공기를 좋아하는 새와 더불어 환경의 중요성을 기술하고 있다. 실제로 조선대학교 내에는 이 저어새를 교내 새장에서 키우고 있다. 108-125쪽은 단어집의 부록이다. 이런 영어 교과서 속의 치마저고리를 입은 교사 및 학생들 그림이나 본문 혹은 박스 속 재일동포에 대한 언급, 민족의식에 대한 기술은 그 외의 초급6, 중급2의『리과』과목에서도 곳곳에서 볼 수가 있다. 모든 교과의 교과서를 통해 민족의식과 재일동포로서의 존재의식을 불어 넣어주고 있는 것이다.

(2) 초급6과 중급1-2 『음악』(초급6과 중급2는 2003년 초판, 2018년 재판, 중급 1은 2004년 초판, 2017년 재판)

한편, 초급6과 중급1-2의『음악』(초급6과 중급2는 2003년 초판, 2018년 재판, 중급1은 2004년 초판, 2017년 재판)교과서에서는 조국 강산과 민족정신, 고국의 아름다움 등의 찬미, 각종 전통 및 현대 악기 사용 등이 소개되어 있다.

① 초급6『음악』은[조국의 품]이란 노래로 시작되는데, 20-21쪽의 [발걸음 맞추어 목소리 맞추어]에는 일본이나 러시아, 아프리카, 인도네시아, 영국, 뽈스카(폴란드)에서 살고 있는 재외동포를 의식한 듯 "이역에 살아도 조선의 아들딸"이라는 가사와 함께 위 각 나라를 배경으로 조선의 복장을 한 인물들이 함께 그려져 있다. "조선의 아들딸"은 통일 새 세대이자 앞날의 주인공으로 표기되어 있고, 22쪽에는 일본의 쏘란부시 노래가 소개되어 있기도 하다. 비교적 서정적인 분위기를 자아내는 전통곡에 [대동강] 등 조국의 풍경을 그리는 곡도 있다. 50-51쪽에는 조선학교 아동들의 운동회나 야영회, 학교생활 사진이 소개되어 있다.

② 중급1『음악』에서는 울림 노래나 가사 살리기, 민족악기 등의 지식과 더불어 주요 3화음과 변성기, 음정 등에 대해 설명하며 가사의 억양에 맞는 리듬과 높낮이 등에 대해서 가르치고 있다. 통일 조국을

노래한 [우리의 마음은 하나](4-5쪽), 김옥성 작사의 [청산벌에 풍년이 왔네](16-18쪽) 등 2성부, 관현악, 합창 등의 하모니, 단체 협주곡 등이 많다. 그리고 기타와 같은 현대 악기는 물론, 전통악기를 사용한 [장단놀이]나 [도라지 변주곡] 등의 민요 협주곡도 소개되고 있다. 62쪽에는 일본의 동요인 [아카돈보(赤ドンぼ, 고추잠자리)]나 대중가요인 [츠바사오 구다사이(翼をください, 날개를 주세요)] 등 조선학교 중급 1학년 학생들이 친근감을 느낄만한 곡들이 게재되어 있다.

③ 중급2『음악』에는 [애국가], 합창곡 [번영하라 조국이여], [내 조국 한없이 좋아라], [평양은 마음의 고향], [살기 좋은 내 나라], [조선은 하나다], [조선 행진곡], [조선찬가], 한국전쟁시기의 인민군 해안포병을 노래한 [해안포병의 노래], [망향가]등의 조국과 관련된 나라 사랑, 나라 그리움을 노래한 곡들이 비중있게 소개되고 있다. 물론 장단놀이에 있어서의 상쇠잡이 역할과 흥타령, 취주악 등을 통해 전통 음악법 혹은 악기 사용에 대해서도 가르치고 있고, 가야금 병창곡의[까투리 타령] 등을 넣어서 일반 중학교 학생들이 평소 사용하지 않는 가야금 곡도 소개된다. 실제로 조선학교 학예회 등에서는 학생들이 가야금 등을 사용하여 전통음악을 피로하기도 한다. 한편, 62쪽에는 일본의 학생들 합창 경연대회에서 합창곡으로 애용되는 [나츠노 오모이데(夏の思い出, 여름의 추억)]나 [고노 히로이 노하라 입빠이(この広い野はらいっぱい, 이 넓은 들 가득히)]가 일본어 가사 그대로 소개되어져 있고, 63쪽에는[산타 루치아]나 [에델바이스]가 소개되어져 있다.

위에 언급한 초6, 중1-2『음악』에서 보자면 합주나 합창곡이 많고, 무엇보다 조국의 아름다운 풍경이나 민족의식을 힘차게 외치며 조국이나 민족에 대한 찬미를 공유하도록 내용을 짜고 있다. 장엄한 관현악단이나 협주곡의 하모니, 합창곡 등이 전반적으로 많은 비중을 차지하는데, 이는 모두가 하모니가 어우러지는 노래를 통해 공감대 의식을 가질 수 있기 때문이다. 한국이나 일본에서도 합창곡은 널리 가르쳐지고 있지만, 한국이나 일본의 교과서와는 달리 조선학교의『음악』교과서는 씩씩한 군가나 원수님을 그리는 찬미를 가르쳐 강한 체제적 민족의식을 공유할 수 있도록 편찬된 특징을 가지고 있다. 조선학교의『음악』이나『미술』과 같은 예술 분야의 교과서에는 북측의 영향이 특히 많이 남아 있는 듯하다.

한편, 중급2『조선력사』(2004년 초판, 2017년 재판)는 고대사에서 한반도 내부의 3.1 운동까지의 기술로 끝나고 있고, 초급 사회 및 고급 현대조선력사와 중복되는 내용이 많기 때문에 이 글에서 다루지 않았다. 다만, 71쪽에서 김옥균 등의 개화파 정부를 [우리 나라의 첫 부르죠아정권]으로 3일천하에 끝났다고 기술하면서 아무런 설명 없이『한성순보』사진을 싣고 있는데, 한국 교과서 속의 용어, 혹은 사진 취급의 대조 등 별도로 고찰할 필요가 있고 그때 중요한 자료적 가치를 갖을 것이라는 점만 지적해두고 싶다. 또한 조선대학교 도서관은 1919년3.1 운동의 도화선이 된 일본 유학생들의 도쿄YMCA에서의 2.8 독립선언 때 잡혀 갔던 동포 학생들의 변호를 맡았던 후세 다츠지(布施辰治、1880-1953. 박열 등의 인권 변호)의 자료를 풍부하게 갖고 있는 곳으로 널리 알려져 있음에도 불구하고, 이 교과서 88쪽과 89쪽의 3.1 운동(3.1 인민봉기로 표기) 에서는 2.8독립선언이 누락된 채 1919년 1월의 애국적 청년학생들의 반일독립운동에 대한 움직임에서 바로 3.1운동으로 이어지고 있다. 이 교과서에서는, 전체적으로 한반도 내부에서의 움직임(일제 식민지 관련 포함)에 철저한 포커스를 두려는 의도인지 모르지만, 일본으로 건너간 유학생들 혹은 일본 내 동포들의 움직임에 대해서는 일체 기술을 생략하고 있다. 이런 이유를 포함해 별도의 기회에 상세한 고찰을 하려는 것도 이 글에서 이 교과서를 다루지 않는 이유이다.

8 한국학교 및 조선학교 졸업생들 감상[116]

다음은 도쿄한국학교 및 조선학교 졸업자들의 모교에 대한 감상이다. 2명은 한국과 일본의 국립대학에 재학중인 대학생이고 1명은 도쿄한국학교와 서울대학교를 졸업한 뒤 현재 한국에서 직장인으로 일하고 있다. 그들의 공통점은 모두 민족학교가 배출한 성공적 사례라고 볼 수 있다. 한국학교나 조선학교 학생 중에는 학교생활에 익숙하지 못하여 학교를 떠난 경우도 있을 것이다. 필자가 아직 실패 사례를 접하거나 확보하지 못하고 있기 때문에 (물론 조선학교 출신의 한국 국적자들에게서 개인담을 들은 적은 몇 번 있다) 여기서는 민족학교 출신으로서 모교에 대한 애착과 재일동포로서의 자신감으로 정체성 확립에 근접하고 있는 사례라는 의미에서 그들의 의견을 확인해 보려고 한다.

참고로 A씨와 B씨에게는 2019년 12월, 도쿄한국학교를 졸업한 후 생

---

116) 한국학교에 대한 감상은 다음 연구 보고서에서 보다 구체적이고 다양한 관계자들의 의견을 읽을 수 있다. 전게서, 이수경, 권오정, 김태기, 김웅기, 이민호(2016) 『재일동포 민족교육실태 심화조사 및 정책방향 제시』, 재외동포재단.

각나는 이 학교의 장단점에 대하여 말해주기를 의뢰하였고, C씨에게는 2019년 8월, 조선학교 재학 중의 감상과 졸업 후 생각나는 장단점을 밝혀줄 것을 의뢰하였다. C씨의 원고는 일본어로 받아서 필자가 번역했다.

1) A씨의 경우 : 도쿄한국학교(TKS) 출신(24세, 2019년12월 현재 서울대 재학 중)

A(편리상 호칭)는 일본 현지초등학교를 졸업한 뒤 도쿄한국학교 중고등학부를 졸업하였고, 현재 한국의 서울대에 재학 중이다. 필자가 이 글과 관련된 내용만 정리.

도쿄한국학교의 장점:
a. 대학에 입학하여 보니 재외국민커뮤니티가 교내에 존재하는데 그 중에서도 도쿄한국학교 출신들이 다른국가 출신자들보다 유대감이 돈독했다. 또 초중고등부가 붙어있는 특수학교로서도 쿄한국학교에 오래 다니면 다닐수록 마치 형제처럼 느껴지는 친근함을 느낄수 있기에 단순한 인맥으로 그치지 않는 관계 유지가능. 일본과 한국은 여러 정치적, 외교적갈등, 자연재해 등의 고난과 역경을 함께 겪고 극복해왔기에 유대감이 강해졌다고 할 수 있다.
b. 한국 국내출신 학생들은 다른 국가보다 가까운 위치의 일본을 친숙하게 느끼고 그 문화의 매력(음식, 예절 등)을 잘 알기에 일본 동포에게 큰 관심을 보이는데 나는 그럴 때 마다 도쿄한국학교 동문선배로서 잘 알려진 래퍼지코(우지호)나 래퍼페노메코(동욱)를 언급한다. 그 외의 저명한 선배님을 주제로 이야기꽃을 피울 수 있는 것도 큰 장점이라고 생각한다.
c. 교육시스템에 관해서는 일본과 한국 두 나라의 교육과정을 밟고 배울 수 있다는 점이 큰 장점이라 생각한다. 일본을 제외한 다른 나라의 재

외국민은 IB와 같은 대학모의 교육시스템으로 교육프로그램이 구성되어 이루어지는데, 그들은 한국의 교육과정을 이수하지 못한 채 한국의 대학에 입학하며, 주변의 재외동포출신 친구들 은 1학년 때 글쓰기나 말하기에 미숙하고 어색한 모습을 보이곤 했다. 해외한국학교 같은 경우는 대부분 영어를 공용어로 사용하는 나라이기 때문에 한국어와 영어를 배우는 반면 TKS(도쿄한국학교)에서는 3개 국어 기본어학교육을 실시하고 있기에 이 점도 우리 학교만의 장점이라 볼 수 있다.

d. 학업 외 활동(동아리, 구기대회, 문화제나 음악회 등)이 활성화 되어 있는 TKS 학생들은 한국의 대학에 진학 후에도 각종 동아리 활동을 통해 다양한 활동을 하는데, 새로이 배우는 것에 대한 거부감이 다른 학교 출신 학생들보다 덜한 것 같다.

e. 토요학교 보조교사 시스템(중고등학생이 토요학교 보조교사로 경험할 수 있다)이 있어서 수학교육을 전공하고 있는 본인로서는 큰 도움이 되었다.

도쿄한국학교의 단점 :

초·중·고등학생이 모두 하나의 운동장을 이용한다는 점이다. 성장하는 아이들의 에너지를 방출할 수 있는 충분한 공간이 필요하지 않을까?

2) B씨의 경우 : 도쿄한국학교(TKS) 출신(26세, 2019년12월 현재 직장인)

B는 초등학교는 일본학교 졸업. 도쿄한국학교 중등부에 입학, 고등학교까지 졸업 후 서울대에 유학. 졸업 후 현재 서울서 직장생활 중이다.

도쿄 한국학교의 장점 :

a. 가장 큰 장점은 한국과 일본 두 나라의 문화와 언어를 이해하고 사용할

수 있다는 점. 두 언어를 완벽하게 구사한다는 점을 주위가 부러워하고, 나의 가장 큰 장점이기도 하다.

b. 한국교육과정을 바탕으로 하며, 추가적으로 일본어와 영어수업을 했기 때문에 국제학교 출신 친구들보다는 졸업 후 한국의 대학에서 수업을 따라갈 때 비교적 수월했다. 중학교 입학 후 나처럼 일본학교에서 온 학생들은 放課後 보충수업을 통해 본 수업에 따라갈 수 있게 지도를 해주어서 큰 도움이 되었다.

c. 공부만을 강요하지 않는 적당한 교과 외 활동(토요일 동아리 활동 외, 매년 마라톤대회, 음악회, 문화제 등의 동아리 활동이 많았다)덕분에 한국에서 자란 친구들 보다 예체능을 잘하고 ,개인적으로도 동아리활동을 좋아하며 즐겼다. 사람에 따라서 평가도 다르겠지만, 우리학교 출신이라고 하면 어느 정도 사회성, 기획능력 리더쉽 등이 있다고 평가받는데, 아무래도 이런 활동을 통해 길러지지 않았을까 싶다.(동문의 유대감도 좋은 편)

d. 토요한글학교. 일본학교를 다니면서 한글을 배울 수 있는 기회가 많지 않은데 일주일에 한번 씩 한글학교에서 한글도 배우고 문화도 배웠던 것이 좋았다.

e. 외국에서 한국학교를 다닌 덕분에 정체성의 혼란도 덜 겪고 몇 몇 세세한 단점외에는 전반적으로 좋은 선택이었다.

도쿄한국학교의 단점 :

a. 전학생들에게 따라가기 힘든 교육과정
일본의 초등학교를 졸업하고 중학교부터 도쿄한국학교를 다닌 입장으로는 일본의 유토리교육 세대이므로 한국학교에 와서 영어를 따라가기가 힘들었다. 일본학교에서는 초등학교 1학년 때 한번 씩 영어회화 수업을 받았는데 비해 도쿄한국학교 초등학생은 원어민 담임선생님도 있고 과학수업을 원어민선생님이 science 과목으로 가르치기도 하였다. 꾸준히 초등학교 1학년부터 다녔다면 큰 효과가 있었겠지만 중도 입학자, 전학생의 경우에는 커리큘럼에 따라가기가 힘들었다. (그 해결책으로 영어 일본어 수학을 실력별로 나눈 분반수업을 했는데, 이것 또한 완전한 해결법은 아니었던 것 같다. 학원을 다니는 학생들이 처음에는 모두 상급반에서 수업을 듣는 듯 했지만 내신성적 관리를 위해 일부러 분반시험 때 성적을 낮게 받고 ,원래 실력보다 낮은 반으로 오는 친구들이 늘어났기 때문)

  b. 교사들의 교육방식 차이-
    · 모든 교사는 아니지만 내 경험에서 이야기 하자면 한국에서 파견온 교사들은 열정적으로 한국에서 가르치던 만큼 가르치려고 한다. 그러다가
      - 학생들이 못 따라 간다 싶어도 열정을 잃지 않고 노력하는 교사.
      - 노력하다가 기대치만큼 반응이 없을 경우, 그냥 학생들에게 맞춰가는 식으로 수업의 열정이 식고, 시험문제는 기출문제 나눠주고 거기서 몇 개 골라서 내는 교사도 있었다. (당시는 공부 안해도 되니 좋아했지만 그렇게 대충 배워서 대학가서 기초부터 다시 공부를 해야 했다.)
    · 일본에서 오래 살고 학교에도 장기간 근무 교사의 경우
      - 비교적 오래 가르친 경험의 패턴을 유지하며 가르치는 교사
      - 실력은 모르겠으나 발전도 없는 교사. 전공과목이 아닌데 가르치기도.(실제로 학원 다니는 학생은 모든 상급반에서 수업을 들었고 수업시간에는 학원숙제 하느라 바빴음.)
  c. 한국학교지만 일본에 있는 학교이기에 상황에 따라서 한국식 혹은 일본식 수업방식도(장단점)
    · 덧붙이는 말
    진학 후 대학이나 한국에서 공부하는 학생들의 현실도 파악할 수 있는 기회가 필요.

3) C씨의 경우: 조선학교(지방 유치부에서 중급부까지 다님. 2019년 현재 일본의 국립(대학법인)대학에 재학 중)

본인은 유치원부터 중학교까지 조선학교를 다녔다. 태어나서 가정에

서는 줄곧 일본어를 사용했고, 유치원이나 학교 안에서는 조선어를 사용했다.

조선학교에서는 자기 나라의 언어·문화와 더불어 일본에서 살아가기 위한 지식을 배운다. 예를 들면 국어로서의 조선어를 배우고, 일본어도 배운다. 역사나 지리는 조선과 일본 양쪽에 대해서 배운다. 동아리 활동으로는 조선무용부나 민족타악기부 등이 있고, 학생들은 민족의상을 입고 자기 나라의 문화를 즐긴다.

조선학교에는 교복이나 행사 등 다양한 특징이 있는데, 내가 생각하는 가장 큰 특징은 학생·교사·학부형과의 신뢰관계가 대단히 좋고, 친밀하다는 것이다. 조선학교는 현재 학생수도 감소하고 있고, 경영난 등으로 존속의 위기에 처해 있는 곳도 있다. 그러나 아이들의 귀중한 교육의 장을 지키기 위해 재일(동포) 커뮤니티에서 단결하여 연계하고 있다. 아이들을 교육시키는 교사들에 대한 신뢰나 학생과 교사와의 관계도 신뢰가 깊다. 학생들은 학년이 높아지고 재일 코리안의 역사를 점차 배워가면서 자신들의 존재, 그리고 조선학교에서 배우는 것이 당연하다는 것을 인식하게 된다.

내가 다닌 N조선초중급학교에 대해서 소개하자면 소재지 뿐 아니라 거리상 떨어진 지역에서 긴 시간을 들여서 통학하는 학생도 있다. 도쿄나 오사카에는 도도부현(都道府縣)에 몇 학교가 있지만 N현을 비롯한 지방 학교는 하나 밖에 없기에 그곳으로 아이들이 모이게 된다.

N학교는 도쿄 등의 도시에 비교하면 학생수가 적고, 각 학년에 5명 정도로, 유치원에서 중학교 까지의 전교 학생수를 합치면 60-70명 정도였다. 학생수가 적기에 학년을 의식하지 않고 서로 사이가 좋고, 자신의 담임 교사만이 아니라 모든 교사와의 관계를 소중히 하는 것이 큰 특징

이다. 소풍이나 캠프 등의 행사는 모든 학년이 공동으로 행하며, 반을 나눌 때도 학년이 틀린 학생들이 섞여 있기도 하다. 일본의 학교에 서는 그다지 있는 일이 아닐 것이다. 학생수가 적기 때문에 한 명 한 명의 활약이 크다. 간부가 해야 할 일은 거의 모든 학생들이 맡게 되고, 그 중에는 동아리 활동과 학생회장을 겸임하는 학생도 있다. 행사 준비 때도 한 사람 한 사람이 주체가 되어서 일을 맡는다. 한 사람이라도 없으면 안되는 일이 많다. 옆 사람을 자신처럼 생각하며 생각을 공유하며 장단점도 서로 정직하게 토로를 한다. 재일 코리안들이 자주 하는 말 중에 [모두는 한 사람을 위해서, 한 사람은 모두를 위해서]라는 말이 있다. 학생수가 적은 모교에서는 특히 이 말 처럼 분위기가 조성되어 있었다. 최근은 더 학생수가 감소되고 있고, 그 중에는 한 명뿐인 교실도 있다. 요 몇 년 동안 부속 유치원에서 행해진 졸업식에서 졸업한 유치원생은 한 명뿐이었다. 그러나 그 졸업식은 많은 참가자로 떠들썩했다. 왜일까? 그것은 인근의 재일코리안이 자기 아이처럼 졸업을 축하하러 모였기 때문이다. 자기 아이들처럼 주변 아이를 사랑하고 배려하며 함께 어우러져 사는 것이 N조선초급중학교를 중심으로 한N지역의 재일코리안들이다. 이 지역의 재일코리안은 일본 사회와의 거리를 없애기 위해 적극적으로 활동하고 있다. 그 방법의 하나로 일본인들에게 조선학교를 더 알아주길 바라는 마음에서 매년 학교에서 개최해 온 바자가 있다. 이 바자의 목적은 조선학교 운영자금을 모으는 것, 일본 사람들이 조선학교를 방문해 주기를 바라는 것이다. 이 바자를 통해 일본 사람들이 편하게 조선학교를 방문하여 물건을 구입하는 것 외에 조선요리나 학생들의 조선문화공연을 즐겨주는 것으로 보다 조선학교에 대한 친근감을 느낄 수 있게 된다. 이처럼 일본 사람과 재일코리안이 직접

접할 수 있는 기회는 이 시대에 중요한 일이다. TV 등의 뉴스 보도에서는 결코 느낄 수 없는 인적 교류는 진정한 상호이해를 자아낼 것이라고 생각한다.

조선학교에 다녔던 장점 :
　　내가 조선학교에 다녀서 가장 좋았던 것은 「내가 재일코리안이라는 자부심을 가질 수 있게 된 것」이다. 고등학교부터 일본의 학교에 다니기 시작했을 때도 재일동포라는 것을 속이지 않고 본명으로 다녔다. 모든 재일코리안이 재일동포임을 밝히지 않고 일본이름으로 지내는 경우도 많다. 나도 만약 조선학교에서 자신의 뿌리에 대해서 배우지 않고, 내가 왜 일본에 있는가, 그리고 내 정체성은 어디에 있는지를 명확히 알 수가 없었다면 틀림없이 재일동포라는 것을 이렇게 자신있게 이야기 할 수는 없었을 것이다. 규모는 작아도 나를 의식하게 만들어 주는 장소가 조선학교이다. 앞으로도 나는 나를 키워준 조선학교를 지키며 재일코리안임을 자부하며 가슴을 펴고 살아가려고 한다.

덧붙이는 말
　　조선학교의 가장 큰 역할은 「재일코리안의 커뮤니티의 거점」이 된다는 것이다. 운동회나 학예회, 바자 등이 개최될 때 마다 폭넓은 연대의 재일코리안이 학교에 모인다. 학생들의 공연을 보는 것 만이 아니라 서로의 근황을 이야기하거나 행사가 끝난 뒤에 바베큐(고기 구이, 야키니쿠)로 교류를 즐긴다. 조선학교가 사라진 지역에서는 재일코리안이 모일 기회가 사라졌다는 사례도 있다. 아이들의 교육의 장을 잃을 뿐만 아니라 커뮤니티의 연대 기회조차 위기에 있는 것이다. 이렇게 생각하니 역시 조선학교는 커뮤니티 연계에 있어서 중요한 역할을 하고 있고, 나 자신도 N조선초중급학교에 다니면서 재일코리안이 서로 깊은 유대감을 느꼈던 한 사람이다.

나가며 - 민족교육의 변화와 다문화공생사회로의 접근

이상으로 열강들에 의해 단절된 역사의 표상에서 거주국의 사회 구성원, 지역 주민으로 뿌리를 내리며 「재일동포」라는 일본 속 소수집단 문화를 오히려 이 시대의 강점으로 부각시키며 다문화공생사회 형성의 가능성을 높여온 재일동포를 위한 민족학교의 교육 상황 및 교과서, 교재의 변화를 고찰하여 보았다.

해방 전 재일동포의 대다수는 통치 지배국인 일본의 저소득층 노동자로서 소수약자 층의 위치에 있었기에 일본 국적자와의 차별 속에서 인권의 사각지대로 내몰려야 했다. 그렇기에 해방 후, 동포들은 경제적 성공을 꿈꾸며 조국과 민족에 대한 강한 집착으로 동포의 결속을 다졌고, 선진국 일본에서 치열한 경쟁을 통해 획득한 자산을 출연하여 남과 북 각각 체제를 달리하는 조국 발전에 헌신적으로 공헌했고, 그런 동포들을 결집하였던 조직이 민단과 조총련이었다. 해방 직후 결성된 조련이 격렬한 사상운동으로 기울고 북의 조선 지지를 선명히 하자 이와 거리를 두는 동포들은 1946년 거류민단을 결성했다. 1955년5월25일에 결성된 조총련은 GHQ와 일본 당국에 의해서 1949년에 강제 해체된 조련의 분산된 조직을 규합하여 북한의 재외공관역을 맡고, 조련 시절 김두용과 김천해 등의 사회주의 지식청년들이 기반을 닦았던 민족교육 프로세스를 조선학교 교육체제에 활용하게 된다. 1960-1970년대의 조선학교는 반미 반일 반제국주의의 입장에서 김일성주의를 찬양하는 북한의 교육 지침에 따라 편찬한 교과서를 사용하여 왔다. 그 교과서에서는 북한 정권 성립에 이르는 각 인물들의 혁명적 활동을 비롯하여 김일성주의 찬양, 김정일 체제 미화를 위한 내용이 강조되었고, 학교교육은 우상교육과 사상교육을 통해 민족과 조국에 대한 충성과 귀속을 중요시하게 되었다. 이러한 국가주의 교육의 전개는 반공주의에 입각한 민족과 조국을 지향하여 국민형성을 추구하는 한국계 학교에서도 볼 수 있었다. 조선학교와 한국학교의 체제를 우선하는 「민족교육」은 동포사회의 분열과 갈등, 경쟁을 심화시켰다. 한편, 이러한 갈등과 경쟁을 심화시키는 요인들은 각 국가체제의 유지를 위한 해외의 동력으로 크게 작용하였고, 일본과의 가교 역할[117] 및 동포사회 기반 형성의 저력이 되어 왔다.

그러나 동서냉전의 종식과 치열한 이념 대립의 완화, 사상적 체제적 갈등과 경쟁을 기억하던 1-2세대의 감소, 시대의 변천에 따른 일본 사회의 변화, 일본인과의 결혼과 일본 국적 취득자의 증가, 안정된 경제사회에서 태어난 3-5세 세대들의 자기 찾기로 인한 조직 이탈(민단도 조총련도 공통 현상)과 저출산 고령화 현상의 만연과 그에 따른 학생 및 학교 감소 등이 이어지면서 그러한 과제해결책의 하나로 교육 내용의 변화를 시도하게 되었다. 특히 재일동포들이 거류민에서 정주자가 되는 1991년 11월 1일에 공포된 입관법특례법시행(入管法特例法施行)[118]

---

117) 강제 병합 및 식민지통치 지배를 기억하고, 조련 혹은 민단 결성을 지지 혹은 협력해 왔던 일본의 지식청년층이 많았던 시대에는 한일, 조일 관계에 대한 이해력도 높아서 상호 관계 조율을 위한 물밑 외교를 통해 교류를 원활히 해 왔다.. 그러나 최근의 한일관계 악화에서 보듯이 당시를 기억하는 정치행정가의 부재와 미국식 엘리트 교육 혹은 미국에서 교육을 받은 외교관들에 의해 역사문제를 포함한 외교적 사안이 테이블 위에 바로 올라오는 협상 경향이므로 물밑 외교를 통해 상호 이해를 구축하던 한 단계의 노력이 없어진 만큼 외교관계도 경직상태로 이어지게 된 것이다. 예를 들면 츠시마(대마도)의 성심교린과 같은 유연한 물밑 조율의 외교법이 없다는 것도 한일외교가 얽혀진 이유라고 지적할 수 있다.
118) 日本国との平和条約に基づき日本の国籍を離脱した者等の出入国管理に関する特例法(平成3年法律第71号)

과 더불어 특별영주허가가 적용되면서 부터 조직이탈이 증가하게 된다. 그동안 [거류민-일시적 체제]라는 불안정한 입장에 놓여있던 동포들이 생활기반을 가진 지역의 주민이라는 의미를 부여 받게 되었고, 민단과 조총련 조직은 물론, 조직에 들어있지 않았던 재일동포들에게도 큰 영향을 미치게 된다. 이후 조총련이 1993년에, 민단이 1994년에 [거류]라는 호칭을 삭제하였다.

우상주의 혹은 체제주의의 실체를 자민족우월주의로 포장한 의식의 형성을 요구 받아온 재일동포들이 거주지역의 주민으로서 일본사회의 구성원이라는 자신들의 입장을 발견 혹은 확인할 수 있게 되었고, 자신들은 일본문화, 한국·조선문화, 그리고 재일동포문화를 지닌 트리플 문화인이라는 강점을 지니고 있다는 긍지를 갖게 되었다. [재일론]이 등장한 것이다. 조선학교의 2003년의 교육개편 혹은 한국계 학교의 교재에서도 그런 입장과 의식의 변화를 인정하게 된다. 그러한 변화를 확인하기 위해 이 글에서 한국학교 및 조선학교의 교과서 혹은 교재 속의 재일론이나 국민형성을 요구하는 내셔널리즘적 내용이 아닌 일본 사회의 구성원으로서의 재일동포의 존재를 일깨우는 내용의 출현을 찾아보려 한 것이다.

글로벌 다문화사회에 걸 맞는 동포문화를 강점으로 여기며 일본 사회의 구성원, 지역 주민으로서 지역사회와 더불어 사는 재일동포로서의 자각 등 [재일론]에 접근하는 교육 내용의 변화를 민족학교 교과서나 교재를 통해 확인하려 한 것이다. 그 결과, 우선, 결코 민족과 국가의 굴레에서 자유로울 수 없었던 1-2세들과 달리, [돌아갈 수 없는 조국]을 실감하면서 막연한 민족, 조국과 얽매어 놓으려는 정체성에 의문을 품고, 오히려 일본 거주지의 지역주민, 일본사회의 구성원으로서의 [자기

찾기를 추구하는 신세대의 존재가 부각하게 된다. [나는 재일동포뿐만 아니라 일본인을 포함한 글로벌 시민이 함께하는 커뮤니티의 일원이라는 의식이 분명해지면서 민단, 조총련이라는 임의단체에서 이탈하는 동포가 늘어났고 결과적으로 동포 커뮤니티의 거점이 되어왔던 민족학교의 약체화와 감소가 가속화되었다. 이러한 현실에 대응하기 위하여 재일동포를 위한 민족교육의 개혁, 특히, 교육용 교과서 및 교재 등 교육내용의 개편을 서두를 수밖에 없었다. 지금까지 부정적 시각에서 보아온 '재일론'을 인정 내지 적극적으로 수용하지 않으면 안 되었고, 다언어(특히 영어) 교육을 위한 커리큘럼을 개발해야만 했다. 또, 첨단과학, 정보 시스템을 갖춘 교육 공간을 갖출 필요가 높아졌다. 이러한 시대적 요구에 부응하여 한국학교도 조선학교도 변해왔다. 예컨대, 일본지역사회 알기의 학습 기회를 선택적으로 늘리며 세계인을 시야에 넣은 교과서, 교재 개발 등의 변화를 보여 온 것이다.

여담이지만 필자는 일본의 현장 교사나 교육위원회 파견 교사 등을 담당하는 교직대학원에서 다문화공생교육(어느 나라나 어느 지역에서도 살아갈 수 있는 glocal citizenship education)을 담당하는 입장에서, 그리고, 재일동포들의 정체성 찾기 사례를 연구하는 입장에서 이 주제를 선택하여 교과서 및 교재를 모아 왔다.[119]이는 배타적 사회에서 소수자의 이문화/타문화권 출신자들이 자신들의 정체성을 잃지 않고 거

---

119) 필자는2016년에는 한국학교의 학생 및 학교 관계자, 교사, 학부형 등 2217명에 달하는 설문 조사를 실시(심층 인터뷰 수 70명 포함)하여 한국학교의 민족교육 현황을 살펴본 적이 있고, 2018년에는 조선학교의 민족교육 현황에 대해서 학교 관계자 및 학생들, 학부형 인터뷰를 통해 민족교육 현황을 연구하여 재일동포재단에 보고서를 제출한 적이 있다. 2019년부터는 일본 문부성의 과학연구 과제로 다문화 공생교육의 사례로서 재일동포 민족교육의 변화와 일본의 다문화공생정책에 대해서 연구 진행 중에 있다.

주 지역의 주민으로서, 그리고 자신들의 출신 문화권과도 어떻게 이어지고, 어떤 민족 교육을 하여 다문화소유자가 되는지, 지구촌 글로컬 시민(세계인 혹은 국제인)적 교육을 어떻게 프로그래밍해야 하는지를 보는 사례로서 재일동포의 민족교육은 중요한 예가 된다. 물론 다언어를 구사하는 중국조선족 동포나 타 문화권에서 일본에 와서 정주하는 뉴커머(일계 브라질인, 남미 하와이 이주민 후손, 중국귀국자 후손, 경제 이주민 혹은 국제결혼자 커뮤니티, 난민인정을 받지 못한 채 거주중인 쿠루드민 등의 커뮤니티가 일본 각지에 형성되어져 있다)도 있으나 100년의 역사로 일본 사회의 다문화공생화 기반을 구축시키는데 영향력을 크게 미친 재일동포, 분열과 갈등 속에서 복잡 다양하게 이어져온 재일동포를 연구하는 것은 이 시대의 절대적 과제라고 해도 과언은 아니다. 필자는 글로벌 사회의 급격한 인구 이동의 증가 속에서 불가피해지고 있는 다문화공생사회의 현실을 받아들이며 기존의 체제를 위한 국민형성 교육이 아닌 현 거주지의 주민으로서 그 지역에 살면서 자신들의 뿌리도 기억하며 정체성을 찾아가는 재일동포들의 배경에 있는 변화의 하나가 된 [재일론]을 민족교육기관의 교과서 및 교재를 교육학적 사회학적 시각에서 분석을 시도했다. 보다 상세한 각 학교별 혹은 각 체제별 혹은 각 조직별 교육적 변화 내용에 관한 분석 고찰은 다음 기회로 미루었다. 재일동포에 대한 이해가 부족한 국내에 적어도 동포들이 일본에서 어떻게 자신들의 조국과 민족을 위하였고, 고도(孤島)에서 생활 기반을 형성하며 버텨왔는지, 그 배경에는 어떤 것들이 존재했는지를 알리려는 의도 때문에 개괄적인 기술이 된 점을 부인하기 어렵다. 이 글에서는 특히 다음과 같은 내용을 주시했다.

ㄱ. 일·미·중·소 강대국들에 의해 단절된 민족과 분단의 역사가 반영된
   재일동포사회
ㄴ. 일본 사회 속의 이념 대립과 한국계 조총련계 갈등 및 국가 체제를
   위한 민족 교육
ㄷ. 1세대 감소와 학령기 인구 감소와 시대 변화 속의 정체성 추구(자기
   찾기)
ㄹ. 일본 사회의 구성원, 지역 주민이자 재일동포 문화를 지닌 세계인 추
   구의 재일론
ㅁ. 강력한 국가 체제를 위한 민족교육에서 거주국 주민으로 세계를 넘나
   드는 국제(세계)인 만들기와 조국과 민족을 기억하는 자립 동포로 가
   교가 되어주길 기대하는 교육으로의 변화(재일론 인정)
ㅂ. 이념적 국민형성 교육의 완화와 귀화자 증가 및 학령기 아동 감소로
   인한 학교 유지 및 조직 이탈자 증가 방지를 위한 열린 학교로의 선회
   적 동향(학교 유지 강구책과 일본에서 살아가야 할 차세대 동포를 위
   한 교육)
ㅅ. 한국학교 및 조선학교의 교과서와 교재 내용에서 보는 교육의 변화
   고찰
ㅇ. 한국학교의 다언어 특화 및 수험 교육, 국제학교로의 변화
ㅈ. [조선적 동포 커뮤니티의 거점]으로서의 학교에서 [일본 지역 주민과
   의 교류의 거점화]를 추구하는 조선학교
ㅊ. 졸업생들이 말하는 도쿄한국학교 및 조선학교 장단점

또한, 1945년 이후의 민족교육을 통한 조국과 민족찾기 교육, 민족학
교의 생성의 역사 및 행보, 1955년 이후의 조선학교와 한국계 학교의
움직임과 특징, 민족교육의 변화(지역 및 학생 수 변화 포함) 등을 보다
구체적으로 고찰하여 관계자(재학생, 졸업생, 학부형, 교사, 교육관계
자 등)의 인터뷰 등으로 비교 고찰하는 것이 재일동포의 민족교육 총체
를 볼 수 있는 연구가 될 것이다. 단, 여기서는 한정된 상황 속에서 입수

한 교과서 및 교재를 통해 향후 과제를 위한 개관[槪觀]작업을 하였다고 할 수 있다.[120] 그리고 앞에서도 밝혔듯이 조선학교는 하나의 통일 교과서를 사용하기에 교과서가 고찰의 대상이 되었고, 한국계 학교는 1조학교는 일본의 교과서를, 도쿄한국학교가 한국의 재외한국학교 커리큘럼에 의한 국내용 교과서를 사용하고 있기에 한일 양국의 교과서보다 이 글의 독자가 국내 연구자임을 감안하여, 재일동포를 위한 동포교육에 영향을 미치는 교재들을 고찰 대상으로 하였다. 복잡한 상황일 얽혀진 동포들의 현실이 남북분단 민족임을 여실히 표출하지만, 교과서 혹은 교재 고찰을 통하여 시대적 변화를 볼 수 있었다. 무엇보다 이 연구 자체가 학술적 교육적 기초 연구의 일환이지만, 그만큼 한국사회가 한류문화 등으로 세계적 위상을 얻고 선진문화권에 들어 있다는 자신감 속에서 이념이란 테두리 보다 세계를 견인하는 국가로서 재외의 740만 동포력과 더불어 성장을 이루고 있다고 할 수 있다.

일본에 의한 강점으로 부터 100년의 역사를 이어온 재일동포들의 역사는 한민족이나 일본만의 역사가 아니라 지금도 분쟁과 분열로 갈등을 빚는 지구촌 사회에 중요한 공생의 역사적 사례이기도 하다. 즉, 이념 대립이나 분쟁, 전쟁으로 인한 분단, 갈등, 차별 등의 압박 속에서도 자신들의 체제 옹호적 교육에서 스스로의 정체성을 확립하며 재일동포로서 자립해 가는 변화는 괄목할 만한 사례라고 할 수 있다.

---

120) 필자가 『동의대 총서6 동아시아 마이너리티 사회와 타자표상』(2019, 135-207쪽)에서도 언급 했듯이, 조선학교는 일본 정부로부터의 지원이 없고, 지자체로부터 학생 개개인용으로 받는 약간의 지원과 적은 학사금, 학부형들의 지원 등으로 운영되는 각종학교이다. 일본의 교육법1조의 정규학교가 아니기에 한국 혹은 일본의 정규학교 교과서처럼 어디서나 쉽게 구입할 수 있는 것이 아니고, 아직도 이념적 긴장이 완화되지 못한 상황이기에 조선학교의 민족 교육을 고찰하기 위한 학교 방문이나 교과서 혹은 교재 연구에는 한계가 있었음을 지적해 둔다.

반면에 재일동포 차세대 교육은 과거 식민지 지배국이라는 특수 공간에서 이루어지고 있음을 고려해야 한다. 즉, 역사 문제나 외교 문제가 불거져서 고착상태나 마찰로 가게 되면 동포 사회의 생존권 위협으로 이어지기도 한다. 그렇기에 일본에서 거주하는 재일동포 이해를 위한 독자적인 교육 내용과 교과서 개발이 필요하며, 재일동포와 글로벌시대의 요구를 충분히 수렴하고 실천할 수 있는 양질의 교사 양성 프로그램 개발이 필요하고, 양질의 교사 확보를 위한 교사들 처우 개선과 균형 있는 연수 교육, 다문화공생교육[121]을 위한 동포 차세대 교육에 [뿌리 기억]이 들어간다면 보다 큰 세계를 제안할 수 있다. 실제 한국계 학교는 물론 조선학교 교사들의 처우는 일본의 공립학교에 비하면 현저히 낮다. 한국계 학교는 일본의 여느 공립학교보다 30%가 적고 조선학교의 경우는 더욱 열악한 편이다. 그렇기에 교사양성은 물론, 교사들의 대우를 생각할 수 있는 학교 운영이 과제가 되고 있다. 간과할 수 없는 현실이기에 이러한 운영면과 교사들의 열정, 그런 학교를 고향으로 생각하는 학생들의 정체성 찾기를 통해 총체적인 민족교육을 분석하기 위한 기초 작업이란 면에서 이 글을 제시하려고 한다.

[附記]
　이 글은 2006년에 필자가 재일한국인연구자단체로부터 의뢰를 받고 집필한 성시열·하동길 외(2010) 『교토·오사카와 함께하는 한국사』의 서평과 2018년 재외동포재단의 공동연구에서 교과서 연구를 맡았던 이수경과 권오정의 「조선학교의 교육 체계와 교육 내용」(정진성 외, 『조선학교 실태 파악을 위한 기

---

121) 「재일동포민족교육 '글로컬시티즌십' 육성 지향해야」 『연합뉴스』 2016년 11월 8일 자 보도.

초 조사』, 재외동포재단, 2019년1월에 보고서 제출, 보고집은 미발행), 2019년
7월 5일에 도쿄가쿠게이대학에서 개최한 국제공동학술발표회에서 발표한 「조
선학교 초급6학년 사회과 교과서에서 보는 일본과 재일한인」(『한중일 다문화
공생사회』,91-99쪽 참조), 2019년7월26일에 동의대학교에서 열린 국제학술심
포지엄에서 발표한 「Triple문화를 가진 재일한인[122]의 민족학교 교과서 속 [재
일론(在日論)] 고찰」(동의대학교 동아세아연구소 주관, 『재일동포의 민족교육
과 생활사』)을 일본어로 수정, 가필한 [在日コリアン学校の教科書にみる[在日
論の一考察](2020년1월 발간)의 내용 일부를 인용 및 참조, 총서7권용으로 대
폭 가필, 수정하여 정리한 것이다. 글의 성격상 기존 연구에서 인용했던 몇
몇 교과서 내용의 중복은 불가피했다.

참고로 이 글에 나오는 일부 인터뷰 및 자료 입수 등은 2019년도 문부성
학술연구의 과학연구비(연구과제번호; 19K02834, 학교교육부문 다문화공생
교육정책 관련) 지원에 의해 행해졌음을 밝혀둔다.

---

122) 「재일동포」「재일교포」「재일코리안」「재일한인」「재일한조인」「재일조선인」 등
다양한 호칭이 사용되고 있으나 이 글에서는 1991년 9월 17일에 대한민국과 조
선민주주의 인민공화국이란 국가별로 유엔 가입국이 된 분단국가의 나라 이름보
다 이 글을 읽는 대다수가 한국인임을 감안하여 한국에서 익숙한 용어인 한국,
남북한, 북한 등으로 표기하기로 한다. 또한 한국계 재일한인단체인 재일본대한
민국민단은 민단으로, 북측 해외공관 역할을 해 온 재일본조선인총련합회는 조
총련 혹은 총련으로 표기하였다.

제3장

일본 공립학교 민족학급 운동의 성과와
여건 변화에 대한 새로운 대응

김웅기(金雄基)

홍익대학교 상경대학 글로벌경영전공 조교수. 연구주제는 재일코리안과 대한민국 간의 관계성을 둘러싼 정치, 정책 연구다. 일본 中央大學 法學部 政治學科 졸업후 미국 Monterey Institute of International Studies에서 국제정책학 석사, 한국학중앙연구원 한국학대학원에서 정치학 박사학위를 취득했다. 현재 재외동포정책실무위원회 민간위원, 재외한인학회, 한일민족문제학회, 동국대학교 일본학연구소 편집위원, 오사카경제법과대학 아시아태평양연구소 객원연구원, OK배정장학재단 이사, 오사카 금강학원 이사 겸 평의원, 일반사단법인 코베 코리아교육문화센터 전문위원을 맡고 있다.

서 론 - 민족학급을 논하는 의미

이미 6세대까지 출현한 재일코리안[1]의 특수성은 「디아스포라적 이주 경위를 가진 유일한 한국국적 집단」이라는 표현으로 요약이 가능하다. 이는 거주국 일본에서 「무권리의 외국인」[2] 신분으로 묶여 권익신장 측면에서 한계가 있다는 점에서 비롯된다. 프랑스 거주 알제리아인 등 구 식민지 출신자들이 종주국에서 국적선택권을 부여받은 것과는 정반대로 제국 일본의 신민(臣民)이던 재일코리안은 국적선택 기회 없이 일본이 독립국의 지위를 회복하자마자 「비(非)일본인」임을 가리키는 외국인이 되고 말았다. 일본은 재일코리안을 외국인으로 규정함으로써 권리로부터 배제할 명분을 마련한 셈이다.

재일코리안이 이처럼 「무권리의 외국인」이 된 것은 국제정치와 역사

---

1) 본고에서는 일본에서 거주하는 한민족을 가리키는 여러 용어들 가운데 「재일코리안」을 사용하기로 한다. 다양함과 동시에 갈등적인 정치적 속성들을 아우르는 데 있어 최선(best)의 대안이기 때문이다. (최상〈most〉라고 주장하지는 않는다) 이때 「재일조선인」은 하부 영역 중 한 집단을 뜻하게 된다. 「재일조선인」이 역사적 존재, 즉 일제강점의 결과 일본으로 이주, 정착하게 된 한민족 디아스포라라는 의미로 사용되는 데 대해서는 필자도 동의하는 바다. 그러나 오늘날 남북분단이 엄존하고 조선민주주의인민공화국/재일본조선인총련합(총련) 지지라는 함의를 내포하고 있는 점 또한 부정할 수 없다. 한편, 「재일코리안」은 일본사회에서 갈수록 거세지고 있는 「북(조선) 때리기」를 회피하기 위해 총련계 인사들 스스로가 사용하는 경우도 찾아볼 수 있다. 이 같은 상황을 종합해 볼 때, 「재일조선인」을 총칭으로 사용할 것을 고집한다는 것은 일종의 정치적 선택으로 간주할 수 있다. 다만 전전 시기 및 총련 출범 이전 시기와 관련된 기술에 있어서는 본고에서도 「조선(인)」을 사용될 것이다.
2) 일본이 패전으로 독립국가로서의 지위를 잃게 되자 일본 거주 조선인의 지위는 권리는 권리로부터의 배제와 일본인과 동등한 의무 부여라는 애매한 지위에 놓이게 되었다. 그러다가 1952년 일본이 독립이 회복되자마자 국적선택 기회 없이 일방적으로 조선인의 일본국적이 박탈되어 권리 측면에서의 배제가 「외국인」, 즉 「비(非)일본인」이라는 점을 근거로 정당화되기 시작했다. 「무권리의 외국인」이란 같은 여건을 표현한 것이다.

의 영역에서 그 이유를 찾을 수 있다. 여기서 깊이 논의하지는 않겠지만 전후 동아시아 냉전체제 구축 과정에서 전쟁과 침략을 주도했던 세력의 복귀가 반공의 명분 아래 이루어진 이른바「역코스(reverse course)」와 밀접한 관계가 있다. 이 같은 추세는 일본으로 하여금 과거사로부터 면책시키고 아시아 국가들과의 관계를 전전(戰前) 시기와 동일하게 수직적이고 내려 보는 인식을 온존하게 하는 역할을 했다. 기득권층은 물론 점령체제가 하사(下賜)한 민주주의(given democracy)에 기반을 두는 일본사회로부터 자성을 기대하기란 이제 요원한 일이 되고 말았다.

구 종주국 일본에 거주하는 재일코리안에게 민족 정체성 회복이란 일제의 잔재(legacy of Imperial Japan)에 대한 저항이라는 함의가 섞여 있다. 따라서 이들이 사용하는 민족교육이라는 용어에는 한국사회에서 유통되는 사전적 정의로서의 그것과는 다른 함의가 있다는 점을 전제해야 한다. 한국의 민족교육이란 자명한 민족성을 바탕으로 집단의식을 키워나가기 위한 교육3)인데 반해 재일코리인의 그것은 민족성 자체를 되찾기 위한 것이다. 바꾸어 말하면 한국에서 민족교육이란「제로(0)로부터 플러스(+)로」이끌기 위한 것인데 반해 재일코리안에게는「마이너스(-)에서 제로(0)로」끌어올리기 위한 것이라고 할 수 있다. 민족성 말살과 동화가 목적이던 황민화교육으로 인해 해방 시점에서 이미 다수 존재했던 조선인 2세들은 우리말, 문화를 잃어버린 채 자라고 있었다. 이런 일본사회에서 멸시를 받는 아이들에게 긍지를 심어 준다는

---

3) 민족의식을 토대로 민족주의의 관념에 입각하여 민족문화만이 문화의 구체적·전체적인 생명체라고 보는 입장의 교육.『두산백과사전』, "민족교육." (2019년 10월 24일 검색)
https://www.doopedia.co.kr/doopedia/master/master.do?_method=view&MAS_IDX=101013000842521

것은 자신의 존재를 긍정할 수 있도록 뿌리 즉 민족을 배우는 일이었던 것이다. 이 문제는 70년 전이나 지금이나 해결되지 못한 채 오늘날까지 재일코리안 개개인과 일본사회에게 남아 있는 근본적 과제라고 할 수 있다.

한국으로 찾아오는 입양인들을 보면 알 수 있듯이 인간이란 자신의 뿌리가 아무리 초라하기 그지없다 할지라도 자신이 누군가를 알고 싶어 하는 존재다. 어찌 재일코리안이라고 이 같은 욕구가 없겠는가? 한국인의 눈에는 집단적이고 언어 소통이 가능한 가시적인 조선학교의 사례를 쉽게 떠올릴 수 있을 것이다. 국내 시민운동의 적극적인 역할 수행으로 조선학교의 사례는 이제 공중파에서 방영될 정도로 한국사회에서 인지가 상당부분 정립되었다고 해도 무방할 것이다. 그에 비해 오늘날 약 90%를 차지하는 것으로 추정되는 재일코리안 자녀들이 다니고 있는 곳이 일본 공립학교라는 사실에 대해 얼마나 많은 관심이 있을까하는 의문을 금할 수 없다. 남북이 공존한다는 특성 탓에 재일코리안사회에 정치적 다양성이 존재한다는 사실은 남이냐 북이냐 하는 지나친 이분법으로 재단되는 나머지 가려지기 때문이다.

조선학교의 기능이란 한민족으로서의 소양을 갖도록 민족교육을 제공해 줌과 동시에 북한식 국민교육 또한 제공하는 일이다. 이 점에 있어서는 한국정부가 인가한 일본 내 한국학교도 마찬가지다. 이로 인해 모국 정치에 휘말리기를 원하지 않은 재일코리안에게는 이들 민족학교(조선학교, 한국학교)가 자녀교육을 맡길 선택지가 될 수 없는 것이다. 또한, 민족학교는 그들이 일본사회에서 정착할 것을 전제하는 상황에서 상급학교 진학에 불리하다는 인식이 오래전부터 존재해 왔다. 게다가 빈곤층이 많았던 재일코리안에게 민족학교는 공립학교에 비해 비싼

학비 부담을 감당하기가 어려운 측면도 있다. 특히나 오늘날 일본 지자체 보조금 지원이 북일관계로 인해 끊긴 조선학교는 중산층 이상의 가정이 아니고서는 학비를 감당하기가 여간 힘든 일이 아니다. 이런 저런 이유로 대다수 재일코리안 자녀들은 지난 70년 동안 변함없이 일본 공립학교를 다니고 있는 것이다.

본고의 주제인 민족학급은 일본 공립학교에 오늘날 존재하는 유일한 민족교육 형태다. 「국제클럽」, 「국제이해학급」 등의 명칭이 행정적으로 사용되고는 있지만 민족학급이라는 용어는 재일코리안은 물론 관서지역의 일본 주류사회에서 널리 정착된 역사적 고유명사다.[4] 하여 본고에서는 민족학급을 사용하기로 한다.

민족학급을 고찰한다는 것은 일본 주류사회와 재일코리안 간의 관계를 타자 간의 그것이 아니라 같은 지역주민으로서 서로 부딪히며 공생관계로 이해하는 데 가장 적합한 사례가 될 것이다. 「무권리의 외국인」인 재일코리안이 공립학교 내 민족교육 기회를 확장하기 위해서는 일본사회에서 적극적으로 자신의 존재를 알리며 주류사회로부터 지지를 받아내지 않고서는 이루어질 수 없기 때문이다. 오늘날에 이르기까지 재일코리안들은 민족정체성을 숨기며 살아가는 경우가 대부분이므로

---

4) 본고 집필 시점에서 오사카 지방행정을 최대정당(오사카시: 83 의석 중 39의식, 오사카부: 88의석 중 50의석, 2019년 10월 말 시점)인 일본유신당(日本維新の會)은 자민당보다도 보수성향이 강한 정당으로 알려지고 있다. 외국인교육에 대한 개입의 일환으로 2018년도부터 「민족학급」이라는 호칭 자체를 사용할 것을 금지했다. 「국제클럽」, 「국제이해교실」 등의 명칭이 대신 사용되고 있지만 이를 보고 세계화라는 시대 변화에 대한 대응으로 간주한다는 것은 큰 오산이다. 일본유신당 창당자인 하시모토(橋下徹) 전 오사카시장은 재일코리안의 일본 체류자격인 특별영주자격 폐지를 주장한 인물이며, 재일코리안의 역사적 특수성 즉 일제강점으로 인한 구 식민지 출신자에게 더 이상 배려하지 말고 여타 외국인들과 같은 취급을 해야 한다고 주장하는 인물이다. 이 같은 일련의 움직임은 일본 역사수정주의의 맥락으로 이해해야 할 것이다.

일본 공립학교에서 민족교육을 요구해 나간다는 것은 자신의 정체성을 사회적으로 드러내야 하며 이는 곧 차별에 노출될 위험성과도 싸워야 한다는 것을 의미하기도 한다. 그러나 누군가가 어렵게 용기를 내면 이를 계기로 각 학교 안에 숨어 있던 재일코리안들이 서로 연대하기 시작하는 등 커뮤니티를 형성하는 계기가 되는 것도 사실이다. 특히나 외국인지문날인문제나 취업차별 등 제도적 차별문제가 어느 정도 해결을 본 현 상황에서 이제 민족교육은 재일코리안 총체가 결집할 수 있는 몇 안 되는 쟁점이 되고 있다. 따라서 민족학급을 둘러싼 움직임을 고찰함을 통해 재일코리안의 과거뿐만 아니라 현재적 과제에 대한 이해와 더불어 미래 방향성 또한 동시에 고민해 볼 수 있을 것이다.

2 민족학급이 걸어온 길

1) 쇠퇴와 재흥(再興)

1948년 GHQ/SCAP(연합군최고사령관총사령부)의 점령 하에서 일본 정부가 재일본조선인연맹(조련)계, 재일본조선인거류민단(민단)계를 막론하고 200곳 이상의 일본 내 조선인학교[5]를 폐쇄하기 위해 비상사태령을 내리자 조선인들은 거세게 항의하며 현장을 사수하려 했다. 경

---

5) 해방 직후 개설된 국어교습소 시절부터 1948년 한신교육투쟁과 이에 따른 폐쇄조치 때까지 운영되어 온 민족학교가 총칭이며, 오늘날 총련이 인사권을 쥐고 있는 조선학교와는 별도의 존재다.

찰력이 동원되는 가운데 사망자까지 낸 이 사건은 오늘날 한신교육투쟁(阪神教育鬪爭)이라고 불린다. 일본정부의 끈질긴 주장과 국제정세 변화에 따라 당초 조선인학교를 옹호할 자세를 보이던 GHQ/SCAP 측의 인식도 점차 부정적으로 변화해 갔다. 냉전체제 심화에 따라 조선인을 식민지 압정의 피해자로서 배려해야 할 대상으로 인식하는 것이 아니라 점차 공산주의와 연루된 단속의 대상으로 인식하기 시작한 것이다. 당시 일본정부의 조선인학교에 대한 인식은 다음과 같이 요약된다.

- 일본을 증오하는 태도를 기르는 곳
- 합법적으로 형성된 권력이나 민주적 정부에 거역하는 태도를 기르는 곳
- 정치적 공산주의를 조화·수용하는 태도를 기르는 곳
- 아이들을 하여금 광신(狂信)적으로 북조선정부에 대해 애국적이 되어 인공기를 향해 유일 충성을 맹세할 것을 가르치는 곳
- 합법적으로 설립된 한국정부가 미국의 엄격한 군사지배 하에 있는 괴뢰정권이라고 가르치는 곳[6]

조선인들은 비록 조선인학교 폐쇄를 막을 수는 없었지만 효고(兵庫)와 오사카(大阪) 각 지자체 지사로부터 공립학교 안에서 방과후에 주 1-2시간 민족어와 문화역사를 가르칠 수 있다는 내용이 포함된 「각서」를 받아냈다. 이를 근거로 설치된 것이 민족학급이며 1949년 33개 학급이 열렸다. 본고에서는 이 같은 경위로 개설된 민족학급을 양양일의 분류에 따라 각서민족학급으로 부르기로 한다.[7]

---

6) 藤原智子(2010)「占領期在日朝鮮人教育史: 山口縣に着目して」『教育史·比較教育論考』第20號, 11頁.
7) 梁陽日(2013)「大阪市公立學校における在日韓國·朝鮮人教育の課題と展望: 民族

이들 각서민족학급의 현장을 맡은 것이 민족강사들이며 비록 최하 수준이기는 하나 일본 정교사에 준하는 지위를 갖게 되었다. 그러나 일본 학교 안에서 일어나는 차별과 비협조 등 냉대를 견디다 못해 의욕을 잃거나 그만 두는 민족강사들이 적지 않았다. 김태은[8]은 이 같은 민족학급의 참상을 「알리바이」로서의 민족학급이라고 표현한 바 있는데 오사카 교육당국이 정년퇴임을 맞이한 민족강사들의 후임자를 채용하지 않아 1970년대 초에 이르러 각서민족학급 수는 11개[9]까지 감소하고 말았다. 일본 교육당국은 민족학급을 허용해 주는 시늉만 보이다가 자연 소멸시키려 했던 것이다.

이 같은 민족학급의 쇠퇴에는 또 다른 요인도 영향을 미쳤다. 그것은 오늘날 조련의 후신 재일본조선인총연합회(在日本朝鮮人總聯合會, 총련)가 운영하는 조선학교의 활성화다. 한신교육투쟁의 결과 탄생한 민족교육 형태로는 민족학급 외에 공립 조선인학교가 있었으며, 이는 민족학급과 마찬가지로 해방 이후 방치해 오던 조선인 자녀들을 일본 제도권 안에서 관리하겠다는 의지가 반영된 것이었다. 그러나 이들 공립 조선인학교 또한 쇠퇴하여 1966년까지 모두 폐지되고 말았다. 이런 조선인학교를 총련이 인수하여 운영하고 있는 것이 오늘날 일부 조선학교다.

그 시기에 일본 공립학교에서 그나마 이 문제에 관심을 가졌던 소수의 일교조(日敎組) 소속 교사들은 지원자 역할을 맡으면서 「민족학교

學級の敎育運動を手がかりに」『Core Ethics』第9號, 245-246頁.

8)　金兌恩(2006) 「公立學校における在日韓國·朝鮮人敎育の位置に関する社會學的考察: 大阪と京都における「民族學級」の事例から」『京都社會學年報』第14號, 25-26頁.

9) 송기찬(1998) 「민족교육과 재일동포 젊은 세대의 아이덴티티: 일본 오사카의 공립 초등학교 민족학급의 사례를 중심으로」, 한양대학교 대학원 석사논문.

문 앞까지(民族學校の門まで)」를 자신의 역할로 여겨 재일코리안 자녀와 보호자들에게 조선학교 진학을 적극적으로 권유했다.[10] 이에 따라 오사카부 내 조선학교 학생 수는 1953년 786명이었던 것이 1959년 2,302명, 1965년 2,961명으로 비약적으로 늘어난 것이다.[11]

이 같은 현상은 일본 공립학교가 재일코리안 학생들에게 좋은 여건을 마련해 주지 못하고 있다는 문제의식에 비롯된다. 대부분 일본 공립학교 교사들이 공유했던 재일코리안 학생들에 대한 부정적 인식과 일본사회의 속내는 1971년 오사카시립중학교장회가 펴낸「외국인자제의 실태와 문제점(外國人子弟の實態と問題點)」이라는 문서 속에 고스란히 담겨 있다. 그 일부를 인용해 보기로 한다.

- 일반적으로 이기적, 타산적, 순간적, 충동적인 언동이 많고 정서불안, 제멋대로의 행동, 행실이 나쁘며, 실천을 하지 않고 보여주기식 행동으로 나타난다
- 죄의식이 없고, 성적으로 조숙, 자기 방어적이며 상황을 모면하기 위한 거짓말도 서슴지 않게 하고 같은 잘못이나 지적이 반복된다
- 예의나 사회규범이 (일본인과) 다르며 기본적인 생활습관이 몸에 배어 있지 않다
- 능력이 있는 아동, 학생일수록 고등학생이 되면서 민족의식이 강해지며, 다른 아동, 학생, 교사를 비판적으로 보는 경향이 있다

이토록 부정적 인식이 팽배했던 교육현장의 여건 속에서 민족학급이 제공하는 주 1, 2시간에 불과한 수업만으로는 재일코리안 학생들의 정

---

10) 東京學藝大學 Korea硏究室(2016)『재일동포 민족교육 실태 심화조사 및 정책방향 제시』, 2015 재외동포재단 조사연구용역 보고서, 284쪽.
11) 金光敏(2016)「多文化共生のための教育はどこから學ぶべきか: 公教育における 在日朝鮮人民族敎育の起源」『抗路』第2號, 抗路社, 99頁.

체성을 기르는 데 역부족이었던 점에 대해서는 두 말 할 필요가 없을 것이다.

민족학급의 쇠퇴에 제동이 걸리기 시작한 직접적 계기는 1972년 7·4남북공동선언이다. 오사카시립 나가하시소학교(長橋小學校) 5학년 남인(南仁) 학생은 본명으로 학생회 선거에 출마하여 민족학급 개설을 공약으로 내걸었고 이를 보다 못한 학부모들이 민족학급 개설을 위해 오사카시 교육위원회(교육청)와 협상에 나섰다. 그러나 번번이 거부를 당해 교착상태에 빠지고 있었다. 이 와중에 7·4남북공동선언이 있었고 통일 기운이 고조된 가운데 민족학급 개설의 목소리가 한층 높아진 것이다.

협상의 교착상태를 타개한 것은 일본사회에 지금도 존재하는 부락해방동맹 등 부락민 차별에 맞서기 위한 당사자단체의 협상력이었다. 나가하시소학교는 부락민과 재일코리안의 다주지역이 공존하는 지역에 위치하며 부락해방교육이 일본에서도 가장 활발하게 추진되던 곳 중하나였다. 부락민 자녀들에게 일본정부가 지원하는 해방교육의 일환으로 방과후에 보충수업과 간식이 제공되는 데 대해 남인 학생이 「똑같이 차별받는데 왜 조선인만 보충수업을 받을 수 없냐」며 출마에 나선 것이다. 부락민단체는 같은 학부모 입장에서 지원에 나섰고 이들의 강한 협상력이 효과를 발휘하여 오사카시 교육위원회로부터 민족학급 설치 허가를 받아냈다. 민족학급이 개설된 기쁨은 다음과 같은 한 재일코리안 학생의 작문에서도 엿볼 수 있다.

민족학급이 생겼다
나도 가고 너도 가자
앞으로 배우게 될 조선어, 우리의 국어

남북대화가 시작했다

조선통일이 다가오고 있다

조선인으로서의 긍지를 가지고 힘을 내자

조선인 차별과 맞서자[12]

그러나 주오사카총영사관과 민단은 한국국적을 취득하지 않은 조선적
(朝鮮籍) 민족강사 제거와 한국 국민화교육 실시를 오사카 교육당국에
거세게 요구함에 따라[13] 나가하시소학교 민족학급은 개설된 지 한 달도
채 되지 않은 시점에서 중단되고 말았다. 이에 대해 부락해방운동 관계자
들이 민족학급 재개 지원에 나섰고 일본 언론들도 지지하기에 이르렀다.
일본사회에 한국 측 행태가 노출되자 더 이상 버텨내기가 어려워졌고
결국 민족학급 활동이 재개된 것이다. 결과적으로 이 같은 한국 측 행태
는 역설적으로 총련계가 민족교육운동에서 권위와 대표성을 일본사회에
서 인정받게 되는 계기를 마련해 준 셈이다. 박정혜(朴正惠)를 비롯한 총
련계 민족강사들을 중심으로 나가하시강사단(오늘날 오사카시강사단)이
구성되어 오사카시내 각지에서 새로이 민족학급을 개설하는 견인차 역
할을 담당했다. 총련 관계자들이 갖게 된 권위의 또 다른 원천은 이들이
무급 상태로 20년 동안 현장을 지켜왔다는 점에서 찾을 수 있다.

2) 민족협 결성과 성과

---

12) 大阪市立長橋小學校民族學級20周年事業実行委員會編(1992)『大阪市立長橋小學
校民族學級20周年記誌 ウリマルを返せ: 公立學校における民族敎育の歩み』, 大
阪市立長橋小學校.

13) 당시 주오사카총영사관과 민단은 일본 공교육 현장 안에 설치된 민족학급에서
"충량한 한국민을 키워야 한다"며 국민화교육을 요구했다. 남북한 정부의 합의
하에 고조된 통일 기조에 영향을 받아 재일코리안들이 독자적으로 동포사회 내부
의 통일 움직임을 보이자 한국 측이 이를 가로막은 것이다. 김웅기(2019) 「재일코
리안 민족교육을 둘러싼 정치성: 1970년대 자주민족학급의 사례를 중심으로」『일
본학』제48집, 12-16쪽 참조.

이리하여 다시 활성화된 민족학급은 여타 지역에도 영향을 미쳤다. 민단, 총련 양 측에 과 거리를 두는 재일코리안들의 움직임 또한 활발해졌다. 「민족교육을 추진하는 연락회(民族敎育を促進する連絡會)」나 「민족교육 문화센터(民族敎育文化センター)」 등 시민운동적 행태의 민족교육 지원단체들이 구성되어 각기 활동을 벌이기 시작했다. 1984년 12월 2일 「재일한국·조선인 아동·학생에게 민족교육의 보장을 요구하는 심포지엄(在日韓國·朝鮮人兒童·學生に民族敎育の保障を求めるシンポジウム)」을 계기로 이들 단체는 「모든 동포에게 민족교육을!」이라는 구호 아래 「민족교육을 촉진하는 협의회(民族敎育促進協議會, 민촉협)」를 결성하였고 후에 나가하시강사단도 합류했다. 심포지엄에서는 다음과 같은 내용이 논의되었다.

- 민족교육이란 본래 정규 교육체제를 갖춘 민족학교에서 추진되는 것이 바람직하다. 그러나 현 시점에서 민족학교에는 행정당국으로부터 여러 제약이 가해지고 있어 이로 인해 동포 아이들이 민족학교를 이탈하여 일본 학교를 다니고 있는 현상이 발생하고 있다.
- 따라서 민족교육의 제도보장을 위해서는 우선 민족학교에 대한 제약을 제거해 나가야 한다. 구체적으로는 각종학교로 인가받은 학교에 대해서는 사립학교와 동등한 지위가 보장되어야 하며, 사립학교로 인가받은 학교에 대해서는 교육커리큘럼 편성상 민족학교로서의 자주성이 존중되어야 한다.
- 또한, 동포 아이들의 80% 이상이 공립학교를 다니고 있다는 현실을 감안하여 아이들이 민족적 자각을 높이는 계기로 민족학급 등의 활동을 제도적으로 보장받아 민족교육을 교육과정 안에 자리매김하는 것이 필요하다.[14]

이 같은 주장은 민족교육이 민족학교에서 추진되는 것이 바람직하다는 전제 하에 일본 학교 안에서도 「민족과의 만남의 터전」인 민족학급 등의 활동을 긍정적으로 평가하여 일본 교육행정 당국에게 제도적 보장을 해 줄 책임이 있다는 점을 제시한 것으로 요약할 수 있다. 심포지엄 추진조직인 「재일한국·조선인아동·생도에 민족교육 보장을 촉구하는 실행위원회(在日韓國·朝鮮人兒童·生徒に民族教育の保障を求める実行委員會, 이하 실행위)」 명의로 오사카부 교육위원회에 요망서가 제출되었고 1985년 2월 5일 첫 번째 행정교섭이 이루어졌다. 재일코리안 민족교육운동 관계자와 일본 교육당국 간의 정기적 행정교섭의 시작이자 민촉협 활동의 출발점이다. 당시 요구사항은 다음과 같다.

- 동화(同化)정책의 반성에 입각하여 민족교육을 기본적 인권으로 인정한다.
- 민족학교에 일본 학교교육법에서 정하는 1조교 자격을 부여한다.
- 공립학교에 재적(在籍)하는 동포 아이들에게 「민족」을 접할 수 있는 기회를 일률적으로 부여한다.
- 각 지자체에서 외국인교육지침 책정, 구체화를 추진한다.
- 동포교원 채용을 추진한다.
- 일본 교육제도 안에 재일동포 민족교육을 포함시킨다.[15]

이들 요구를 공통적으로 뒷받침하는 개념은 민족교육권이라고 일컬어진다. "「민족」을 접할 수 있는 기회"라는 표현으로도 알 수 있듯이 민족교육권의 근간에는 한국어교육이나 국제이해교육 등만으로 영위

---

14) 民族教育促進協議會(1995) 『民促協10年史』, 民族教育促進協議會, 22-23頁.
15) 위의 책, 25-26쪽.

할 수 없는 「재일동포끼리의 긍정적 유대관계 형성」이나 「스스로의 역사에 대한 인식을 통한 뿌리 찾기」 등 재일코리안으로서의 독자성 찾기에 더 무게가 실려 있는 것을 알 수 있다. 이들에게는 재일코리안이라는 존재가 남북 분단국가와 일체화된 것이 아니라 독자적 존재로 인식되고 있는 것이다. 요컨대 민족교육이란 앞서 보았듯이 민족교육 현장에 남북 분단국가가 개입할 여지를 차단함으로써 정치적 중립이 담보된 재일코리안 나름의 정체성 형성을 위한 공간을 교육현장에서 확보하려는 의지로 이해할 수 있다.

재일코리안에 의한 행정교섭에 앞서 1986년 1월 29일에 있던 부락해방부민공토회의(部落解放府民共闘會議) 즉 부락민차별을 논의하는 행정교섭 석상에서도 민족학급 이해당사자인 민족강사, 학부모, 일본인 교원단체 등이 함께 목소리를 냈다. 자주민족학급 탄생 때와 마찬가지로 부락해방운동과 일본인 교사들의 공조가 이때도 있었다.

한편, 후임강사 채용문제와 관련된 오사카 교육당국과의 교섭에 있어서는 각서민족학급 민족강사를 오래 지낸 김용해(金容海) 민단오사카중앙본부 문교국장의 역할이 컸다. 김용해는 줄곧 민족교육과 인연을 맺어온 인물이며 민단, 총련 양측과 거리를 두고 있었다. 자체적으로 민족교육 인재를 육성할 체계를 갖추지 못하는 민단은 한국학교를 제외한 민족교육 관계자들로부터 크게 신뢰를 얻지 못하고 있는 측면을 부정하기가 어렵다. 그러나 후임 민족강사 채용문제처럼 일본 행정당국과의 공식적 협상에 있어서는 일본과 국교가 있는 대한민국을 대변하는 「공신력」에 따라 교섭을 맡아 존재감을 드러내는 것도 사실이다. 민단은 조직 밖에서 김용해를 영입하면서 교섭을 이끌어나갔다.

〈사진 1〉 민족학급 수업 현장 (우리집에 있는 우리나라)

출처: 필자 촬영

　민족강사 중에 총련계 출신들이 다수 포함되어 있는 민족학급 활동에 있어서는 이들과의 소통을 피할 수 없다. 그래서 민족교육 경험이 풍부하면서도 총련계가 아닌 김용해의 존재는 민단 입장에서 찾기 어려운 인물이었던 것이다. 그러나 군사독재 시절의 한국정부는 이 점을 알면서도 분단논리의 잣대로 재일코리안을 감시하려 했다. 김용해의 전기(傳記)에는 그가 민단에서 문교국장까지 지낸 인물임에도 한국 입국 시에 정보당국에 연행, 감금되어 모진 고문을 당했다는 내용이 기록되고 있다.16) 민족학급 활동을 벌이는 과정에서 총련계 인사들과 접촉

---

16) イルムの會(2011)『金ソンセンニム: 濟州を愛し民族敎育に生きた一世』, 新幹社 참조. 한국정부 및 주일공관의 행태는 재일코리안을 종속시킴으로써 남북 체제경쟁에서 우위를 차지하려 한 데 비롯된 것이었지만 되레 재일코리안을 하여금 남북 양측 국가에의 종속을 거부, 즉 나름의 정체성을 찾도록 하는 쪽으로 작용했다. 민족학급을 둘러싼 민족교육운동은 그 상징적인 사례다.

이 있었던 점이 트집 잡힌 것이다.

민족학급문제를 주관하는 민단오사카중앙본부 문교국장직을 수행하는 데 있어서는 보수성향[17]이 강한 조직인보다는 민족교육 현장을 잘 알고 누구와도 소통이 가능한 김용해와 같은 인재가 절실하게 필요하다. 도쿄 중앙본부와는 달리 정치적 성향보다 개인의 역량에 더 무게를 두는 이 같은 인사 관행은 오사카 특유의 합리성이기도 하고 민단이 남북 간의 정치적 중립이 대전제가 되는 민족학급 활동에 관여하기 위해 필요한 현실적 선택이기도 하다. 이 같은 오사카중앙본부의 독자성은 수도인 도쿄에 비해 한국정부의 간섭 정도가 상대적으로 낮다는 점에서도 그 이유를 찾을 수 있을 것이다. 요컨대 재일코리안사회 구성원들 간의 정치적 중립에 입각한 민촉협이 오사카 민족교육운동을 이끌며 일본과의 수교국인 대한민국을 등에 업은 민단은 그 공신력을 바탕으로 측면 지원 역할을 수행하는 구도가 묵시적으로 형성된 것이다.

앞서 언급한 후임강사 확보는 곧 각서민족학급의 존속을 의미했다. 이런 의미에서 후임강사 배치 요구는 민족학급의 당위성을 일본 학교 및 교육행정당국에 인정케 하는 투쟁이기도 했다. 또한, 후임강사 배정 요구는 각서민족학급에 그치지 않고 총련계를 중심으로 제도적 보장이

---

17) 재일코리안사회에 「총련/북한 지지」라는 정치적 선택지가 존재하기 때문에 「민단/한국 지지」이 보수성향 지지로 간주되는 경향이 있지만 이 같은 이분법에는 주의를 기울여야 할 것이다. 정치적 자유의 폭이 한국에 비해 상대적으로 넓었던 일본에는 한국보다 다양한 정치적 선택지가 있었고 이는 재일코리안 개개인에게도 큰 영향을 미치고 있었다. 현실적으로 볼 때, 민단, 총련 양측과 거리를 두는 재일코리안이 어느 한 측을 지지하는 이들보다 다수라는 것이 현실이다. 그러나 오늘날에 이르기까지 민단을 통해 재일코리안을 감시하려 하는 한국 측의 행정적 편의 논리 앞에 이 같은 사실이 가려지고 있다. 한국 학계 또한 이 같은 이분법에 안일하게 편승하여 논의를 진행하는 경향이 있다. 이 같은 행태는 재일코리안과 한국 간의 심리적 거리를 멀게 하는 요인으로 작용하고 있다고 볼 수 있다.

부재하여 경제적 어려움을 겪던 자주민주학급 민족강사들에 대한 처우 개선으로 이어지기도 했다. 이처럼 민족학급을 둘러싼 권익투쟁은 자연스럽게 남북의 정치적 장벽을 넘어서 민족교육 기회 확장이라는 재일코리안 공통의 목표 아래 추진된 것이다.

3월 말이 연도 말인 일본의 관행상 이때까지 후임강사 문제를 해결해야만 하는 상황이었다. 1986년 3월 25일 오사카부교육위원회는 다음과 같이 민촉협 측의 요구에 응답했다.

- 민족학급(오사카시)에 대해서는 1948년 각서를 전제로 그 존속을 인정한다.
- 민족강사의 정년퇴임에 따른 강사 후임에 대해 조치하겠다.
- 현 강사의 승인이 있을 경우 비상근촉탁원으로 계속해서 민족학급을 맡아줄 것을 부탁하고 싶다.
- 후임강사 조치로는 교육과정 외 활동이기는 하나 비상근강사를 충당하여 민족학급 담당을 부탁하고 싶다. 또한, 그 대가로 122,400엔(1일 3시간, 주 6일 기준)을 지급한다.
- 민족학급의 존속·발전에 대해서는 과거의 역사적 경위를 전제로 부교위(오사카부 교육위원회)로서 노력해 나가고자 한다.

비록 후임강사의 직급이 상근직이 아닌 비상근강사가 되어 신분보장 측면에서 후퇴했지만 각서민족학급 존속 자체는 성사된 것이다. 이를 계기로 점차 행정교섭의 쟁점이 현장을 맡는 민족강사들의 처우개선으로 옮겨갔고 상설기관인 사무국을 마련하여 행정교섭을 지속적으로 벌여 나가야 한다는 문제의식이 대두했다. 이로써 1986년 4월 민족교육을 촉진하는 연락회과 민족교육을 추진하는 모임이 먼저 합쳐서 민촉협이 결성된 다음, 민족교육문화센터가 합류했고 그 후에 박정혜가 이끄는 나가하시강사단도 참가하게 된 것이 민촉협 회장을 지낸 민족교육을 촉진하는 연락회 대표 곽정의(郭正義)의 설명이다.[18] 이로써 박정혜, 곽정의, 김광민(金光敏, 현 코리아NGO센터 사무국장), 김상문(金相文, 상근강사),[19] 정병채(鄭炳采, 현 민단오사카중앙본부 부단장) 등 재일코리안 민족교육을 최전방에서 지탱해온 인사들이 대동단결한 그야말로 통일 조직이 결성된 것이다.

민촉협은 각서민족강사의 후임자 등 민족강사 인재 확보와 이들의 지위 개선, 민족학급의 학급 수 증가 등 한때 고사 직전까지 내몰린 민족학급의 발전에 지대한 역할을 수행했다. 특히 1988년 9월에 오사카부 교육위원회가 민촉협의 요구를 수용하여 외국인교육에 대한 지침(在日韓國・朝鮮人問題に關する指導の指針)을 마련한 것은 괄목할만한 성과다. 왜냐하면 일본 교육행정 차원에서 최초로 재일외국인교육을 추진할 것을 공식적으로 밝혔기 때문이다. 이는 그동안 중앙정부에 의한 탄압 일변도의 정책기조 가운데 예외적 조치로 운영되어 오던 민족학급의 존재를 음지에서 양지로 올렸다는 것을 의미한다. 이 지침에는 다음 네 가지 조항이 포함되어 있었다.

---

18) 곽정의에 대한 인터뷰, 오사카, 2016년 7월 13일.
19) 상근강사란 일본국적이 없는 한국국적 재일코리안을 비롯한 외국국적 교사에게 주어지는 직함이며 정년이 보장되지만 관리직 승진이 불가능하다는 점이 특징이다. 1980년대 중반 한 재일코리안 대학생이 나가노현 교원채용시험에 합격했다가 문부성의 직권으로 취소되는 사건(이른바 양홍자사건)이 있은 후, 한일 정부 간의 협상을 통해 마련된 제도다. 한편, 일본국적 재일코리안의 경우, 정교사 즉 교유(教諭)가 될 수 있는 것은 당연하다. 이들을 가리키며 관서지역 교육계에서는「루츠(roots)교원」이라고 부르고 있다. 정확한 통계는 없으나 곽정의, 김광민 등의 증언을 종합해 보면 오사카시를 포함하는 오사카부에 400명 정도가 있으며, 절반이 한국국적, 나머지 절반이 일본국적이라고 한다. 이들에게는 민족학급의 협조자 역할이 기대되고 있으나 차별이 두려워 자신의 정체성을 숨기며 교사생활을 하는 경우가 적지 않아 이들을 수면 위로 올리기 위한 네트워크화사업이 필요한 상황이다. 김상문은 루츠교원 1세대의 대표적인 인물이라고 할 수 있다.

1. 모든 아동·생도에 대해 재일한국·조선인 아동·생도가 재적(在籍)하
   게 된 역사적 경위나 사회적 배경을 올바르게 인식시킴과 동시에
   조선반도 문화나 역사에 대해 이해를 깊이 하도록 노력할 것
2. 재일한국·조선인 아동·생도가 본명(本名)을 사용한다는 것은 본인
   의 아이덴티티 확립과 연관되는 일이다. 학교에서는 모든 사람이 서
   로 차이를 인정하며, 함께 살아가는 사회를 구축할 것을 목표로 하
   여 재일한국·조선인 아동·생도의 실태 파악에 노력하며, 이들 아동·
   생도가 자신의 긍지와 자각을 높여 본명을 사용할 수 있도록 지도해
   나가는 데 노력할 것
3. 재일한국·조선인 아동·생도가 장래 진로를 스스로 선택하며 자기실
   현을 할 수 있도록 진로지도 충실을 도모함과 더불어 관계 여러 기
   관들과의 연계를 긴밀히 하여 적절한 지도에 노력할 것
4. 재일한국·조선인문제의 지도 추진을 도모하기 위하여 교직원연수
   내실화에 노력 할 것[20]

이들 조항으로부터는 민족학급의 존재의의를 읽어낼 수 있다. 여기
서는 이와 관련하여 실제로 민족학급의 존재가 「공식화」되면 공립학교
현장에서 얼마나 큰 변화를 일어나는지에 대해 각 조항과 관련시켜 살
펴보고자 한다.

1항과 4항은 일본사회에 재일코리안의 존재를 인지시키는 일로 이어
지는 조항들이다. 재일코리안이 어떻게 일본에 정착하게 되었는지 즉
일제강점의 결과에 따른 역사적 존재라는 사실을 배우도록 한다는 것
이다. 현대사 교육이 제대로 이루어지지 않는 일본에서 각 일선 학교에
있는 민족학급은 그 존재 자체가 일본인 학생, 교직원들에게 살아 있는
역사교재로서의 역할을 수행하고 있는 것이다.

---

20) 大阪府(1988) 「在日韓國·朝鮮人問題に關する指導の指針」.
   http://www.pref.osaka.lg.jp/kotogakko/seishi/zainichi-sisin.html (2019년 10월 20일 검색)

〈사진 2〉 오사카시내 한 초등학교의 급식 (비빔밥)

출처: 大阪教育大學附屬天王寺小學校 HP
http://www.tennoji-e.oku.ed.jp/school_life/3495

　재일코리안 학생들을 민족학급 활동에 참여하도록 이끄는 것은 일본인 교사들의 몫이며 이들이 보호자들을 설득하는 경우도 적지 않다. 재일코리안 학생을 담임으로 맡고 있는 교사들이 민족학급 수업을 민족강사와 함께 지도하는 경우도 갈수록 흔한 일이 되었고 각 학교에서는 교내 보직으로 「가이탄(外擔)」이라고 불리는 외국인학생담당 교사가 민족학급이 없는 학교를 포함하여 배치되고 있다. 적지 않은 교원들이 1박 2일 일정으로 열리는 여름캠프(하기학교)에 인솔자로 재일코리안 학생 그리고 학부모들과 함께 참가하기도 한다.

　한편, 민족학급에서 배운 전통악기 연주나 연극 등을 일본인 학생들 앞에서 피력하는 기회가 있는데 전교 행사로 운영되는 경우도 적지 않다. 같은 반 친구가 민족학급에서 배운 기량을 발표하는 자리에서 일본인 학생들이 응원해 주거나 재일코리안 학생이 적은 학교에서는 일본인 교사나 학생들이 우리나라 악기를 배워 함께 연주에 참여하는 경우

도 찾아볼 수 있다. 이 연장선상에 있는 것이 학교급식이다. 영양사가
비빔밥 등을 배워서 제공하는 사례도 적지 않다.

어떤 지자체에서는 아예 명칭 자체가 일본식 발음으로「チュギハッ
キョ(추기학교)」인 국제이해교육 프로그램이 해마다 개최되고 있다.
여러 학교 학생들이 한 자리에 모여 외국에 뿌리가 있는 학생들 뿐만 아니
라 일본인 학생들도 함께 한반도를 가리키는「ウリナラ(우리나라)」[21]
를 포함한 외국인 학생들의 출신국에 대해 배우고 있다. 또한, 최근에
두드러진 현상으로는 다른 외국에 뿌리를 가진 학생들도 민족학급에
참여하는 사례가 늘고 있다는 것이다. 비록 자신의 뿌리를 직접적으로
배울 기회가 적기는 하지만 그래도 외국에 뿌리가 있는 학생들끼리 모
이는 공간이 확보된다는 것 자체가 중첩적인 정체성을 기르는 데 도움
을 주기 때문이다. 또한, 외국인 인구 구성의 변화를 반영하여 점차 중
국, 필리핀 출신 학생들을 위한 민족학급이 개설되는 사례도 늘고 있다.
참고로 중국에 뿌리가 있는 학생을 담당하는 중국계 민족강사의 교실
내 호칭은「선생님」이 아니라「라오쉬(老師)」다.

---

21) 민족학급 현장에서는 조국을 가리키는 말로「한국」또는「조선」이 아니라 통일과
남북한 간의 정치적 중립이라는 함의가 담긴「ウリナラ(우리나라)」가 사용되고
있다. 특히 총련계 민족강사들과 공존해야 하는 민족학급에서는 이 점에 각별히
신경을 쓰고 있다. 1972년 7·4남북공동선언 이후 총련계에 의해 민족학급이 크게
발전하는 계기가 마련되었다는 측면이 있어 이들의 존재를 무시할 수 없기 때문이
기도 하다. 국가명을 부를 필요성이 있을 경우에는「한국·조선」처럼 병기하여 사
용하는 것이 일반적이다.

〈사진 3〉 전교행사로 실시되는 민족학급 발표회

출처: 필자 촬영

  2항은 현재도 마찬가지지만 약 90%의 재일코리안 학생들이 차별이 두려워 한민족 정체성이 숨기기 위해 사용하고 있는 일본 이름(통명)이 아니라 본명(민족명)을 사용할 수 있도록 학교 차원에서 독려하겠다는 내용이다. 민족강사와 일본인 교사들이 본명을 사용하는 의의를 설명하며 학생과 보호자를 설득하는 과정을 거쳐 학생 본인이 본명 사용을 결심하게 되면 전교집회 자리나 반모임 등에서 이른바 「본명선언」을 하게 하는 것이 일반적인 과정이라 할 수 있다. 이 같은 방식은 부락해방운동의 「부락선언」과 흡사하다는 점에 주의를 기울일 필요성이 있다. 앞서 거론한 나가하시소학교의 사례에서도 보다시피 부락해방운동과 재일코리안 민족교육운동 간의 연동성이 있기 때문이다. 본명선언이나 행정교섭 등은 부락해방운동의 운동방식이다. 양자 간의 연관성에 대해서는 향후 세밀하게 검토해 볼 필요성이 있을 것이다.

〈사진 4〉 추기학교에서 장구를 배우는 일본 초등학생들

출처: 『民團新聞』, 2013年11月20日

3항은 재일코리안 학생들에 대한 취업차별과 관련된 조항이다. 중·고에서 이루어지는 취업지도에서 재일코리안 학생들은 오랫동안 소외되어 왔기 때문이다. 그 근본적인 이유에는 고용기회를 제공하는 기업 측에 의한 뿌리 깊은 취업차별에 있다. 1980년대까지만 해도 대부분 교사들은 재일코리안 학생들을 지도해 봐야 소용없을 것이라는 인식이 지배적이었으며 기업 측을 설득하는 일에도 소극적이었다. 교사들에게 재일코리안 학생들의 진로지도에 책임을 지게 한다는 것은 더 이상 교사들이 차별을 방관할 수 없게 한다는 것을 의미한다. 실제로 이 시기부터 취업차별의 벽이 점차 허물어지기 시작했다. 이처럼 제도권 안에서 민족교육의 존재를 공식화한다는 것은 교육현장에 그치지 않고 일본사회 전반에 팽배하는 재일코리안에 대한 차별 수위를 낮추는 데 지대한 기여를 해오고 있는 것이다.

이처럼 민족학급의 존재는 일본 제도권 안에서 사회전반에 걸쳐 긍

정적인 변화를 일으킬 수 있는 역할을 담당하고 있다. 그래서 더더욱 변화를 원하지 않는 일본 교육당국 측이 선제적으로 민족학급을 개설하는 일이 없고 오로지 변화를 원하는 재일코리안 측의 요구가 있어야만 하는 구도로 유지되고 있는 것이다. 이와 관련하여 자신도 어릴 때 민족학급에서 배우다가 성인이 돼서 자신의 자녀들을 위해 혼자서 민족학급 개설을 학교관계자를 요구하며 성사시킨 학부모 나성민(가명)은 이와 관련하여 다음과 같이 말한다.

> 필　자: 민족학급이 (학교 안에) 있으면 (없는 것과 비교해서) 어떤 점이 다를까요?
>
> 나성민: 완전히 달라져요. 모두가 움직이지 않을 수 없게 되거든요. (민족학급이라는) 공간이 생긴다는 말이에요. 일본인 선생님들도 모두 달라져요. 학교 전체가 달라지거든요. 있으면 민족차별을 절대 할 수 없게 돼요. 학교 안에 민족학급이 있다는 것은 차별을 용납하지 않겠다는 것을 의미하게 되거든요. 그런 징표와도 같은 것이라고 할 수 있겠지요.
>
> 필　자: 안전장치와 같은 거네요.
>
> 나성민: 존재하는 것 자체에 의미가 있는 거예요. 이 이상은 아무 것도 기대하지도 않아요. 있는 것만으로도 충분해요. 학교 선생님이 그 존재가 있으면 과제를 짊어지게 되는 거잖아요.
>
> 필　자: 아무리 질이 안 좋은 민족강사가 온다고 해도 낫다는 거네요?
>
> 나성민: 없으면 제로!
>
> 필　자: 그럼 양적으로 늘기만 해도 의미가 있는 거네요.
>
> 나성민: 의무교육이라는 건 지역에 아이가 있다면 학교를 세워야 하는 거잖아요. 이와 마찬가지로 지역에 재일코리안 아이들이 있으니 민족학급을 세워나간다. 이게 교육이에요.
>
> 필　자: 단 한 명이라도?

나성민: 단 한 명이라도. 그래서 나는 (민족학급을) 열게 한 거예요.[22)]

강조하자면 구 종주국 일본에서 재일코리안이 자신의 존재를 드러내며 정체성을 찾고자 하는 실천의 징표인 민족학급의 존재는 일본사회를 변화시키는 역할을 수행하고 있는 것을 알 수 있다. 공립학교는 어디까지나 국민화 교육을 위한 기관이라는 입장을 고수해 온 일본 교육당국 입장에서는 민족학급 개설에 인색할 수밖에 없는 것 또한 사실이다. 그러나 최근 들어 외국인 인구 증가와 다국적화의 대응책 마련이 시급해진 상황에서 그동안 도외시되어 왔던 민족학급의 존재는 외국에 뿌리가 있는 학생들의 중첩적 정체성을 함양하기 위한 다문화교육 체계 마련에 있어 좋은 선례가 되며 많은 시사를 줄 것으로 기대해 볼 수 있다. 이 같은 맥락에서도 민족학급을 둘러싼 재일코리안 민족교육운동은 남다른 의미를 지니고 있다고 할 수 있을 것이다.[23)] 민족협의 활동과 성과는 이 같은 맥락에서도 일본의 외국인교육뿐만 아니라 공교육 전반, 더 나아가서는 사회적으로도 큰 파급효과[24)]를 가져다주었다고 평가할 수 있다.

---

22) 나성민(가명)에 대한 인터뷰, 오사카, 2016년 7월 15일.
23) 민족학급을 마치 여타 국가에서 재외동포 차세대를 대상으로 전개되고 있는 한글교실과 유사한 것으로 인식하려는 경향에 대해 필자는 심각한 우려를 느끼지 않을 수 없다. 시민권적 인격권을 보장 또는 배려 받을 수 있는 국가에서 추진되는 정체성교육(heritage education)과 저항 및 투쟁의 결과로 간신히 얻어낸 기회인 민족학급을 동일시하려는 것은 그야말로 "역사를 잊은 민족에 미래가 없다"고 할 수밖에 없을 것이다. 이 같은 몰이해에 비롯된 인식은 일본 역사수정주의를 비판해 놓고서도 이에 도움을 주고 있는 것으로 이해할 수 있다.
24) 한국정부는 공공외교를 펼치느라 갈수록 거액의 예산을 투입하여 국가 이미지 제고를 위해 각종 이벤트나 홍보활동을 펼치고 있지만 어디까지나 외연에서의 활동에 그친다는 한계를 지니고 있다. 그럴수록 일본 제도권 안에 존재하며 지역사회에 뿌리 내린 민족학급의 역할에 주목해 보아야 할 것이다. 다만 노골적으로 개입하게 되면 일본 측으로부터 내정간섭이라는 비판을 받을 소지가 상존한다는 점에 유의해야 한다. 선의의「지원」이라 할지라도 그것이 재일코리안사회에 어떠한 영향을 미칠지 세심한 정치적 고려가 선결되어야 것이다.

재일코리안사회 역사상 민촉협 운동은 개개인이 정치적 입장을 뛰어넘어 대동단결하여 실천과 성과를 거둔 거의 유일한 사례라고 할 수 있다. 민촉협의 정치적 의의는 재일코리안사회 총체에 공익(公益) 개념을 가져다주는 역할을 했다는 점을 들 수 있다. 분단 상태가 상존하는 재일코리안사회 내부에서 각기 지지하는 국가의 주장과 이익에 순종한다는 것은 아무리 그 내용이 정당한 것이라 할지라도 결국 분단국가 어느 한 측을 대변하는 조직의 이익으로 이어지는 것이며, 이는 결국 개인의 신조에 따른 사익(私益) 추구의 영역에 머물게 된다. 따라서 재일코리안사회에서 공익을 실현시키기 위해서는 정치적 이념 차이가 존재한다는 사실에 입각하여 서로 단결을 이룬 상태에서 공통의 이익을 모색하는 과정이 필요한 것이다. 민촉협 운동은 이 점에서 매우 값진 성과이자 선례라 할 수 있는 것이다.

3) 민촉협 해산 후

민촉협의 열정적인 활동으로 당초 목표인 민족강사들의 신분보장과 처우개선에서 일정 수준의 성과를 거둘 수 있었다. 이와 더불어 민촉협은 민족학급 수의 증가를 목표로 설정하여 교육행정 당국과의 교섭을 벌여나갔다. 교섭 대상은 당초 오사카부 교육위원회(교육청)였지만 점차 각 시 단위 교육위원회로 확대되어 갔다.

이 시기 즉 1980-90년대 초반까지는 일본이 버블경제로 국력이 절정에 달하고 있었다. 비록 일본식 가치관을 고집한 형태이기는 하지만 이 시기에는 일본사회 전반에 국제화(internationalization) 기조가 자리 잡고 있었던 것은 사실이다. 민촉협 운동이 많은 성과를 거둘 수 있었던 이면에는 국력신장에 자신감을 얻은 행정 측의 수용적 태도가 적지 않게 작용했을 것으로 보여진다. 최근 일본 우경화 현상을 고려해 보면 격세지감이다.

또한, 1991년 한일 정부 간 재일한국인 3세의 법적지위 협상 과정에서 민족교육권이 논의 대상이 된 것도 긍정적인 영향을 미쳤다. 1991년에 채결된 협정 중 제3조 제1항에는 「일본사회에서 한국어 등 민족 전통 및 문화를 보지(保持)하고 싶다는 재일한국인사회의 희망을 이해하며, 현재 지방자치체의 판단에 따라 과외(정규수업 외라는 뜻)로 추진되고 있는 한국어나 한국문화 등의 학습이 앞으로도 지장 없이 이루어지도록 일본정부로서 배려한다」는 내용이 포함되었다. 이와 관련해서는 민촉협이나 민단 관계자들의 요구에 따라 한국정부가 요구하게 되었다는 경위가 있다.[25] 한국 측이 이 같은 협상의 당사자가 된 것은 앞서 본 바와 같은 1970년대의 색깔론을 앞세운 통제 일변도의 재일코리안정책과는 정반대의 방향이다. 당시 북한과의 경쟁에서 우위가 다져진 한국 측의 여유를 엿볼 수 있는 대목이다.

3 민족학급의 현재적 과제

여기서는 여건 변화에 따라 현재 그리고 앞으로 민족학급이 어떻게 변화해 나가야 할지와 관련하여 새롭게 필요성이 대두되고 있는 교육적 영역을 중심으로 논의해 보기로 한다. 이에 앞서 민족학급을 둘러

---

25) 김광민에 대한 인터뷰, 오사카, 2016년 7월 16일.

싼 최근 사회적 여건이 어떻게 형성되어 왔는지에 대해 정리해 두고자한다.

우연인지 아닐지는 알 수 없지만 민족학급 이해당사자들 간의 갈등적 공생이 시작된 것은 일본경제가 절정에 달하던 버블경기가 종식되는 시점과 동일 시기와 일치하다. 일본사회가 「잃어버린 20년」이라는 표현으로 상징되는 쇠퇴기에 소자고령화(少子高齡化) 문제가 논의되기 시작했으며 2011년 3월 동일본대지진이 발생하여 나라 전체가 자신감을 잃어버린 상태에 빠졌다. 2012년 12월 일본국민은 2012년 12월 자민당 안에서도 강경 우파에 속하는 아베 신조(安倍晋三)가 총리로 임명되자 일본국민은 그가 외치는 「일본을 되찾는다(日本を, 取り戻す)」라는 구호 아래 추진된 아베노믹스에 희망을 걸었다.

우경화가 거세지는 가운데 아베 징권은 북한과 중국, 이어서 한국을 적대시하기 시작했다. 2012년 이명박 전 대통령의 독도상륙과 천황(일왕)비하 발언은 혐한(嫌韓)의 도화선이 되었다. 「일본에서 한국·조선인에 대한 인종적 우월사상은 예로부터 존재했으며, 이를 유포하는 징조는 기회가 있을 때마다 표출된다」[26]는 일본변호사연합회(日本辯護士聯合會, 일변련)의 의견서는 2009년 인종차별철폐조약에 따른 UN의 국가심사에서 제출된 것이었지만 그 우려가 현실이 된 것이다. 기존의 차별문제가 해결되지도 않은 채 재일코리안은 새로이 부각된 국가 간 대립의 총알받이가 되기 시작했다. 2013년 한 해 동안 확인된 혐한시위만 365회에 이르렀고 극우세력은 재일코리안의 역사적 경위에 따라 마련된 특별영주자격[27]을 비롯한 각종 제도를 「재일특권(在日特權)」이라며

---

26) 日本辯護士聯合會(2009.6.) 「人種差別撤廃条約に基づき提出された第3回·第4回·第5回·第6回日本政府報告書に対する日本辯護士聯合會報告書」.

혐오를 선동하고 있다.

이 같은 우경화 현상은 민족학급 활동에도 지대한 악영향을 미치고 있다. "일본인 세금으로 왜 조선인 정체성을 공립학교 안에서 가르쳐야 하냐"는 식의 비판은 언제나 있어왔지만 혐한 분위기가 고조되면서 한층 거세졌다. 이 같은 비판을 온라인 공간에서 제기하며 일선 학교나 교육위원회에 항의전화를 하도록 선동하는 행위는 2012년에 본격화된 혐한 현상 이후 두드러졌다. 〈자료 1〉은 오사카 시내 한 공립소학교 교장 명의로 전체 보호자들에게 발송된 「2013년도「민족학급·국제이해 학급」시무식 안내」라는 가정통신문이다.[28] 항의자는 자신의 블로그[29]에서 원호(元號)가 아니라 「2013년」이라는 서력을 쓴 것을 비판하며 민족학급 활동을 「반일」교육으로 매도한다. 그의 블로그 내용을 다소 길지만 인용해 보기로 한다. 일본사회에 팽배하는 넷우익(ネトウヨ)들의 광기어린 사고를 엿볼 수 있을 것이다.

---

27) 1991년 한일 정부 간의 재일한국인 3세 법적문제 논의에 따라 1965년 한일협정에 따라 규정된 기존의 협정영주자격을 개편한 제도다. 구 식민지 출신인 한국국적, 조선적(朝鮮籍, 북한국적이 아니라 일제강점 이전의 통일된 한반도 출신자라는 뜻) 재일코리안과 대만인 등 일본 식민지 지배와 연관된 이주자들이 이 자격의 대상이 된다. 특별영주자격 소지자의 자녀는 출생으로 이 자격을 취득할 수 있는 점이 특징이며, 본인의 신청이 있어야만 취득이 가능한 일반적인 영주자격과는 성격이 다르다. 특별영주자격이 존재하는 일 자체가 일제강점이라는 역사적 사실을 일본정부가 인정한 증거다. 이 같은 특성을 지니고 있는 특별영주자격을 놓고 여타 외국인에 비해 부당한 「특권」을 누리고 있다는 것이 재일특권을 용납하지 않은 시민모임(在日特権を許さない市民の会, 재특회) 등 넷우익(ネトウヨ) 측의 주장이다. 이 같은 주장은 특별영주자격의 기원이 1952년 일본이 독립국으로서의 지위를 회복하자마자 일방적으로 구 식민지 출신자들의 일본국적을 박탈한 데 있다는 점을 차별을 선동하기 위해 의도적으로 무시하고 있는 것으로 이해할 수 있다.
28) 大阪市立○○小學校(2013.4.9.) 「2013年度「民族學級·國際理解の學習」始業式のご案内」.
29) https://star.ap.teacup.com/minaki/57.html (2019년 10월 22일 검색)

오사카 시내에서 이 같은 「민족교육」이라는 이름의 「반일교육」을 완전히 멈추게 해야 하는 시점에 다다르고 있다. 이런 일을 지속시켜 놓고 전후체제를 타파하고 새로운 시대에 우리나라(일본)를 이끌어 갈 수 있을리 없다고 나는 생각한다.

「민족학급」은 한마디로 전후 반일교육, 일교조, 민단, 부락해방동맹, 일련의 활동의 일환이다. 특히 이쿠노구(生野區)는 (한)반도 출신들이 많아 국적도 학급의 절반 이상이 외국국적인 반까지 있기 때문에 거기에 반일활동가들이 모여드는 것이다.

그들은 우리나라를 다민족국가로 처음부터 단정 짓고 야마토민족, 류큐민족, 한국·조선민족, 한족, 아이누민족의 집합체라는 식으로 해석한다. 천황이 상징하는 것은 야마토민족의 생각일 뿐 그들의 생각이 아니기 때문에 천황제도 타파를 목적에 두고 있는 것이다. 『일본은 일본인만의 것이 아니다』라며 하토야마(鳩山邦彦) 전 총리 같은 일본인이 이들 세력을 증장(增長)시켜온 것이다.

일본인 중에 한국인의 민족교육을 받고 싶어 하는 사람은 거의 없겠지만 만일 받고 싶은 사람이 있는데도 받을 수 없다[30]는 것은 이상한 일이다. 얼마나 심한 반일교육을 펼치고 있는지 일본인에게는 보여 주지 못하는 것일 것이다.

하시모토(橋下徹) (오사카)시장 (당시)은 이런 교육을 방치해 두어도 되겠는가.[31]

이 블로그를 올린 넷우익은 해당 학교 학부모로부터 제보를 받아 이 같은 글을 썼다고 주장한다. 급식에 한국음식이 나왔다며 교육위원회나 일선 학교에 항의전화가 쇄도하는 사례도 적지 않다. 온라인상의 선

---

30) 민족학급의 근본적인 목적은 평소 고립되며 살아가고 있는 재일콘리안 학생들끼리의 유대관계 형성에 있기 때문에 일본인 학생을 받지 않는 것이 원칙이다. 그러나 최근 민족학급 대상자인 재일코리안 학생 수 감소에 따라 일본인 학생의 수강을 허용하는 사례도 늘고 있다.

31) https://star.ap.teacup.com/minaki/58.html (2019년 10월 22일 검색)

동이 오프라인상의 항의활동으로 이어지는 구도가 현실적으로 일어나고 있는 것이다. 혐한시위를 주도하며 허구투성인「재일특권」을 일본사회에 퍼뜨리는 재특회 등「행동하는 보수(行動する保守)」가 노리는 바 그대로다.

보다 심각한 문제는 공립학교와 같은 공기관이 항의 등 압력이 들어오면 책임을 회피하느라 쉽게 굴복하고 만다는 점이다. 위의 블로그에서 언급된 사례에서도「그 후 이「오사카시립 ○○소학교」교장이 발행하는 문서가「원호(元號)표기」가 되었음을 알게 되었고 또한 학생이나 보호자에 대한 집요한「민족학급」참가 권유도 감소했다고 들어 다소나마 기뻐하고 있었다」[32]라고 소개되듯이 거센 항의가 쉽게 성과를 거둘 수 있는 것이 일본사회의 특징이다. 또한, 여기에는 일본에 차별을 규제하는 법체계가 지극히 미비하다는 점도 크게 작용하고 있다.[33]

---

32) https://star.ap.teacup.com/minaki/75.html (2019년 10월 22일 검색)
33) 혐한 현상에 따라 헤이트스피치 법적규제 논의가 고조되자 2016년 6월 민족적 배경 등으로 이유로 차별을 하는 것을 사회악으로 규정하는 법률(本邦外出身者に対する不當な差別的言動の解消に向けた取組の推進に関する法律)이 일본 국회를 통과하여 제정되었다. 그러나 처벌규정이 없는 이념법에 그치고 있어 실효성 측면에서 여전히 한계가 있다. 이 법률은 차별적 언동에 대해「차별의식을 조장하는 목적으로 공공연히 위협을 가할 것을 고지하거나 심각하게 모욕하는 등 지역사회로부터 배제할 것을 선동하는 일」로 규정하여「국가가 상담체제 정비나 교육, 계발(啓發) 활동 충실에 임할 것을 책무로 규정하며, 지자체에게도 같은 대책에 노력할 것을 요구」할 것을 명시하고 있다.

〈자료 1〉 오사카 시내 소재 한 소학교 가정통신문

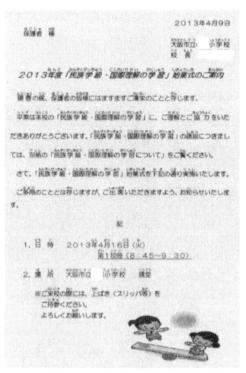

출처: https://star.ap.teacup.com/minaki/58.html

　　넷우익의 선동으로 민족학급이 위축되는 이유는 민족학급이 Ⅱ장에
서 언급한 민족협 등 재일코리안 측의 성과에도 불구하고 여전히 제도
적으로 완전히 정착되어 있지 못하기 때문이기도 하다. 여전히 근거는
1948년 당시의 「각서」뿐인 것이다. 이와 관련하여 일변련은 인종철폐
조약 일본정부 심사에 대한 의견서에서 다음과 같이 제도보장과 관련
된 일본 사법부의 판단을 소개하고 있다.

이 같은 민족학급은 전혀 제도로서 확립되지 못하고 있다. 재일본 한국·조선인의 아이들이 일정 수 재적하고 있는 학교에서조차 민족학급 설치를 권리로서 요구할 수 있는 것은 아니다. 오사카지방법원은 2008년 1월 23일 판결에서 (오사카부) 타카츠키시(高槻市) 교육위원회가 소학교 여덟 개 학교에서 실시해오던 민족학급을 모두 폐지한 일에 대해, 민족학급의 설치 및 그 존폐(存廢)는 교육위원회의 재량에 속하는 영역이며, 마이너리티 아이들에게 민족학급 설치존속을 요구할 수 있는 구체적 권리는 인정할 수 없다고 판시했다.[34]

이 판결문으로 알 수 있는 것은 일본에서 재일코리안을 비롯한 외국 국적 마이너리티 자녀들의 정체성 학습권은 결국 공식적인 것이 아니며 보장되지도 않는다는 점이다. 또한, 일선 학교에서 다문화교육 커리큘럼을 마련하거나 전문가를 양성하는 노력은 국가의 의무가 아니라는 점을 명시한 것이다. 최초의 외국인 집단인 재일코리안의 민족교육을 제도 밖으로 내몰고 일본인 학생들에게 소수자 이해를 도모하는 일에도 소극적이다 보니 이 연장선상에서 다른 외국인을 위한 교육 또한 소홀히 될 수밖에 없는 것이다.[35] 재일코리안의 존재가 일본사회에서

---

34) 日本辯護士聯合會(2009. 6.), 앞의 보고서, 29쪽.
35) 이와 관련하여 김태은의 다음 설명을 인용하기로 한다. "헌법에서 교육에 관한 조문은 제26조이며, 「모든 국민은 법률이 정하는 바에 따라 그 능력에 따라 모두 교육을 받을 권리를 가진다 (제1항)」는 점이나 「모든 국민은 법률이 정하는 바에 따라 이들이 보호하는 자녀에게 보통교육을 받게 할 의무를 지닌다. 의무교육은 이를 무상으로 한다 (제2항)」는 점이 명기되어 있다. 교육기본법(1947年 제정, 2006년 개정)에서 교육은 「심신 모두 건강한 국민의 육성을 기하여 행해져야 한다 (제1조)」고 규정되어 있다. 이들 조항에서 교육 기회평등 대상은 「모든 국민」으로 국한되어 있어 외국인으로 규정된 재일외국인의 교육에 관한 권리는 전혀 언급되고 있지 않다. 이 점에 대해 미네이(嶺井明子(1993) 「外國人の子どもの敎育の現狀と課題」, 東京學芸大學海外子女敎育センター編, 「共生社會の敎育: 帰國子女敎育研究プロジェクト中間報告」, 東京學芸大學海外子女敎育センター, 85-6頁.)는 1946년에 일본정부에게 주어진 「메거더 헌법초안」 중에 「원래 있던 외국인의 인권보호와 관련된 내용이 일본정부에 의해 헌법조항에서 배제된 배경에는 재일

드러날수록 과거사문제가 부각된다는 구조적 문제로 인해 다양한 배경을 가진 학생들 간의 평등이 전제되어야 하는[36] 다문화교육에도 적극적으로 나서기가 어려울 것으로 이해할 수 있다.

또 다른 변화는 세대 경과에 따른 재일코리안 자녀들의 국적상황 변화다. 이제 한국국적 (및 조선적)자는 민족학급 수강생들 가운데 3분의 1 선에 머물고 있다. 법적지위의 변화에 따라 교육 내용 또한 변화될 수밖에 없어 민족학급에서도 대응이 시급한 상황이다. 여기서는 네 가지 교육적 영역에 대해 각각 살펴보기로 한다.

1) 국제이해교육

민족학급은 재일코리안, 특히 오사카를 비롯한 관서지역 거주자들 사이에서 저항적 정체성을 확인케 해주는 상징으로 여겨져 왔다. 따라서 재일코리안 민족교육에 있어 차별에 맞서 긍정적 정체성을 확립한다는 것은 언제나 핵심적 과제로 존재해 온 것이다. 2015년 민단과 총련에 속하지 않은 재일코리안 지식인들이 중심이 되어 발간한 오피니언지의 명칭이 「저항」이라는 함의가 담긴 『항로(抗路)』인 것도 상징적이다. 이 같은 상황을 일본 주류사회 입장에서 본다면 「일상생활에서

한국·조선인, 중국인 대책이 있었다」는 후루카와의 지적(古川純(1986)「外國人の人權(1) 戰後憲法改革との關聯において」『東京經濟大學會誌』第146號, 63-80頁)을 인용하면서 이것이 「재일한국·조선인의 교육문제에 대한 진지한 대응을 결락시켰고 뉴커머에 대한 조치가 뒤져지는 일을 낳고 있다」고 지적한 바 있다." 金兌恩(2006)「公立學校における在日韓國·朝鮮人敎育の位置に関する社會學的考察」『京都社會學年報』第14號(2006), 21頁 중 주석 2 참조.

[36] *The Glossary of Education Reform,* s.v. "multicultural education," accessed Oct 24, 1019, http://search.eb.com/bol/topic?eu=69437&sctn=1https://www.edglossary.org/multicultural-education

타자를 인지하며 존중하는 일」 정도로 해석해 볼 수 있을 것이다. 민족학급에서 이 같은 과제는 「본명을 부르며 쓰는(呼び名乘る)」운동이라는 형태로 실천되어 왔다. 이 운동의 목적은 재일코리안에게는 본명이 있고 통명(通名, 일본식 이름)이 아니라 본명을 사용하는 것을 당연하다고 주류사회가 인지함으로써 자신과 다른 존재가 함께 존재하고 있다는 점을 인식케 하는 데 있다. 이는 유네스코(UNESCO)가 1974년부터 주창해온 국제이해교육의 주요과제가 이미 1950년대부터 일본 공교육 안에서 출현해 있었던 것을 의미한다.

1974년 11월 제18회 유네스코 총회는 가맹국에 대해 「국제이해, 국제평화를 위한 교육 및 인권 및 기본적 자유에 대한 교육에 관한 권고(The Recommendation Concerning Education for International Understanding, Cooperation and Education Relating to Human Rights and Fundamental Freedoms)」를 발표했다.[37] 이 권고는 국제이해교육에 대한 유네스코 차원의 인식과 오늘날까지 통용되고 있는 국제이해교육의 기본적 틀을 제시한 원전(原典)이다. 이 권고가 목적하는 바, 즉 국제이해교육 실천을 위해서는 첫째, 「평생교육」 차원에서, 둘째, 「인권」과 「기본적 자유」에 대한 서로 다른 사회적·정치적 체제에 있는 국민, 국가들 간에서 우호관계 유지 원칙이 들어서야 하며, 셋째, 「인권」과 「기본적 자유」는 「국제이해」와 「국제협력」 그리고 「국제평화」와 일체불가분하다는 이해가 필요하다는 것이다.[38] 유네스코는 「인권」과 「기본적 자유」 두 가

---

37) UNESCO, 'Recommendation concerning Education for International Understanding, Cooperation and Peace and Education relating to Human Rights and Fundamental Freedoms,' General Conference, 18th Session, Paris, November 19, 1974.
38) 島久代(1991)「國際理解敎育の理念と本質」『千葉大學敎育學部硏究紀要』第39卷, 第1部, 181-183頁.

지와 「국제이해」와 「국제협력」 그리고 「국제평화」 세 가지 간, 총 여섯 가지(2×3)의 조합적 개념을 묶어서 「국제교육(international education)」으로 부르기로 제창했다. 이들 여섯 가지 조합들 가운데 국제이해교육에서 핵심적 이념을 이르는 것은 「인권」과 「(국제)평화」의 조합이다. 이 전제 없이 타민족, 타문화에 대한 지식과 인식만을 축적한다는 것은 오히려 타민족, 타국민에 대한 우월감 또는 열등감을 낳을 가능성을 배제할 수 없기 때문이다.[39)]

민족학급의 존재는 재일코리안 당사자들에게는 정체성교육의 터전이며 일본 주류사회에게 재일코리안이라는 타자를 공교육 안에서 가시화시키는 기능이 있는 것이다. 한편, 일본인 입장에게는 사회 내부에 존재하는 소수자 문제를 접하게 하는 다문화교육으로서의 역할과 더불어 외국인으로서의 재일코리안과의 소통과 공생이라는 국제이해교육적 과제 또한 직면케 하는 역할이 함께 있다. 실제로 재일코리안 최대 다주지역인 이쿠노구 소재 오사카시립 미유키모리소학교(御幸森小學校)처럼 민족학급 활동의 연장선상에서 유네스코스쿨(UNESCO Associated School) 인가를 받은 사례도 있다.

그런데 2018년 말 시점에서 전세계 약 11,500의 유네스코스쿨 중 10%에 해당하는 1,149 개가 존재하는 일본[40)]에서 가장 오래된 (일본정부가 1952년 일방적으로 일본국적을 박탈한) 외국인집단인 재일코리안 대다수가 오늘날에 이르기까지 차별이 두려워 자신의 이름조차 쓰지 못하고 있다는 사실은 아이러니한 일이 아닐 수 없다. 이쿠노구 소재

---

39) 위의 논문, 183頁.
40) UNESCO ASPnet in Japan, http://www.unesco-school.mext.go.jp/eng (2019년 10월 22일 검색)

한 민족학급에 근무하는 민족강사는 그곳 재일코리안 학생들의 본명사용률은 0%라고 증언할 정도다.[41] 70년 전도 아니고 2016년의 일인데 말이다.

2) 다문화교육

다음으로 들 수 있는 과제는 일본사회 외국인 인구의 증가와 다국적화가 진행되는 상황에서 어떻게 재일코리안을 위한 민족교육 기회를 확보해 나가느냐와 관련된 문제다. 이를 외국인 학생의 국적 다양화에 따른 다문화화에의 적응과 대응을 통해 획득해 나가고자 하는 움직임이 일부 민족학급에서 발견된다. 이 같은 문제의식과 실천은 이쿠노구와 같은 재일코리안 다주지역보다 소수지역에서 발견되는 것이 특징이다.[42]

오늘날 일본이 추진하고 있는 다문화공생정책의 세부내역을 살펴보면 재일코리안이라는 역사적 경위를 지닌 정주외국인의 존재가 대부분의 경우 도외시되고 있음을 알 수 있다. 일본 총무성는 2006년에 각 지자체가 다문화공생정책 책정시의 지침 전달을 위해 펴낸「지역에서 다문화공생추진플랜에 관하여(地域における多文化共生推進プランについて)」에서 다문화공생 개념에 대해 "국적이나 민족이 다른 사람들이 서로의 문화적 차이를 인정하고 대등한 관계를 구축해나가면서 지역사회 구성원으로 함께 살아가는 것"이라고 규정한 바 있다.[43] 그런데 다

---

41) 곽정의, 앞의 인터뷰.
42) 東京學藝大學 Korea研究室, 앞의 보고서, 319-320쪽.
43) 總務省自治行政局國際室長(2006.3.27.)「地域における多文化共生推進プランについて(總行國第79號)」.

문화공생플랜의 세 가지 세부영역, 즉 커뮤니케이션 지원, 생활지원, 다문화공생 지역 만들기 중에 재일코리안의 존재를 명확히 전제한 것은 하나도 없다. 또한, 2016년 10월 다문화공생 사례집 작성을 위한 워킹그룹이 회의자료로 제시한 다문화공생사례집 응모사례 일람(多文化共生事例集應募事例一覧)에서도 58개 사례 중 재일코리안이 대상으로 포함되는 사업은 오사카부와 오사카시가 추천한 3, 4개에 불과하다.

이와 관련해서는 일본의 외국인 수용이 시대적 흐름이나 국제정세 변화에 따른 소극적 대응의 결과로 보는 이진원의 논의를 참고할 수 있다. 그는 일본 외국인정책의 특징에 대해 단일민족신화에서 비롯된 강한 폐쇄성에서 그 원인을 찾을 수 있다고 주장한다.[44] 또한, 황지윤은 일본에서는 다문화교육이라는 함의가 국제이해교육이나 이문화교육 등과 뒤섞여 있어 명확치 않다는 분석을 내놓은 바 있다.[45] 일본에서는 사회 내부의 타자 즉 소수자에 대한 이해를 도모하기 위한 교육인 다문화교육의 목적[46]이 제대로 정립되어 있지 않아 (재일코리안을 비롯한) 소수자를 둘러싼 교육문제가 중핵을 이룬다는 점에 대한 인식이 결여되어 있는 것이다. 최초의 외국인 집단인 재일코리안의 교육문제를 안착시키지 못하다보니 다른 외국인교육 문제에 있어서도 같은 우를 범할 개연성이 높을 것으로 이해할 수 있다.

이 점은 재일코리안에게 또 다른 재앙으로 다가올 수 있다는 경계심을 내려놓을 수 없게 해 주기도 한다. 점차 활성화되어갈 것으로 예견되

---

44) 이진원(2013) 「전후 일본의 외국인 정책의 흐름」『일본학보』제94집, 215-230쪽.
45) 黃止玧(2011) 「日本の公教育における在日コリアンの民族学級の意義と可能性: 多文化教育という視點からみた在日コリアンの民族教育」『日本近代學研究』第31輯, 181頁.
46) *The Glossary of Education Reform*, op. cit.

는 일본 다문화교육 논의에서 재일코리안의 존재를 싹 지워 버릴 가능성도 배제할 수 없기 때문이다. 이 같은 징조는 이미 문부과학성이나 연구자들의 논의에서도 나타나고 있다. 여타 외국인들과의 형평성이나 다양성이라는 미명 하에 일제강점이라는 역사적 경위를 지닌 소수자 집단인 재일코리안의 민족교육이 교육현장에서 제거될 수 있다는 것이다. 따라서 재일코리안 측에서는 이에 현실적으로 대응하기 위해 나름의 노력을 기울이고 있다.

일본 교육당국이 내놓은 지침이나 조문을 자신에게 유리하게 해석(読み替え)함으로써 다문화공생정책의 테두리 안에 재일코리안 민족교육을 포함시키고자 하는 시도는 그 일례로 들 수 있다. 오늘날 민족학급 현장에서는 중국, 필리핀, 브라질, 베트남 등에 뿌리가 있는 신규정주자들의 존재감이 갈수록 두드러지고 있다. 일본인 정교사들 중에 일본어 교육에 종사할 수 있는 인재는 있어도 다문화교육까지 감당할 수 있는 경우는 매우 드물다. 따라서 현실적으로 그나마 다문화교육의 경험이 있는 민족강사들이 다른 외국에 뿌리가 있는 학생들의 정체성교육에도 책임지고 있는 경우가 적지 않다.

본연의 업무가 아니지만 한 민족강사는 이 같은 역할을 긍정적으로 받아들이고 있다. 신규 외국인 학생들을 감당하면서 얻게 될 일선 학교나 교육당국의 신뢰를 바탕으로 민족학급을 신규로 개설하거나 적어도 유지시키기 위한 명분을 확보해 나갈 수 있기 때문이다. 이 같은 실천은 「수단으로서의 다문화교육」이라고도 표현할 수 있을 것이다.

이와 관련하여 자신의 경험을 필자에게 피력해 준 오사카 외곽지역의 한 소학교에서 근무하는 홍명근(가명)은 다음과 같이 다국적화된 민족학급의 상황을 필자에게 설명해 준 적이 있다. 그의 실천으로부터는 다문화교육의 본질과 기능을 잘 알 수 있다.

> 저는 다문화 민족학급으로 운영하고 있어요. (재일코리안이) 수적으로 적으니까요. 필리핀, 중국, 한국에서 온 뉴커머 아이들. 필리핀에서 중도에 들어와서 모국어도 정착되지 못한 상황에서 일본으로 건너온 거죠. 중국에서 온 아이에게는 중국어가 모국어이기 때문에 지금 일본어를 지도하고 있고요. 그런데 일본어를 가르친다고 해서 일본을 좋아하게 되지는 않거든요. 한국에서 온 (뉴커머) 아이도 그렇고요. 무엇보다 적극적으로 공부하려 하지가 않아요. 그래서 (일본어를) 가르쳐대는 것보다 일본 친구들이 자신을 받아들일 것인가, 선생님들이 열심히 중국어로 의사소통하려 할 것인가, 혹은 존중해 줄 것인가... 먼저 일본을 좋아하게 되지 않고서는 공부할 마음도 안 생기거든요.[47]

한편, 홍명근은 국적 상황이 급변하는 재일코리안 자녀들의 현실에 대해서도 설명해 주었다. 이들이 일본국적을 취득한다 해도 차별로부터 자유로워질 수 없기 때문에 처지를 공유할 수 있는 동포들끼리 만날 수 있는 터전으로서의 민족학급이 여전히 필요하다는 것이 그 핵심이다. 단지 외국인인 소수자에서 국민인 소수자로 바뀌었을 뿐 여전히 차별의 대상이라는 점에는 변화가 없기 때문이다. 이 점에 있어서는 귀화자나 앞으로 다수를 차지하게 될 더블(double, 한일 혼인 가정의 자녀)도 마찬가지라는 것이 그의 인식이다.

> 이제는 (한민족의) 뿌리만 남아있는 아이들밖에 없잖아요. (부모 중) 어느 한 쪽이 일본인이란 말이에요. 점점 힘들어져요. (민족으로부터) 도망갈 수 있으니까요. 흥미가 떨어지고 나면 『친구들이랑 놀고 싶다. 나는

---

47) 홍명근(가명)에 대한 인터뷰, 오사카, 2016년 7월 12일.

일본사람이라 상관없어』라고 하는 거예요. 그래서 이런 아이들에게 제가 설득해서 『그래도 오렴』이라고 말하거든요.

　그런데 (일본국적 재일코리안) 아이들의 얘기를 듣다보니 (부모 중에 한국인이 있어서) 집을 빌리기가 어렵기도 하고 할머니가 김치를 담그기도 하시고... 생활 실태는 자이니치(在日)이란 말이에요, 일본 국적이라도.[48]

　이 증언으로부터는 일본국적 취득으로 재일코리안에 대한 차별문제가 해결되는 것이 아니라는 점을 알 수 있다. 이 같은 현상은 여타 신규 외국인들에게도 동일하게 일어나고 있다. 홍명근과 같은 지도는 정규 수업에서는 불가능한 일이다. 교육당국의 재량으로 설치가 허용되는 민족학급의 제도화 필요성 즉 외국에 뿌리가 있는 외국인 학생들을 위한 안전(security)이 보장되는 교육공간의 필요성에 대해 일본 교육당국, 일선 학교는 물론 지역사회에서도 널리 인지되어야 할 것이다. 최근 들어 문부과학성이나 각 지자체, NGO 차원에서 정주외국인 자녀들을 위한 교육문제에 대한 관심이 높아지고는 있지만 다문화교육의 본질이 사회 내부의 타자에 대한 이해를 목적으로 하는 교육이라는 기본 지점을 간과한 상태로는 새로운 문제들이 대두될 때마다 산적된 기존 문제 위에 더 얹어질 뿐이다. 지난 70년 동안 다문화교육의 선도 사례가 축적되어 온 민족학급 활동을 제도적으로 보장한다는 것은 다민족화를 더 이상 회피할 수 없게 된 일본사회 전반을 위해서도 도움을 주게 될 것이다.

---

48) 위의 인터뷰.

3) 시민권교육

한편, 재일코리안의 국적상황 변화에 따라 앞으로 새로이 대두될 교육적 영역은 시민권(citizenship)과 관련되는 영역이다. 이미 일제강점으로 인해 도일(渡日)하게 된 조선인의 자손인 특별영주자자 수는 30만 명을 밑돌게 되었고 90%가 일본인과 결혼하고 있다. 게다가 일본인에 비해 고령화 속도가 빠른 점도 감소요인으로 작용하고 있다. 또한, 일본인과 혼인한 재일코리안 부부 대부분이 자녀의 한국국적 신청을 하지 않고 있다. 절차 자체를 모르거나 알아도 「한국말도 못하냐」며 공관 직원으로부터 타박을 당해온 트라우마가 있거나 아이들이 만일 한국으로 가게 되면 병역문제부터 감당해야 하는 부담 등을 이유로 들 수 있을 것이다. 갈수록 한국과의 거리가 멀어지는 상황에서 자녀들을 일본국적으로만 등재하기 때문에 자신의 뿌리를 전혀 모르는 채 성장하는 경우도 적지 않다. 이로 인해 일선 학교에서도 한반도에 뿌리가 있는 학생들을 정확히 파악해 내지 못하고 있는 것이 현실이다.

오늘날 민족학급을 다니는 재일코리안 자녀들 중 3분의 2가 일본 국적이다. 앞서 언급한대로 이제 민족교육에서 「민족」의 함의가 「외국인」으로부터 「(일본)국민인 소수자」로 점차 변해가고 있는 것이다. 이 같은 양상은 민족학급 현장에서 새로운 교육적 수요를 낳고 있다. 그것은 바로 주권자로서 필요한 소양을 기르기 위한 시민권교육(citizenship education)이다. 유네스코는 이에 대해 「사회에 관한 결정에 참여하는 명확한 사고를 가지며, 계몽된 시민이 되기 위한 교육」이라고 정의하고 있다.[49] 바꾸어 말하면 국가기관에 관한 지식이나 법의 지배가 사회적

---

49) UNESCO, 'Citizenship Education for the 21st Century.'

또는 인간적 관계에 적용된다는 인식을 갖게 하는 교육, 즉 주권자로서의 교육임을 의미한다.

그런데 이 같은 여건 변화는 「무권리의 외국인」으로 철저히 권리와 제도에서 배제되어 온 민족강사들이 장차 일본 주권자가 될 학생들을 가르쳐야 한다는 아이러니한 상황을 낳게 한다. 이 문제가 한 층 심각하고 모순적인 것은 재일코리안이 2012년까지 국적이 있는 대한민국에서 마저 참정권에서 배제되어왔다는 사실 때문이다. 이처럼 거주국에서도 모국에서도 시민권으로부터 소외된 「완전한 무권리 상태」로 살아온 민족 집단은 재일코리안을 제외하면 쿠르드(Kurdish)족[50]이나 로힝야(Rohingya)족 정도를 떠올릴 수 있을 것이다. 이들의 공통점은 「나라 없는 백성」이라는 점인데 재일코리안이 처하고 있는 여건 즉 시민권 상황이란 이들과 별 차이가 없다는 것이다.

앞서 거론한 홍명근이 일본국적 재일코리안 학생들에게 「너희가 어른 돼서 갖게 될 권리를 할머니, 할아버지를 비롯한 동포들의 이익을 위해 잘 쓰렴」[51]이라고 가르칠 수 있는 것은 그의 교사경력이 부락해방 교육 강사부터 시작했던 것도 적지 않은 영향을 미치고 있다. 부락민은 일본 주권자로서 차별 극복을 목적으로 도입된 해방교육에 역점을 두고 있다. 홍명근은 재일코리안임에도 해방교육 교사로 일했던 것이다. 대부분 민족강사들이 홍명근과 같은 경험을 해보지 못하고 있는 상태에서 장차 일본 주권자가 될 학생들을 어떻게 가르쳐 나가야 할지에

---

http://www.unesco.org/education/tlsf/mods/theme_b/interact/mod07task03/appendix.htm#text (2019년 10월 22일 검색)

50) 이라크 영토 내에 있는 쿠르디스탄 자치주에 사는 쿠르드인들이 UN 감시 하에 그곳에서 실시된 선거에서 참정권을 행사한 것은 재일코리안이 한국 재외국민 참정권을 회복 후 최초로 행사한 것과 같은 2012년의 일이다.

51) 홍명근(가명), 앞의 인터뷰.

대한 대안과 그 실천이 조속히 마련되어야 할 것이다.

한편, 민족강사가 아닌 일반 교과목을 맡는 정교사들 중에 재일코리안이 증가되고 있는 현상이 갈수록 두드러지고 있다. 이들은 흔히 「루츠(roots)교원」이라고 불린다. 오사카의 경우, 약 400명 정도의 루츠교원이 근무하고 있으며 절반이 일본국적자, 나머지 절반이 일본국적이라고 한다.[52] 일본국적 정교사 중에는 관리직 승진에 제한이 없다는 점을 살려 교육위원회 안에서 민족학급을 지탱하고자 하는 의지를 보이는 루츠교원도 존재한다. 어린 시절 민족학급에서의 경험이 정체성을 되찾는데 지대한 영향을 미친 현직 루츠교원 김평송(가명)은 이에 대해 다음과 같이 말한다.

> 제가 일본국적으로 있다는 것은 교육위원회에 들어갈 수도 있고 교장을 맡을 수도 있다는 것을 의미합니다. 되도록 빨리 승진해서 동포 아이들의 민족교육을 체제 안에서 지원해 주는 것이 제 역할이라고 생각합니다.[53]

이 같은 발상을 시민권교육 차원에서 접근한다면 자신이 가지고 있는 권리와 직책을 민족교육 기회 확대를 위해 적극적으로 활용해 보겠다는 의지의 표출로 이해할 수 있다. 체제 안으로 들어가 일본국적 재일코리안이 동포사회에 기여해 보겠다는 발상은 일본국적 취득을 배신으로 여겨온 재일코리안사회의 오래된 인식을 감안해 본다면 격세지감이다. 일본국적 재일코리안은 동포사회와 단절되는 경우가 더 흔하기 때문이다. 김평송이 초등학생 시절 민족학급으로 자신을 『끌고 가 주신』

---

52) 곽정의, 앞의 인터뷰; 김광민, 앞의 인터뷰.
53) 김평송(가명)에 대한 인터뷰, 오사카, 2016년 7월 11일.

일본인 스승을 만난 우연과 행운이 없었더라면 『일본국적 재일동포로서 자신이 가지고 있는 권리를 동포들을 위해 행사』하겠다는 발상은 갖기가 어려웠을 것이다. 더디기는 하지만 그래도 확실히 변화가 일어나고 있는 것이다.

앞서 홍명근이 말했듯이 일본국적 재일코리안에게 민족교육이란 선택사항이며 민족학급에 참여한다는 것 자체가 자신의 정체성이 밝혀지는 「위험부담」을 감수해야 하는 일이기도 하다. 그럴수록 김평송과 같은 경험은 폭넓게 공유되어야 할 것이다.

4) 커리어교육

1960년대부터 일본 교육현장에서 일본인 교사들이 실천되어온 재일코리안 학생들에 대한 진로지도에는 두 가지 목적이 있다. 하나는 출자(出自)로 인한 취업차별을 서슴지 않게 일삼는 고용처의 인식과 행태를 변화시키는 일이며, 또 하나는 학생들을 하여금 민족정체성을 밝힌 채 취업에 도전케 하고 취업 후에도 그 상태로 살아갈 것을 설득하는 일이다. 대다수 재일코리안들이 정체성을 숨긴 채 사회에 나가는 현실을 방치한다는 것은 공교육 현장에서 제공되는 민족교육의 의미를 잃게 하는 일이며, 진로문제를 해결해 주지 못하는 한 계속해서 차별이 유지되는 구조적 문제를 극복할 수도 없기 때문이다.[54]

---

54) 1972년에 시작된 자주민족학교를 지원한 일본인 교사들이 중심이 되어 발족된 재일코리안 민족교육 지원조직인 전조교 오사카(全朝教大阪)의 기관지 『むくげ』에는 진로지도와 관련된 많은 고민과 실천에 관한 논고가 여러 차례 게재되었다. 한 예로 印藤和寬(1995.8.25.) 「小中高の連携と在日朝鮮人児童生徒の進路」 『むくげ』第42號.

이 같은 실천에 힘입은 점진적 사회변화는 점차 취업의 문턱을 낮추는 데 지대한 기여를 했고 또한 1980년대의 버블경제, 최근의 노동인구 부족현상도 한 몫을 하고 있다. 이에 따라 취업차별은 어느 정도 사라졌고 민족학급을 다니는 재일코리안 학생들은 예전보다 확대된 선택지 중에서 사회진출을 고민할 수 있게 된 것이다.

그런데 기존의 협소한 선택지 안에서 직업관을 형성해온 민족강사들 은 여건 변화에 따른 대응 필요성에 대한 인식이 부족할 수밖에 없다. 이 점이 야기되는 폐해는 민족강사의 협소한 직업관이 학생들을 하여금 자신의 가능성을 과소평가하는 쪽으로 끌고 갈 수 있다는 점이다.

더 나아가 진로문제에서 협소한 선택지밖에 갖지 못한다는 것은 자신의 정체성을 긍정하기가 어려워지는 요소로 작용한다. 따라서 소수자에 대한 캐리어교육(career education)이 편견과 스테레오타입 완화에 기여한다는 논의[55]나 미국 등지에서 뿐만 아니라 일본에서도 부락문제 등에서 소수자의 사회진출 지원을 위한 재정조치도 강구되고 있는 점 등을 감안해 볼 필요성이 있다. 이제 민족강사부터가 학생들의 진로지도에 폭넓게 대응해 나갈 수 있는 역량을 갖추어야 할 것이다.

민족학교에 비해 민족학급에서 시대변화에 따른 직업관 형성이 어려운 것은 정체성을 숨기며 살아가는 경우가 잦은 여건 탓에 롤모델(role model)을 발굴하기가 어렵다는 여건상의 문제도 영향을 미치고 있다. 민족학교가 집단적이고 공동체적 정체성을 함양하는 데 비해 민족학급은 학생 개개인이 가정환경이나 지역적 여건이 다양하기 때문에 같은

---

55) 福地守作(1995)『キャリア教育の理論と實踐』, 玉川大學出版部, 183頁.

교육이 제공된다 하더라도 학생의 인식은 개별적이고 단편적인 것이 될 수밖에 없다. 이로 인해 졸업 후에는 인적네트워크가 축적되지 않는 경우가 대부분이다. 또한, 민족학교 학생들이 모국을 커리어패스(career path)를 구축하는 데 활용 가능한 자원으로 교육 받는 데 비해 일본사회 안에서의 생존에 역점을 두는 민족학급에서는 이 같은 인식을 갖는 것 자체가 어려운 상황이다. 모국의 자원을 활용한다는 발상 자체가 비교적으로 새로운 개념이다. 그동안에는 이 같은 중첩적 정체성이 단일민족 신화가 팽배한 일본에서 부정적으로 비칠 수밖에 없었기 때문이기도 했다. 그러나 이제 한일 양측 사회에서 중첩정체성이 긍정적으로 받아들여지는 시대 변화에 대응하는 차원에서도 교육 내용이 변화되어야 할 것이다. 이 같은 맥락으로 볼 때, 커리어교육은 민족학급을 보다 내실이 있는 정체성교육의 터전으로 발전시키는데 기여하게 될 것이다.

또한, 캐리어교육의 적극적 도입은 일본국적자 증가 현상에 대한 대응 측면에서도 필요할 것이다. 왜냐하면 일본국적 재일코리안 학생들에게는 모국 즉 자신의 뿌리가 긍정적이든 부정적이든 그 존재 자체만으로는 더 이상 유대관계를 모색할 만한 동기가 되지 않기 때문이다. 이미 4, 5세가 중심이 된 세대에게는 중첩적 정체성에 바탕한 다양한 진로선택 기회라는 실리가 제시되어야 할 것이며, 그래야 적극적으로 모국 그리고 동포사회와의 관계성을 찾게 될 것이다.

요컨대 민족학급 뿐만 아니라 재일동포 민족교육 총체가 정체성 찾기에 그치지 않은, 시대변화에 걸맞은 인식 변화와 이에 따른 새로운 실천을 요구받고 있는 것이다.

4 결론 - 한국사회는 민족학급을 어떻게 인식해야 하는가?

지금까지의 논의를 통해 필자는 민족학급을 고찰한다는 것은 단순히 교육의 영역만으론 논의할 수 없는, 재일코리안 삶의 모든 과정에 걸친 문제라는 점을 제시해 왔으며, 독자에게 이 같은 문제의식이 전달되었다면 더할 나위 없다.

이미 한 세기라는 시간이 넘도록 출생으로 인한 민족차별이 깊숙이 뿌리 박혀 있는 구 종주국 일본에서 민족학급은 여전히 제도화되지 못한 채 일본 교육당국 재량의 범주로 남아 있다. 불안한 여건이 견지되어 온 가운데 「무권리의 외국인」인 재일코리안들은 민족교육 기회를 조금이라도 확대하기 위해 피나는 노력을 기울여 온 것이다. 한국 공직자들 중에는 민족학급에 대해 「70년이나 운동을 했다던데 아직도 이 모양이냐」, 「교사자격증도 없이 자질도 없는 사람들이 강단에 서고 있다」, 「어차피 일본인으로 동화될 것」 등의 냉소적 태도를 취하는 이들이 있는 것도 사실이다. 필자는 이 같은 인식의 이면에 역사적 민족 「정통성」이 오로지 국민국가 대한민국의 풀 멤버(full member)들에게만 허락된다는 식의 편협한 국가정체성과 공관 파견자로 현지 교민을 내려다보는 우월감이 있는 것이 아닐까 하는 의심을 조심스레 해 본다.

아마도 독자들은 이 같은 필자의 의문을 도무지 이해할 수 없을 것이다. 하여, 한 가지 사례를 소개해 보기로 한다.

필자가 재외동포재단에 의뢰하여 실시한 국내 대학생 대상 「재외동포 이해교육」 자리에서 한 주일공관 근무경력자는 여러 재외동포들의 고초를 소개하는 가운데 「일본에 귀화하지 않아 우리에게 민폐가 된다」

며 재일코리안을 노골적으로 폄하했다. 이 발언은 그토록 자국민보호에 전향적인 자세를 보이는 한국정부가 유일하게 단 한 번도 이 같은 의지를 보이지 않은 대상이 재일코리안이라는 점을 떠올리게 해 주었다. 사실 이 같은 일은 한국인과 접촉이 있는 재일코리안에게는 너무나도 흔한 일상에 불과하다. 여론의 눈치를 볼 필요가 없는 곳에서는 이 같은 막말이 아무 거리낌 없이 오가고 있는 것이다.

공관관계자 뿐만 아니다. 마치 원숭이 동산이라도 구경하듯이 불구경인양 재일코리안에게 접근하고 실적 쌓기에 바쁜 연구자들의 행태는 다른 재외동포를 연구하는 곳에서는 찾아보기 어려운 일이다. 대다수 재일코리안들이 한국어 구사가 어려운 것을 알면서도 한국어 사용을 집요하게 요구하는 연구자들의 모습으로부터는 편협한 민족의식이 뒷받침된 우월감마저 엿볼 수 있다. 또한, 그들에 삶에 대한 배경지식이 부족한 채 제대로 구성되지도 않은 모집단에게 그저 설문지만 돌리며 「통계」 분석을 하는 연구로부터는 어떠한 신뢰성도 찾아볼 수 없다. 국내 재일코리안연구가 좀처럼 당사자들을 포함하는 해외 연구자들과 소통하기가 어려운 이유를 알 수 있을 것이다.

그럼에도 불구하고 그동안 재일코리안들이 왜 한국 연구자들에게 협조해 왔는지에 대해 연구자는 물론 정책담당자도 겸허히 생각해 보아야 할 것이다. 그것은 이들이 한국사회 전반에 문제의식을 확산해 주기를 원하기 때문이다. 바꾸어 말하면 자신의 존재를 알려 줌과 동시에 모국의 손길을 기다리기 때문이다.

무엇보다도 재일코리안이 「디아스포라적 이주 경위를 가진 유일한 한국국적 집단」이라는 특수한 재외동포라는 점을 인지한 상태에서 논의가 시작되어야 할 것이다. 세대 경과에 따라 점차 민족정체성을 드러내면서도 주류사회 편입이 가능한 여타 동포사회와는 달리 재일코리안은 일본으로 귀화하고 사회적으로 성공한다 할지라도 차별로부터는 자유로워질 수 없기 때문이다. 일본으로 귀화한 후 도쿄대학을 졸업하고 대장성(大藏省) 커리어직 관료로 일하다 자민당 국회의원이 된 한 재일코리안은 철저히 동포들을 외면하며 출세했지만 반대 진영의 노골적인 차별 공세를 이겨내지 못해 끝내 극단적 선택을 하고 말았다. 이 사례는 이들의 여건이 얼마나 험난한 것인지를 이해하는 데 도움을 줄 것이다.

문재인 정부 들어 반국가단체로 지정된 총련이 인사권을 쥐고 있는 조선학교의 모습이 공중파에서도 소개되는 일이 여러 번 있었고 한국사회는 이에 뜨거운 반응을 보였다. 이 같은 현상은 재일코리안 민족교육이 지극히 모국의 정치적 잣대와 연동되며 인식된다는 점을 반증해 주고 있다. 보수정당이 집권하게 되면 한국학교가 주목을 받게 되고 문재인 정부처럼 진보정당이 정권을 잡으면 조선학교에 이목이 집중된다. 그러나 재일코리안 90%가 다니고 있는 일본 공립학교 안에 존재하는 유일한 민족교육 형태인 민족학급이 주목을 받는 일은 보수, 진보 정권을 막론하고 없는 것이다. 이 같은 현실은 한국사회가 얼마나 분단논리에 젖어 있는지 그리고 이 잣대를 재일코리안에게 그대로 적용시키고 있는지를 여실히 보여주는 사례라고 할 수 있다.

또한, 한국사회의 민족의식이란 모국어 사용이 가능하고 문화적 정체성이 가시적이어야만 공유할 수 있는 편협함을 수반한다는 것임도 확인된다. 한국인이 원하는 소양을 주 1, 2시간에 불과한 민족학급 수업을 제외하고 가정에서조차 민족문화를 접할 기회가 없는 재일코리안 학생들에게 기대하기란 불가능한 일이며, 이 같은 기회마저도 없는 대다수 재일코리안에 대해서는 말할 것도 없다. 한국 시민운동이 언어 소통이 용이하고 이념적으로도 한국적 가치관의 범위 내로 이해할 수 있는 조선학교에 대해 왜 경도하는 지도 이해할만 하다. 그러나 중요한 것은 한국사회가 재일코리안 민족교육에 다양성이 존재한다는 사실부터 인지해야 한다는 점이다. 그래야 국내 정치 상황 변화와 무관하게 연대가 가능하기 때문이다.

한편, 1980년대에 그동안 각기 민족교육운동을 펼쳐온 재일코리안들이 민족협을 결성하여 하나로 뭉쳐 많은 성과를 거둔 경험은 모국이 이루어내지 못하고 있는 통일이 재일코리안사회에서 이미 이루어져왔다는 점을 의미한다. 한국사회는 이 값진 경험으로부터 많은 시사점을 얻을 수 있을 것이다. 여기서 자세히 논의하지는 않겠지만 재일코리안은 군사독재 시절에 한국정치의 제물로 이용당하고 희생된 역사가 있다. 이들을 한국사회가 얼마나 보듬어 안을 수 있을지에 대한 문제는 민주화된 한국사회가 이들을 대등한 동포로 볼 것인지 아니면 종전과 같이 어디까지나 외부자 취급할 것인지와 관련된 문제다. 바꾸어 말하면 민주화의 성과를 편협한 민족의식에 갇혀 독식할 것인지 아니면 명실 공히 대한민국의 재외동포로서 재일코리안에게도 함께 나눌 것인지와 직결된 문제인 것이다.

2011년도부터 한국정부는 민족학급 활동에 대한 예산조치를 추진하고 있다. 여간 반가운 일이 아닐 수 없다. 이것 또한 민족협에서 일하다가 오늘날까지 코리아NGO센터에서 민족교육운동을 펼치고 있는 김광민이 여의도 국회 앞에서 일인시위를 벌인 성과다. 그러나 이 같은 예산지원이 한국식을 강요하는 명분이 되어서는 안 될 것이다. 자명한 민족의식을 바탕으로 민족성 심화를 목적으로 하는 한국식 민족교육 개념과 국민교육으로는 민족의식 자체를 되찾고자 하는 재일코리안의 인식

과 충돌될 수밖에 없기 때문이다. 실제로 재일코리안사회의 여건을 도
외시하며 한국식 국민교육을 끝까지 고집한 한 전직 주일 한국학교 교
장은 동포사회의 거센 반발과 외면을 직면하자 결국 쫓겨나듯이 현장
을 떠날 수밖에 없었다. 재일코리안들의 반발이 얼마나 거셌는지에 대
해서는 역대 교장의 사진을 교장실에 걸어놓는 것이 관례인 그 한국학
교에서 유일하게 그의 얼굴을 확인할 수 없다는 사실로 짐작할 수 있을
것이다.

재일코리안들로부터 한국식 민족교육이 외면 받는 이유에 대해서는
박일이 말하듯이 한국식 국민화교육이 결국 재일코리안을 하여금 열등
한 민족이자 국민으로 낙인 찍게 하는 쪽으로 작용하기 때문이다.[56]
한국과 재일코리안 사이의 민족교육 개념 괴리는 현장에서 다음과 같
이 드러난다.

- 재일동포 학생을 대상으로 한국의 말과 글, 문화와 역사를 수업...
  한국인의 정체성 확립에 기여 (오사카한국교육원 자료)[57]

- 일종의 저항을 위한 민족교육 (코리아NGO센터 김광민 사무국장)[58]

- 인간으로서의 존엄성을 회복하고 자존감을 끌어올리기 위한 터전
  (사카이시립 쇼린지소학교 박리사 전 민족강사)[59]

줄곧 재일코리안사회에 대한 충분한 사전지식 없이 파견되는 교사

---

56) 朴一(1999) 『「在日」という生き方』, 講談社選書 참조.
57) 오사카한국교육원(2016) 「2016 오사카한국교육원 운영계획서」.
58) 김광민, 앞의 인터뷰.
59) 朴理紗による発言(2016.9.10.). 「民族教育フォーラム 2016」, 大阪市生野區民センター.

인력이 원장을 맡아 온 상황에서 민족학급이라는 특수한 여건에 대한 이해를 기대하는 것 자체가 과도한 요구일 것이다. 또한, 이들이 한국학교를 전제로 민족교육 개념을 찾으려 해 온 것도 자연스러운 현상이다. 다만 그동안 한국인과 재일코리안 간에서 여러 번 발생해 온 민족교육을 둘러싼 갈등은 어느 한 측이 다른 측을 힘의 논리로 누르는 형태로 진행되어 온 것이 문제를 야기하는 원인이었다.

문재인 정부 들어 이 같은 현상에 변화가 일어나기 시작한 것도 사실이다. 어느 쪽이 옳고 그르다라는 차원이 아니라 양 측이 상호보완적 관계에 있다는 인식 전환이 필요할 것이다. 민족학급을 통해 정체성을 회복한 학생들이 민족학교에서 이를 심화시켜 나가면 되는 것이다. 그동안 민족학교는 한국학교든 조선학교든 정치이념을 상징하는 것으로 여겨져 대부분 재일코리안에게는 다가가기가 어려운 존재였다. 게다가 민족학교는 일본 상급학교 진학에 도움을 주지 못한다는 인식도 팽배했다. 그러나 이제 민족학교가 이중언어와 중첩적 정체성을 기르는 대안으로 떠오르기 시작하였기에 한일 양측 상급학교로 진학하는 것에 그리고 다양한 진로 선택지를 확보하는 데 유리하게 작용되기 시작했다는 사실에 주목해 볼 수 있을 것이다. 일본국적 학생들이 증가하는 상황에 대응하기 위해서도 정체성 회복을 목적으로 하는 민족학급과 회복된 정체성을 바탕으로 다양성을 갖추게 할 것을 목적으로 하는 민족학교가 연계해 나가는 방안이 앞으로 모색되어야 할 것이다.

마지막으로 현재진행형으로 일어나고 있는 민족학급을 둘러싼 여건 변화에 대해서도 언급해 두고자 한다. 일본유신당이 주도하는 오사카 교육행정이 「민족학급」이라는 명칭 사용을 금지한 데 대해서는 이미 언급했지만 이에 그치지 않고 민족강사들의 고용주체 변경 등 처우문제에 대해서도 손질하고 있다. 그런데 무엇보다 우려되는 것은 2020년도 이후 재일코리안의 역사성과 존재를 염두에 둔 민족학급의 존재 자체가 사라질 수 있는 위기를 직면하게 될 것이라는 점이다. 오사카시 교육위원회는 2020년도부터 「일본어지도원」, 「모어(母語)지도원」이라는 직급을 신설하여 운영할 것이며 모집인원 수도 100명을 상회하고 있다. 갈수록 늘어나는 외국인 학생들에 대한 대처를 제대로 하지 못해 왔던 일본 교육현장 상황을 고려해 본다면 이 같은 변화는 환영받아야 마땅할 것이다. 그러나 이는 동시에 민족학급의 존재 자체를 존폐의 위기로 몰아놓게 할 개연성이 높다고 하지 않을 수 없다.

일견 발전적 해소로 비칠 수도 있겠지만 재일코리안을 대상으로 하는 민족학급이 일본 공립학교라는 제도권 안에서 운영되어 왔다는 사실 자체가 확실히 한반도와 일본 간에 역사문제가 존재한다는 증거로서의 기능을 해 왔다는 점을 가볍게 여겨서는 안 될 것이다. 앞서 나성민이 증언한 바와 같이 민족학급의 존재는 그 자체가 재일코리안 학생과 학부모 뿐만 아니라 일본인 교사와 학생, 지역사회에 이르기까지 긍정적인 영향을 미칠 수 있기 때문이다.

그런데 이번 제도 변화는 급증하는 외국인 학생들에 대한 교육적 대처와 동시에 「(역사문제가 없는) 다문화에 의한 (역사문제가 있는) 다문화 죽이기」라는 역사수정주의를 동시의 진행시킬 수 있다는 우려를 지울 수 없는 상황이다. 왜냐하면 2019년도 시점에서 약 50명 정도에 불과한 민족강사와 지원단체 등 재일코리안 이해당사자들 중에 이 같은 위기감을 느끼고 있는 이는 극히 소수에 불과하기 때문이다. 대부분 민족강사들은 당장 하루하루가 급급하고 1992년 민족협 해체 이후 합심하고 어떠한 문제에 공동으로 대처해 온 경험이 적다는 점도 영향을 미치고 있을 것이다.

그렇다면 한국사회가 할 수 있는 일이란 무엇일까? 앞서 현 정권 들어 조선학교에 대한 관심이 높아졌다고 언급한 바 있지만 이 점을 언급하는 의도란 앞서 논의해 온 바와 같이 한국의 정치상황 변화와 무관하게 재일동포 민족교육의 다양성이 존재해 왔으며, 그 총체에 대해 꾸준한 관심의 필요성을 논의하기 위해서다. 여기에는 이제 재일코리안을 모국 정치의 덫으로부터 해방 시켜 주어야 한다는 함의가 내포되고 있다. 즉 권력이든 시민사회든 재일동포사회 중 어느 특정 부분만 바라보며 총체도 그럴 것이라는 자의적 해석은 이제 지양되어야 할 것이다. 그것이 선의라 해도 말이다. 자의적 해석이 아니라 재일코리안의 독자성을 존중하며 있는 그대로 이해하려는 겸허한 자세가 필요할 것이다.

한국 측에서 재일코리안에게 지원해 줄 수 있는 것은 한국식 국민교육의 강요가 아니라 그들의 삶에 기여할 수 있는 선진적 노하우를 민족교육 현장에 제공해 주는 일이다. 한국에는 시민교육이나 다문화교육 등 이제 일본을 능가한 영역이 적지 않게 존재한다. 그러나 어떻게 그리고 얼마나 수용하는지에 대해서는 현장에 있는 민족강사를 비롯한 재일코리안 이해당사자들의 판단에 전적으로 맡겨져야 한다. 왜냐하면 민족학급은 어디까지나 일본 제도권 안에서 운영되며 교육당국의 의지만 있다면 언제든지 폐지당할 수 있는 불안한 존재이기 때문이다. 즉 신중한 정치적 판단이 요구된다는 것이다.

이 같은 여건에 대한 이해를 도모하기 위하여 일본 내 한국교육원과 한국문화원의 특징과 차이점에 대해 언급하기로 한다.

민족학급의 지원 역할이 주요사업 중 하나인 오사카한국교육원을 비롯한 일본 내 한국교육원은 재일코리안의 민족교육 지원자 역할을 수행하기 위해 세워진 기관이다. 그런데 주일 한국교육원 원장들에게 일본정부가 외교관 신분을 부여하지 않는 배경에는 그토록 재일코리안 민족교육에 대해 적대적 태도를 견지해 온 역사가 있다. 공공외교의 거점으로 일본인을 대상으로 적극적인 발신 활동을 펼칠 수 있는 한국문화원과는 전혀 다른 여건에 놓여 있는 것이다.

이 같은 사실로도 알 수 있듯이 재일코리안 민족교육, 특히 민족학급 활동은 이토록 험난한 곳에서 지난 70년 동안 명맥을 유지해 온 것이다. 모국이 가난했던 시절에 전해진 현재 가치로 1,000조원을 넘을 것으로 추정되는 재일코리안의 경제적 기여에 비하면 오늘날 이들이 원하는 지원이란 지극히 소박한 것이다. 민족학급에 대한 한국 측 관심과 지지는 명시적으로 하되, 구체적 지원은 어디까지나 당사자의 여건과 수요에 맞게 그림자 역할에 충실해 달라는 것이다. 필자는 이것이 과연 과분한 바램인지 독자에게 묻고 싶다.

이희건·서갑호를 통해 본
재일동포 모국공헌의 실례와 좌절

이민호(李民晧)

재일동포 취재를 라이프워크로 삼고 있는 저널리스트. 1996년 재일동포 민족지 〈통일일보〉 기자로 입사, 현재는 이 신문의 서울지사장을 맡고 있다. 한국에서는 정부등록 외신기자이자, 서울외신기자클럽(SFCC)의 정회원이다. 청와대와 국회, 외교부, 통일부 등 주요 기관의 출입기자로 활동하고 있다. 국내소식 발신뿐 아니라 재일동포사회의 현상, 재일동포 인물스토리 취재를 특기로 갖고 있다.

저서로는 『왔소에 오이소~』, 『신한은행을 설립한 자이니치리더』, 『모국을 향한 재일동포의 100년 족적』, 『민단은 대한민국과 하나이다』, 『김경헌과 제2의 인생』 등이 있다.

문제제기

- 재일동포 모국공헌에 무지한 한국인들「왜 아무것도 모르고 있는 걸까?」

　한국 속담에 『호랑이는 죽어서 '가죽'을 남기고, 사람은 죽어서 '이름'을 남긴다』는 말이 있다. 사람으로 태어난 이상, 세상에 뭔가 뜻 있는 흔적을 남기고 가라는 말이다.

　실제로 인생에서 굵은 족적을 남긴 이는 역사의 한 페이지를 장식하곤 한다. 하지만 일본에 사는 한국인들을 통칭한 '재일동포', 일제강점기(1910-1945)를 전후해 현해탄을 건너간 재일한인들은 모국인 대한민국과 거주국인 일본으로부터 자기흔적을 인정받는 경우가 굉장히 드물다.

　재일동포 가운데 좁혀서 한국정부를 지지하는 동포들이 모국 대한민국에 행한 다양한 공적들은 초중고 교과서에 단 한줄 기술조차 없다. 이 냉혹한 현실을 마주한 건, 필자가 1996년 3월 재일동포 민족지「통일일보(統一日報, onekoreanews.net, 1959년 도쿄에서 창간)」기자로 입사하면서부터다. 지금까지 만 23년간 각양각색의 재일동포들을 만나 그들의 이야기를 취재하여 기사화했다. 취재기는 소속사의 지면이나 신동아, 월간조선 등 국내 월간지를 통해 '인물 스토리'나 '재일동포 모국공적'을 주제로 기사화했다.

　이러한 데이터들을 축적해, 필자는 2008년 현장답사 및 관계자 취재를 덧붙여 재일한국인의 모국공적에 대한 기록집을 집필했다. 그해 5월 출간한 '모국을 향한 재일동포의 100년 족적'(재외동포재단 간행, 약칭 100년 족적)이란 서적이다. 사업예산은 외교부 산하 공공기관인 재외동포재단과 재일한국인의 대표단체인 민단(재일본대한민국민단)이 절반

씩 부담했다.

이때 조사의 공정성과 실증을 위하여 재일동포 당사자 및 그들과 인연을 맺고 활동한 인사들로 '재일동포모국공적조사위원회'[1] 란 조직을 꾸렸다. 필자는 이 위원회에서 집필자 겸 간사로서 기록집 조사연구의 책임을 맡았다.

'100년 족적'은 최초의 재일동포의 대한민국 공헌 종합기록집이다. 1948년 8월 15일 대한민국 정부가 수립됐으니, 재일동포 모국공헌집이 건국 꼭 60년 만에 세상에 빛을 보게 되었다. 정부와 공헌의 당사자인 재일동포를 대표하는 민단이 의기투합해서 만들어냈다는 점에서 의의를 찾을 수 있겠다.

이후 '100년 족적'은 대통령, 국무총리, 장관 등 한국정부를 대표하는 국무위원들이 '세계한인의 날(10월 5일)' 기념식, 재외동포 간담회 등 공식석상에서 재일동포의 모국공헌 사례를 인용하는 주요 근거로 자리매김했다.

필자 개인으로는 이후에 한국 국내에서 '민단은 대한민국과 하나이다'(2014, 민단중앙본부 刊), '신한은행을 설립한 자이니치리더'(2015, 통일일보 刊), '민단 70년사 한국어판'(2018, 재일본대한민국민단중앙본부 刊, 번역 및 조사담당), '왔소에 오이소~'(2019, 통일일보 刊) 등의

---

1) 재일동포모국공적조사위원회 이민호(2008) 『모국을 향한 재일동포의 100년 족적』 재외동포재단, 335쪽
2007년 조직한 재일동포모국공적조사위원회에는 위원장에 김진홍 초대 오사카한국총영사, 부위원장에 이선희 박정희 국가최고회의의장 교민담당 특보, 감사에 현선일 민단본국사무소 소장, 위원에 신혜일 재일한국인본국투자협회 부회장, 황선구 해외교포문제연구소 소장, 자문에 박병헌 민단 상임고문과 오기문 민단 초대 부인회장, 조일제 전 국회의원 등 총 12명의 재일동포 당사자 및 유관 인물이 참여했다. 필자는 이 위원회에서 간사를 맡아 기록집의 집필 및 조사연구 책임을 수행했다.

서적을 집필했다. '100년 족적' 발간 이후 집필한 서적에는 추가 발굴한 재일동포의 모국공헌 내용을 보완 수정해 기록했다.

하지만 '100년 족적' 후 11년이 경과한 현재까지도 바뀌지 않은 건, 국내에서의 무관심이다. 현재도 대다수의 한국 국민들은 재일동포의 모국공헌 사실에 대해 전혀 모른 채 살아가고 있다.

그러한 무관심의 실례(實例)는 지난 2019년 3월 한국교육방송(EBS) 프로그램 '지식채널e'[2]에서 재일동포 모국공헌을 주제로 한 영상물을 제작할 때도 확인할 수 있었다. 당시 방송국의 담당 프로그램 작가가 필자에게 자료제공 및 조언을 부탁했을 때, 당시 작가가 필자에게 보내온 메일은 여전한 한국사회 일반의 무관심을 보여준다. 다음은 담당 작가의 메일 내용이다.

"사실 '자이니치리더'를 읽고서 재일동포의 모국에 대한 지원을 보면서 많이 놀랐습니다. 지금껏 '왜 아무것도 모르고 있었을까?'에 대한 의문이 가장 컸습니다. 그런 의문을 가지면서 어깨가 많이 무거웠습니다. 그런데 이민호 지사장님이 보내준 사진과 영상을 보니까 감회가 남다르네요. ((중략)) 프로그램의 제작의도는 좋지만, 재일동포 사진과 영상 자료가 적어서 막막했거든요. 지사장님 덕분에 든든합니다."

이러한 사례에서 보듯, 한국국민 10명 중 9명은 재일동포가 모국 대한민국의 국가발전에 혁혁한 공을 세웠다는 사실을 모른 채 살아가고 있다. 취재 현장에서 만나는 내국인은 전문직 종사자조차도 '처음 듣는 이야기'란 반응을 보였다. 필자가 정부의 공식기록, 신문이 보도한 사진 기록을 보여줘도 "조작된 사진이 아닌가", "놀랍지만 사실인가 선뜻 믿

---

2) 한국교육방송(EBS) 프로그램 '지식채널e', 2019년 3월 5일 방영, 제목 '나를 부르는 이름'
http://www.ebs.co.kr/tv/show?prodId=352&lectId=20052088

기지 않는다"고 고백한다. 이는 세계에서 평균 학력이 가장 높은 나라 중 하나인 대한민국에서 실제로 벌어지는 현상이다.

재일동포 모국공헌에 대한 무지(無知), 무관심(無關心)의 원인은 한 국정부와 학계의 무신경, 언론의 소극적인 보도, 일반에 넓게 퍼져 있는 부정적인 재일동포관을 꼽을 수 있다.

필자가 현장 취재를 다니면서 느낀 재일동포 무관심의 결정적 원인 은 한국사회에서는 재일동포를 '아류일본인'(반쪽발이)으로 인식하는 경향이 작용하고 있다는 점이다. 재일동포에 대한 편견, 반(反)일본 정 서를 재일동포와 오버랩하려는 인식은 근거가 없는 데도 막연하게 그 렇게 믿으려는 재일동포 부정론의 일단이다. 바로 이 점이 재일동포 모 국공헌의 사실이 널리 알려지지 못하고 있다는 의심을 지울 수 없다.

왜 한국사회는 재일동포의 모국공헌에 대해 건국 70년이 지나는 긴 세월동안 무관심한 것인가? 필자는 본고의 머리말인 '문제제기'를 논함 에 있어, 2019년 8월 15일자 통일일보 지면 제13면 기명칼럼을 통해 그 원인에 대한 생각을 피력했다. 하기의 칼럼[3] 일본어 원문과 한국어 번역본을 통해 '한국인들은 왜 재일동포의 모국공헌에 무지한 것일까 '에 대한 답을 대신하고자 한다.

> 20190815 통일일보 제13면 [일본어 원문]
> 在日同胞の『名前』取り戻すべき
> 母国での正当な評価を

---

3) 통일일보(統一日報) 2019년 8월 15일자 제13면 기명칼럼.
 일본어 원문과 한국어 번역본에 뉘앙스와 표현의 차이가 있기에 비교해서 살펴볼 필요가 있다고 사료된다.

在日同胞は、韓国の近現代史に多大な功績を残した。韓国はしかし、建国以来71年もの間、在日の功績に対して評価することはなかった。『我流日本人』というマイナスイメージの枠にはめ込んできたからだ。在日同胞の母国貢献は、韓国政府・韓国人が知るべき事実である。(ソウル＝李民晧)

　在日同胞たちは、歴史に残る大きな功績をあげた。しかし、その名前が残るケースは殆どない。その原因について、在日同胞及び韓国社会で23年間取材を続けて分かった点がある。最大の要因は、他でもなく『我流日本人』『半チョッパリ(在日の蔑称)』というイメージだ。いずれも韓国人が在日同胞に対して持っている先入観である。

　在日同胞については、基本的に日本で苦労している同胞、または日本で差別の対象になっていると考えられている。韓国で、朝総連と朝鮮学校が『民族文化を守っている』かのようにクローズアップされることも、そうした認識の延長線上にある。

　実態は、それ以上でもそれ以下でもない。一般的な在日同胞のイメージはマイナス面が圧倒的に大きい。仮に実業家が苦境に立たされた場合、突如としてその人が日本で使用している通称名が晒される。徐甲虎・阪本紡績社長の例はその典型だ。

　徐氏は60年代初頭、『駐日韓国大使館寄贈者』『在日同胞母国投資の象徴』として歓待の声の中で帰国したものの、1974年に日本の親会社が倒産すると突然『阪本榮一』の名前が晒された。刺身やみそ汁を好む日本人というイメージと、失敗した悪徳資本家という悪名が付きまとった。

　現在も韓国人の根底にはそうした認識がある。日本製品不買キャンペーンが展開される中、不買のターゲット企業として在日同胞が設立した母国投資企業のロッテと新韓銀行を挙げる人もいる。表面的には『同じ血を分かつ同胞』としながらも、実際は日本人として扱い、忌み嫌うのが常だ。

　一体なぜ日本による統治支配問題で、在日同胞たちを標的にするのだ

ろうか。大切にためた虎の子の財産をなげうって国に貢献した母国投資家たちを『日本人』という枠組みにはめ込むこと自体が差別的であり、自己矛盾以外の何物でもない。過去史の中で辛い時間を耐え抜いた在日同胞たちに対して攻撃する姿は、歴史という鎖に繋がれた捕虜の姿と重なってしまう。

1950〜60年代、北送事業が行われ、韓日協定が締結された当時、在日同胞社会では『棄民』という言葉が囁かれた。国に捨てられた民という意味だ。朝総連が評価される一方、民団が蔑視され、在日同胞を反日の枠組みの中に組み込む様子は新たな『棄民』を想起させる。朝鮮学校の教科書を分析した李修京・東京学芸大学教育学部教授から聞いた話は衝撃的だ。

『朝鮮学校で使用されている高校（高級）歴史教科書の1〜3巻、全440ページで、在日同胞による北韓への貢献、在日同胞が生き残る道を示すページは94ページにも及んでいる』

在日韓国学校には、在日同胞の歴史に関する副教材のみが存在する。在日同胞の自発的な母国貢献に対する記述は数えるほどであり、具体性にも欠けている。さらに驚くべきは母国・韓国だ。小・中・高の12年間で使用される教科書に、在日の母国貢献を示す記述が1行もないのだ。

母国貢献の例は枚挙にいとまがないほどに存在している。一方で、これほどまでに評価が伴わないのはなぜなのだろうか。韓国は歴史に残る大きな功績をあげた在日同胞に対し、いつまで『名無し』として放置するつもりだろうか。韓国では、在日同胞を指す代名詞すら定まっていない。在日僑胞、在日同胞、在日韓国人、在日朝鮮人、在日韓国朝鮮人、ザイニチなど、あまりにも多く複雑な印象を与える。在日同胞はこう問いたくなるだろう。

『私の名前は何でしょうか』―。

『虎は死んで皮を残し、人は死んで『名前』を残す』『井戸水を飲むなら、その井戸を掘った先人のことを覚えておけ』ということわざがある。世の中に貢献した人物を正当に評価しないのは公平ではない。

韓国政府と韓国国民は、在日同胞の『名前』を取り戻すべきだ。そして、韓国の歴史を変えた在日同胞による母国貢献について、教科書に記

載すべきだろう。

[한국어 번역본]
대한민국은 재일동포 '이름'을 찾아줘야
조총련 역사교재도 재일동포 조명하는데...

재일동포는 한국의 근현대사에 커다란 공적을 남겼다. 그러나 한국은
대한민국 정부 수립 이래, 71년의 세월동안 재일동포의 공적에 대해 제대
로 평가하고 있지 않다. 재일동포를 『아류일본인(亞流日本人)』이라는 마
이너스 이미지 틀 속에 가둬왔기 때문이다. 재일동포의 모국공헌은 한국
정부, 한국인이 알아야 할 역사적 사실이다. [서울=이민호]

재일동포들은 역사의 페이지에 남을 큰 공적을 세웠더라도, 그 이름이
남지 않는 경우가 허다하다. 그 원인에 대해 23년간 재일동포 및 한국사회
취재를 하면서 깨달은 점들이 있다. 제일 큰 허들은 다름 아닌 '아류일본
인', '반쪽발이' 이미지다. 한국에서 재일동포를 보는 선입견이다.

우리 편일 때는 일본서 고생하는 동포 혹은 일본서 차별의 대상으로
보일 때다. 한국에서 조총련과 조선학교가 '민족문화의 지킴이'처럼 클로
즈업되는 것도 그런 인식의 연장선상에 있다.

하지만 그뿐이다. 실태는 그 이상도 그 이하도 아니다. 일반적인 재일
동포 이미지는 마이너스면이 압도적으로 크다. 가령 사업가가 곤경에 처
하면, 갑자기 등장하는 것이 그의 일본식 통명이다. 서갑호 사카모토방적
사장의 사례는 그 전형이다.

서 사장은 60년대 초반 '주일대사관 기증자', '재일동포 모국투자의 효
시'로서 금의환향했지만, 1974년 일본 모회사가 도산하자 갑자기 부각된
건 사카모토 에이이치(阪本榮一)란 일본이름이었다. 사시미, 미소시루 먹
는 일본인이란 이미지에, 실패한 악덕 자본가라는 악명이 따라붙었다.

현재도 그런 한국인의 인식이 기저에 남아있는 듯하다. 최근 한일경제
갈등에서 빚어진 일본제품 불매 캠페인을 들여다보자. 불매 표적이 된
기업에 재일동포가 세운 모국투자기업인 롯데와 신한은행을 올리는 이들

도 있다. 표면적으로는 '피를 나눈 동포'라면서도 실제로는 일본인 취급하고 기피하는 현상과 마주하게 된다.

대체 왜 100년 전 일제식민지배의 문제를 갖고 재일동포를 표적으로 삼는가. 자기 자식 같은 귀한 재산을 내놓고 헌신한 모국투자가들을 일본인의 틀 속에 넣어버리는 건 차별이고 자기 모순적 행태다. 불행한 과거사의 한복판에서 힘든 시간을 견뎌온 재일동포들을 향한 공격은 과거사의 굴레에 갇힌 포로의 모습에 다름 아니다.

1950-60년대 북한으로의 북송과 한일협정이 체결되던 시기, 재일동포 사회에서 나온 유명한 말이 '기민(棄民)'이다. 나라로부터 버려진 백성이란 말이다. 조총련이 평가받고 민단이 업신여겨지고, 재일동포를 반일(反日)프레임 속에 넣으려는 모습은 새로운 '기민(棄民)'을 떠올리게 만든다. 조선학교 교과서를 분석한 이수경(李修京) 도쿄가쿠게이대학 교수(교육학)로부터 들은 이야기는 충격적이다.

"조선학교에서 사용하는 고등학교(고급) 역사교과서 1-3권 총 440p 가운데, 재일동포의 북한 공헌, 재일동포가 살아갈 길을 지도하는 페이지는 94p에 달했습니다."

하지만 재일한국학교에서는 재일동포 역사와 관련한 부교재만이 존재할 뿐, 재일동포의 모국공헌에 대한 기술은 가뭄에 콩 나듯 하고, 구체성도 결여되어 있다. 나아가 더 놀랄 일은 모국인 한국이다. 초중고 12개년 과정의 교과서에서 재일동포의 모국공헌 한 줄이 기술되어 있지 않은 것이다.

그들의 모국공헌 사례는 수 없이 많고 그것이 미친 사회적 영향도 컸다. 대한민국은 역사에 남을 큰 공을 세운 재일동포를 언제까지 '무명자(無名者)'로 방치할 것인가?

한국에서는 재일동포를 부르는 대명사조차 뒤죽박죽 정해져있지 않다. 재일교포, 재일동포, 재일한국인, 재일조선인, 재일한국조선인, 자이니치 등 하도 많아서 듣는 것만으로 복잡한 인상을 준다. 재일동포들은 이렇게 물을 것이다.

"대체 내 이름은 무엇이란 말이요?"

『호랑이는 죽어서 가죽을 남기고, 사람은 죽어서 '이름'을 남긴다』, 『우물물을 마실 때는 그 우물을 판 선인을 기억하라』고 했다. 짐승도 죽기

전에 뭔가 자기흔적을 남기는 데, 하물며 세상을 바꾼 인물을 평가하지 않는 건 온당하지 않다.

한국 정부와 한국 국민은 재일동포의 '이름'을 찾아주어야 한다. 그리고 한국의 역사를 바꾼 재일동포의 모국공헌을 교과서에 실어야 한다.

 ## 재일동포 모국공헌의 실제 사례
- 1948년 건국 이래 對한국공헌 주요 실적을 중심으로

재일동포들은 1948년 8월 15일 대한민국 건국 이래, 다양한 분야에서 막대한 공헌을 해왔다. 그들이 지난 71년간 모국에 행한 공헌의 발자취는 현대사의 페이지로 남을 만한 굵직굵직한 역사기록이다.

단순히 개개인이 자발적으로 행한 애국심의 소산으로 치부하고 넘기기에는, 그들이 남긴 모국공헌의 객관적 크기가 장대하다. 또한 그것이 대한민국 사회 변화에 미친 영향은 지대하다.

그렇기에 재일동포의 모국공헌을 한국현대사, 우리역사의 페이지로서 교과서에 실어야 하는 이유는 충분하다 말할 수 있다. 하지만 애석하게도 한국의 12개년 정규교육과정, 초중고 교과서 어디에도 그들의 공헌은 자취를 찾아볼 수 없다. 단 한 줄 기술되어 있지 않다는 게 놀랍다.

재일동포가 모국에 행한 공헌 중에는 '세계최초'도 있고, '한국최초', '한국최대'로 남을 기록도 있다. 필자는 재일동포가 한국현대사에 새긴 기록 가운데 '최초-최대'라 할 수 있는 실제 사례를 선정, 그것의 근거를 데이터와 함께 소개한다.[4]

---

4) 통일일보(統一日報) 2019년 8월 15일자 제16-17면 기사 참조
　 http://news.onekoreanews.net/detail.php?number=86355&thread=04 (제16면)
　 http://news.onekoreanews.net/detail.php?number=86356&thread=04 (제17면)

No1. 세계 최초- 6.25동란(한국전쟁) 때 재외동포 구국참전[5]

　　FACT 〈6.25한국동란 때 재일동포 청년학생 642명은 조국을 구하겠다는 일념으로 '펜' 대신 '총'을 메고 참전했다. 이는 세계 역사상 최초의 해외국민 참전이다. 재일동포 학도의용군은 미군에 배속되어 격렬한 전투현장을 누볐다. 오늘날 한미연합군 한국군 요원인 '카투사(KATUSA)'의 원조는 바로 6.25한국동란에 참전한 재일학도의용군이었다.〉

6.25동란 재일동포 학도의용군 출정식
(1950년 9월 민단 가나가와본부, 출처-통일일보)

　1950년 6월 25일 북한의 기습남침으로 한국전쟁이 발발하자, 민단은

---

5) 재일동포모국공적조사위원회 이민호(2008)『모국을 향한 재일동포의 100년 족적』
　재외동포재단, 22-43쪽
　이민호(2014)『민단은 대한민국과 하나이다』재일본대한민국민단, 8-19쪽
　한민족하나로, KBS한민족방송『한민족하나로』KBS, 2019년 8월 22일, 8월 29일,
　9월 5일, 9월 12일 방영분

제4장 이희건·서갑호를 통해 본 재일동포 모국공헌의 실례와 좌절 … 이민호 **279**

그해 8월부터 의용군 모집에 나섰다. 이때 선발된 재일동포 의용군은 일본의 유수대학에 재학 중인 유학생들을 필두로 한 청년들로서 참전 결행자는 모두 642명이었다.

재일동포 학도의용군은 그해 9월 13일 제1진 69명이 요코하마항 출정을 시작으로 제2진 137명, 제3진 151명 등이 모국전선에 합류하였다. 1진으로 출정한 재일동포 학도의용군의 첫 전투는 세계 전쟁사에서 가장 드라마틱한 반격작전이었다. 바로 '인천상륙작전'이다. 이 작전으로 북한의 김일성 부대의 공세에 의해 한반도 남부지역인 경상도, 낙동강 하구까지 떠밀렸던 아군은 반격의 기회를 잡았다.

재일동포 의용군들은 최전방 전투부대에 배속, 전쟁의 최전선이라 할 수 있는 북진작전에도 참전했다. 그들이 참전한 주요전투를 꼽자면, 인천상륙작전과 9.28서울수복작전, 원산이산상륙작전, '1.4후퇴'로 유명한 흥남철수작전과 장진호전투, 6.25동란 최대 격전장이던 중부전선의 백마고지 전투, 김일성고지, 김화지구 전투 등이었다. 최격전지마다 현장에 있었던 재일동포 의용군 가운데 52명이 전장에서 목숨을 잃었고, 83명은 행방불명되었다. 요컨대 642명의 재일학도의용군 가운데 21%에 달하는 135명이 하나 뿐인 자기목숨을 잃었다.

현재 재일동포 학도의용군 전사자는 서울 동작동 국립 현충원 제16묘역에 안치되어 있다. 대한민국을 지키기 위해 목숨을 잃은 순국선열(殉國先烈)들과 함께 묻혀 있다. 당시 재일학도의용군들은 일본에서 북한 공산군이 남침했다는 뉴스를 듣고, 학생으로서의 '펜'을 내려놓고 의용군의 '총'을 들었다. 그들이 주저 않고 조국전선으로 달려간 건, 제 한 몸 불태워 풍전등화의 위기에 처한 조국을 구하겠다는 신념 때문이었다.

역사적으로 주목해야 할 사실(事實), 그들의 모국 한국이 잊어서는 안되는 사실(史實)이 있다. 6.25동란 시 참전한 재일학도의용군들의 결행은 세계 역사상 최초의 '해외국민 참전'이란 사실이다.

재일동포의 6.25참전은 당시 미국의 주류언론에도 소개됐다. 1952년 9월 29일, 미국 CBS 방송의 조지 하먼 도쿄지국장은 『한국전쟁에 출현한 유령부대』라는 제목으로 이렇게 타전했다.

"유령부대가 한국전쟁에 나타나 국제연합(UN)군과 함께 싸우고 있다. 특파원들이 취재한 바에 따르면, 그들의 정체는 일본에서 건너온 코리언들이다."

일각에서 1967년 6월 5일 발발한 제3차 중동전쟁에서의 재미유태인들의 이스라엘 참전을 '최초의 해외국민 참전'이라 주장한다. 하지만 이는 명백한 오류다. 미국 언론이 인정한 바와 같이 한국의 해외국민 참전은 재미유태인의 참전보다 17년 앞섰기 때문이다.

재일동포 학도의용군 6.25참전 기념식
(2013년 9월 30일, 인천 수봉공원, 출처-통일일보)

지 역	인원(명)	지 역	인원(명)
홋카이도 (北海道)	13	아키다현 (秋田県)	7
미야기현 (宮城県)	24	이와데현 (岩手県)	1
도쿄도 (東京都)	139	가와사키시 (川崎市)	27
요코하마시 (横浜市)	5	지바현 (千葉県)	23
군마현 (群馬県)	8	사이다마현 (埼玉県)	5
아이치현 (愛知県)	19	시즈오카현 (静岡県)	7
나라현 (奈良県)	6	기후현 (岐阜県)	3
나가노현 (長野県)	2	니가다현 (新潟県)	9
후쿠이현 (福井県)	7	야마나시현 (山梨県)	2
시가현 (滋賀県)	6	오사카부 (大阪府)	61
교토부 (京都府)	19	효고현 (兵庫県)	24
야마구치현 (山口県)	13	오카야마현 (岡山県)	18
히로시마현 (広島県)	14	시코쿠 (四国)	17
나가사키현 (長崎県)	20	오이타현 (大分県)	3
후쿠오가현 (福岡県)	78	구마모도현 (熊本県)	7
사가현 (佐賀県)	9	미야자키현 (宮崎県)	3
와카야마현 (和歌山県)	7	기 타	36
		합 계	642

No2. 세계 최초- 자국 해외(주일한국)공관 9개소 기증7)

FACT 〈재일동포가 일본 내 대한민국 공관 10개소 가운데 9개소를 기증하고 설립했다. 재일동포들이 한국 정부에 기증한 주일공관의 시가는 한

---

6) 재일동포모국공적조사위원회 이민호(2008)『모국을 향한 재일동포의 100년 족적』 재외동포재단, 39쪽
7) 재일동포모국공적조사위원회 이민호(2008)『모국을 향한 재일동포의 100년 족적』 재외동포재단, 226-239쪽
이민호(2014)『민단은 대한민국과 하나이다』재일본대한민국민단, 45-55쪽

국 원화로 2조 원을 상회한다.〉

일본 내 대한민국 영토라 할 수 있는 주일본한국총영사관 10개 공관 가운데 9개소는 재일한국인들이 자발적인 모금을 통해서, 혹은 동포 개인이 자기재산을 기증하여 설립된 것이다. 재일동포의 공관건설 운동은 1962년 8월 15일 오사카 재일동포 1세 서갑호(徐甲虎)씨가 정부에 도쿄 미나토구 아자부사저를 주일한국대사관 용도로 기증하면서부터 본격화되었다.

서갑호의 주일대사관 기증을 시작으로 1960-1970년대 재일동포들은 오사카와 요코하마, 나고야, 고베, 후쿠오카, 삿포로, 센다이, 시모노세키 등 일본 전역에서 민단을 주축으로 한 공관건설 모금운동을 전개했다. 같은 시기 개인의 공관기증도 활발하게 이뤄졌다.

세계사에서도 해외국민이 이처럼 다수의 자국 공관을 기증하고, 모금운동을 통해 설립한 일은 그 유례를 찾을 수 없다. 재일동포의 모국공헌은 주일공관 기증 사실 한가지만으로도 더 이상의 설명이 필요치 않을 것이다.

재일동포들이 모국인 대한민국 정부에 기증한 9개소 주일한국공관의 시세는 현재 원화 가치로 2조 원을 상회할 만큼 막대한 재산적 가치를 갖고 있다.

서갑호의 기증을 시작으로
일본의 대한민국 공관 10개 중 9개는
재일 동포에 의해 설립되었다

재일동포들은 1960-70년대 일본 내 대한민국 공관 10개소 중 9개소를 설립하고
정부에 기증했다.(2019년 3월 6일, 한국교육방송 EBS '지식채널e' 영상 캡처)

在日同胞들이 寄贈한 『駐日韓国公館』 출처-민단중앙본부

公館名	所在地	敷地面積
大使館	東京都港区南麻布1-2-5	10217㎡/ 3091坪
大阪総領事館	大阪市中央区西心斎橋2-3-4	519.01㎡/ 157.08坪
横浜総領事館	横浜市中区山手町118	1797.37㎡/ 544坪
福岡総領事館	福岡市中央区地行浜1-1-3	318.01㎡/ 96.25坪
名古屋総領事館	名古屋市中村区名駅南1-19-12	403.08㎡/ 122坪
神戸総領事館	神戸市中央区中山手通2-21-5	422.11㎡/ 127.76坪
広島総領事館	広島市南区東荒神町4-22 (舊 下関総領事館) 下関市東大和町2-13-10	991㎡/ 300坪
札幌総領事館	札幌市中央区北三条西21丁目	978.51㎡/ 296.05坪
仙台総領事館	仙台市青葉区上杉5-5-22	991.72㎡/ 300坪

재일동포 1세 경제인 서갑호(左)씨가 도쿄 미나미아자부의 본인 사저와 토지를
박정희 국가최고회의의장(右)을 통해 정부에 기증하고 있다.
(1962년 8월 15일, 출처-통일일보)

도쿄 東京

- 1949년 1월 주일본대한민국대표부 발족 긴자 햣토리 빌딩 4층에 입주. 당시 재일기업인 조규훈(曹圭勳) 씨가 1,300만 엔을 지원. 그 이전 이원만(李源萬) 씨가 마루노우치의 본인 소유 건물을 임차해주는 등 재일동포의 대표부 재정 지원이 계속되었음.
- 1951년 10월 주일본대한민국대표부 현 소재지인 미나미아자부 1번지로 이전. 서갑호 씨가 자신의 사저 및 부지를 무상 대여
- 1962년 8월 서갑호(徐甲虎) 씨가 박정희(朴正熙) 국가최고회의 의장에게 도쿄 미나미아자부 1번지를 기증. 그해 11월 등기 이전
- 1965년 12월 주일본대한민국대사관으로 승격. 그 해 한국과 일본간 국교가 수립됨.
- 1976년 12월 대사관 청사 및 관저 신축 착공 (1차 재건축)
- 1978년 8월 신청사 완공
- 2010년 5월 대사관 청사 및 관저 신축 착공 (2차 재건축)
- 2013년 7월 대사관 재건축 완성 및 오픈 세리머니 (東京都港区南麻布1-2-5)

삿뽀로 札幌

- 1966년 4월 홋카이도 민단이 총영사관건설기성회 결성(선언수, 田連寿 회장)
- 홋카이도 민단 단원으로부터 약 3,000만 엔을 모금
- 1966년 6월 구 청사의 토지와 건물을 구입 뒤 기증
- 2006년 11월 신 청사 준공 (札幌市中央区北二条西12-1-3)

요코하마 横浜

- 1966년 6월 공관창건후원회 결성 (이종대. 李鍾大 회장)
- 이 회장을 중심으로 가나가와(神奈川)와 시즈오카(静岡)현에서 200명이 모금 참가
- 목조 가옥을 5,000만 엔에 구입한 뒤 정부에 기증 (横浜市中区山手町118)

나고야 名古屋

- 1966년 5월 주 나고야영사관 개설
- 1966년 12월 건설위원회 결성
  (대표 정환기, 鄭煥麒씨 등 5명)
- 아이치현 동포 37명의 기부금으로 토지와 건물을
  구입한 뒤 기증
- 1974년 5월 주나고야총영사관으로 승격
- 1994년 3월 민단 간부 유지들이 모여서 현재 청사
  부지를 구입
- 1997년 2월 현 청사 준공
  (名古屋市中村区名駅南 1 ― 1 9 ― 1 2)

후쿠오카 福岡

- 1966년 후쿠오카총영사관건설위원회 발족
  (박원상, 朴元詳 위원장)
- 후쿠오카 동포들의 모금으로 토지건물을 기증
- 1988년 10월 구 청사 매각
- 1989년 4월 신 청사 착공
- 1990년 3월 현 청사 준공
  (福岡市中央区地行浜 1 ― 1 ― 3)

고베 神戸

- 1967년 8월 고베한국영사관 설립후원회 결성
  (황공환, 黃孔煥 회장)
- 고베 동포 모금으로 현 청사 토지 건물 구입 기증
- 2007년 현 청사 개축
  (神戸市中央区中山手 2 ― 2 1 ― 5)

오사카 大阪

- 1971년 9월 주오사카총영사관 건설기성회 발족
  (한녹춘, 韓祿春 회장)
- 오사카 중심거리인 「미도스지御堂筋에 태극기를
  내걸자」 는 슬로건 아래에 8억 엔을 모금
- 1972년 6월 토지와 건물 기증
- 1972년 11월 현 청사 착공
- 1974년 11월 현 청사 준공
  (大阪市中央区西心斎橋 2 ― 3 ― 4)

센다이 仙台

- 1968년 4월 동북 6개현 민단지방협의후원회 결성
  (함장숙, 咸昌淑 회장)
- 동북지방 179명의 동포가 2,261만 엔을 모금
  토지와 건물 구입한 뒤 기증
- 1968년 6월 주센다이영사관 개설
- 1980년 5월 주센다이총영사관으로 승격
- 2007년 3월 신청사 이전 (仙台市青葉区上杉1−4−3)

히로시마 広島 (구 시모노세키 舊 下関)

- 1969년 5월 민단 야마구치본부, 히로시마본부, 시
  마네현 본부의 모금 운동 시작
- 총 모금액 4,000만 엔으로 시모노세키총영사관
  (山口県下関市東大和町)을 건설
- 1997년 민단 야마구치본부가 시모노세키총영사관
  토지 건물을 6,500만 엔에 정부로부터 재구입 기증
  (정부에서 절차상 필요하다 요청해 취한 조치임)
- 1997년 재일동포가 다수 거주하는 히로시마(広島)
  로 청사 이전
- 2010년 3월~ 현 청사(広島市南区東荒神町4−22)

재일동포 경제인 서갑호 씨가 기증한 초창기 주일한국대사관
(1962년, 출처-통일일보)

No3. 한국 최초- 수출전용공단 '구로공단' 설립8)

FACT 〈재일동포가 한국 최초의 수출공업단지인 구로공단(현 가산디지털단지)을 주도 설립하였다. 재일동포 경제인들은 60-70년대 '한강의 기적'으로 불리는 모국의 근대화 사업에 동참, 본인들이 일본에서 피땀 흘려 모은 자본과 기술, 노하우를 조건 없이 모국에 전수했다.〉

항공에서 촬영한 '구로공단' 전경(1970년대 초반, 출처-국가기록원)

1967년 4월 1일 준공된 대한민국 최초의 수출산업공업단지는 '구로공단'(九老工團, 현재의 '가산디지털단지')이다. 구로공단의 최초 입주기업 28개사 가운데 18개사는 재일동포 투자기업이었다. 구로공단은 애

---

8) 재일동포모국공적조사위원회 이민호(2008)『모국을 향한 재일동포의 100년 족적』재외동포재단, 72-91쪽
이민호(2014)『민단은 대한민국과 하나이다』재일본대한민국민단, 65-69쪽

초부터 재일동포 전용 공업단지로 조성하자는 취지에서 출발한 것이었다. 재일동포 1세로서 코오롱그룹의 창업자인 이원만의 제안으로 시작된 것이 구로공단 조성이다.

구로공단 준공 시 공단 입주업체를 살펴보면, 재일동포 투자기업이 18개로 가장 많았다. 그 뒤를 이어 국내 기업 9개와 미국 투자기업 1개가 있었다. 당시 박정희 대통령은 준공식에서 재일동포의 노고를 격려하고, 한국의 공업발전에 대해 다음과 같이 기대감을 드러냈다.

"재일교포들이 이곳에 조국의 산업건설에 이바지하겠다며, 모든 악조건을 무릅쓰고 공장을 세웠다. 정부는 재일교포들의 새로운 공업기술 도입에 관심을 가지고 있다."(한국일보 1967년 4월 7일자)

구로공단에 입주한 재일동포 기업들은 당시 한국에는 존재하지 않던 첨단제품을 생산하는 제조업체들이었다. 진출분야는 전기, 전자, 화학, 비료, 섬유, 금속 등으로서 공통적으로 고용유발효과가 큰 업체들이었다.

다음은 1966년 7월 30일 입주한 재일동포기업 14개사의 내역이다.

동흥전기제작	(兪一龍, 전기기기)	한국마벨	(金容太, 전기기기생산)
대판대섬유	(金山豊, 고무풍선)	삼화합성공업	(吳福琛, 완구 등)
대판교역	(張仲均, 섬유류)	대한광학	(許弼奭, 수도파이프 등)
평화공업	(裵贊斗, 안경)	싸니전기	(郭泰石, 공업용 보석)
풍전공업	(秦孔曆, 피혁 지퍼)	삼화제관	(鄭煥武, 금속 완구)
대경물산	(張奉昊, 벨트관계)	광화물산 외 2개사	

출처-재일한상련40년사

구로공단은 60-70년대 한국에서 비약적인 경제발전을 보여주는 상징이었다. 연간 수출액을 살펴보면, 개업 첫해인 1967년도에 500만 달러를 달성했다. 이듬해인 1968년 700만 달러, 1969년 1300만 달러, 1970년 2100만 달러, 1971년 2500만 달러로 해마다 비약적으로 증가해갔다.

구로공단은 전성기 때 한국의 수출총액 15%를 차지하며 '대한민국 수출의 전진기지'라는 애칭으로 불렸다. 재일동포들은 한국의 경제성장 신화를 칭하는 『한강의 기적』의 마중물 역할을 했을 뿐 아니라, 오늘날 한국을 세계 10대 경제강국으로 우뚝 서게 한 공로자들이다. 이는 구로공단의 실적이 증명하는 바이다.

이후 한국의 경제구도도 변모해간다. 경공업에 이어 중공업이 발전하고, 산업분야도 다양화되어 간다. 이에 따라 구로공단도 자구책을 마련하기 위해 변화를 모색하게 된다.

재일동포 모국투자가들이 김포공항 도착 후 기념촬영을 하고 있다.
(1960년대 초, 출처-통일일보)

구로공단은 2000년대 중반 구로디지털산업단지로 탈바꿈했다. 재일동포들은 구로공단 창단의 주역으로 참가한 이래, 경상북도 구미공업단지와 경상남도 마산수출자유구역, 경기도 안산의 반월공단 등에도 속속 진출했다. 이는 재일동포들이 국가전체의 경제 발전을 넘어, 지방의 발전에도 지대한 공헌을 했음을 말해준다.

이처럼 재일동포 모국투자는 활발했지만, 정부가 기록으로 잡은 투자액은 이해하기 어려울 정도로 적었다. 재무부가 1965년부터 1970년까지 집계한 재일동포 모국투자기록은 42건에 투자액 2,600만9,000달러에 지나지 않는다. 이처럼 적은 투자액은 재일동포 기업이 최초로 신고한 투자액만을 기록했기 때문이었다. 재일동포가 추가로 모국에 투자한 액수가 정부기록에서 누락되어 있는 것이다. 따라서 부실 데이터라 할 수 있다. 최초 투자액만이 정부의 공식기록으로 남은 건, 규명해야 할 연구 과제라 할 수 있다. 재일동포 모국투자의 창구이자 연합조직인 '재일한국인본국투자협회'에 의하면, 재무부가 집계한 6개년 간(1965-1970년) 모국에 투자한 재일동포 기업의 수는 200개사가 넘었다.

1965년 한일국교수립 직후 재일동포 모국투자 신고기록

(단위: 천 달러)

투자가	신고액	업종	투자가	신고액	업종
김재운	700	비료	곽태석	420	전자제품
임원황	573	공기조화기	최금철	392	합성수지
이래옥	289	자동차정비	백경석	36	봉제품
김영준	563	양식	우영민	96	절삭공구
오상수	76	섬유	권교상	360	케미칼 슈즈
김창근	63	합성피혁	이등삼	75	병접 제조
감차상	47	브래낙트	김명곤	2,000	해운업
김윤종	1,300	건설	이시형	58	인쇄업

민봉식	405	건설 및 수송	김영인	1,823	의류제조
서갑호	2,572	섬유	최종대	100	건설업
김상호	690	전기제품	고성규	500	레디에타
김 홍	175	전자제품	엄기룡	130	골프용품
김형순	125	가공	장광진	68	사격, 수렵용품
김석원	216	돗자리	김종수	450	PVC합성수지
이충선	1,000	동 아연 제조	김윤삼	440	공기정화기
신격호	2,074	은박 제조	조병호	500	관광,숙박시설
김병순	130	함석 제조	김영고	400	요소비료
이순천	150	플라스틱튜브	최이규	3,289	식품가공
방호영	212	면장갑제조	하룡하	170	수화물운송
김경용	113	차안전유리	이병옥	76	자동차정비
서상록	.3,030	동 압연 주물	조령판	123	합성수지
			총 200여건 중 42건		2,600만9,000달러

1965.9-1970.6 한국 재무부 자료

No4. 한국 최초- 민간자본 1호 은행 '신한은행' 설립[9]

FACT 〈'신한은행'은 재일동포가 설립한 한국 최초의 순수 민간은행이
다. 1982년 7월 7일 영업을 시작한 신한은행의 창립이념은 금융보국(金融
報國). 재일동포 341명은 신한은행 창립 자본금의 100%인 250억 원을 출
자하였다.〉

---

9) 재일동포모국공적조사위원회 이민호(2008)『모국을 향한 재일동포의 100년 족적』
재외동포재단, 92-110쪽
이민호(2014)『민단은 대한민국과 하나이다』재일본대한민국민단, 70-83쪽

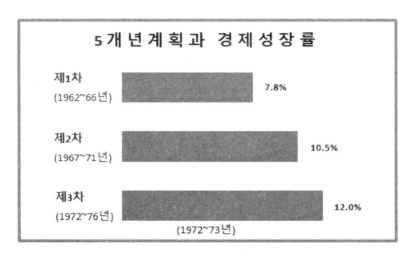

'신한은행' 창립 당일의 풍경
(1982년 7월 7일, 서울 명동지점, 출처-신한은행)

1960-70년대 재일동포들의 모국진출은 활발했다. 한창 때인 70년대 후반에는 모국투자 회사들의 연합체인 '재일한국인본국투자협회'(1974년

2월 5일 결성, 이하 투자협회)의 회원사 수는 400개를 상회했다.

1978년 한국 재무부는 『재일동포 모국투자액이 10억 달러를 돌파하여 외국인 투자액 9억3,700만 달러를 앞질렀다』는 보고서를 만들었으니, 재일동포 모국투자가 얼마나 활발했는가를 말해준다. 투자협회는 동포기업의 금융문턱을 스스로 해결하기 위하여 한국에서 금융사 설립을 추진했다. 그 첫 번째 결과물이 1977년 7월 정부로부터 인가를 받은 단자회사 '제일투자금융'이었다.

그러나 재일동포 모국투자가들은 단자회사로는 한계가 있다고 판단했다. 일본 내 민족금융기관 연합체인 '재일한국인신용조합'과 '민단', '재일한국상공회' 등 재일동포 유관단체들은 모국 한국에서 시중은행을 창업하겠다는 목표를 갖고 움직였다. 정부 청원이 수차례 반려되는 가운데서도 포기하지 않았고, 그렇게 탄생한 금융사가 바로 대한민국 최초의 순수 민간은행인 '신한은행(新韓銀行)'이다.

신한은행은 재일동포들이 창립 자본금 전액인 250억 원을 모금하여 세운 은행이다. 창업자는 341명의 재일동포 주주 연합체였다. 재일동포들은 본인들이 창업한 은행의 이름 속에 '금융으로 나라에 보답하자'(金融報國, 금융보국)는 애국심과 '대한민국 금융에 새 역사를 쓰겠다'(新韓, 신한)는 염원을 담았다. 재일동포들이 애국의 마음으로 모국 한국에 혁신적인 금융사를 만들겠다는 각오로 세운 은행이 신한은행인 것이다. 또한 신한은행은 한국 금융사에서 개개인이 힘을 모아, 소액주주 공동체 형태로서 은행을 설립한 최초의 사례다.

"'신한은행'은 많은 동포 기업인들이 이룩한 피와 땀의 결정이며, 애국충정의 승화입니다. 동시에 조국개발에 대한 우리 동포들의 참여의지가 결집된 것입니다. 이제부터 '신한은행'을 조국 대한민국의 경제번영과 더불어 성장시켜나가겠습니다."(주주대표 이희건의 발언, 1982년 7월 6일 서울로얄호텔 신한은행 창립주주총회)[10]

신한은행은 창립 주총 이튿날인 7월 7일 영업을 개시했다. 이때만 해도 서울 명동을 비롯해 전국에 지점이 3개밖에 없는 초미니 은행이었다. 하지만 일본에서 선진금융 시스템과 경영기법, 고객응대 노하우 등을 도입하면서 성장가도를 밟게 된다. 무엇보다 신한은행이 한국에 몰고 온 가장 강력한 새 바람은 '금융업=서비스업'이란 업(業)의 기본을 각인한 것이다. 금융노하우는 이희건이 회장으로 있는 민족금융기관 '오사카흥은'에서 직수입한 것이었다.

이러한 재일동포의 든든한 서포트 덕에 신한은행은 놀라운 신기록 행진을 이어간다. 신한은행이 한국금융사에 남긴 신기록은 많다.

『첫째, '신화(神話)'로 불리는 무서운 성장 가도다. 자본금 250억 원으로 출발한 초미니뱅크는 설립 4년째인 1986년 수신고 1조 원, 그로부터 2년 뒤인 1988년 2조 원, 1991년 5조원을 돌파했다. 기존 5개 시중은행이 1조 원의 분수령을 넘는데 평균 50년의 세월이 걸렸음을 감안하면 놀라운 속도의 성장 가도이다. 2011년에는 당기순이익 3조1,000억 원을 거양했다. 한국의 금융계에서 마(魔)의 벽으로 여겨져 온 순익 3조 원 클럽에 최초 진입하였다.

둘째, 1997년 11월 6.25동란 이래 최대 국난으로 정의됐던 IMF금융위기 때의 실적이다. 신한은행은 이해 533억 원의 흑자를 낸 데 이어, 금융권 연쇄도산의 소용돌이가 일어났던 1998년에도 590억 원의 당기순이익을 거뒀다. 이해 한국의 시중은행들은 적자 규모만 12조5,000억 원이란 최악의 성적표를 받아들었다. IMF체제라는 최악의 위

10) 이민호(2014) 『민단은 대한민국과 하나이다』, 재일본대한민국민단, 71쪽

기상황에서 유일하게 빛난 금융사가 바로 신한이다. IMF를 계기로 신한은 국민들에게 '돈을 믿고 맡길 수 있는 은행'이라는 신뢰감을 심어줬다.』[11]

신한은행의 성공요인은 재일동포가 창립주체라는 특수성과 철저한 상업주의, 리스크 관리를 체계화한 금융시스템을 구축하고 있었기 때문이다. 무엇보다 순수 민간자본으로 설립된 은행이다보니 '주인의식'이 투철했고, '고객 제일주의'를 내세운 친절한 금융 서비스를 제공한 것도 성장의 기반임을 부인할 수 없다.

재일동포들이 대한민국에 세운 신한은행은 거꾸로 일본에 따로 현지법인을 둘 정도로 성장해갔다. 2009년 9월 개업한 SBJ(Shinhan Bank Japan)가 바로 그곳이다. 재일동포들이 만든 은행이 다시 일본으로 현지법인을 세웠다는 사실은 동포들에게 대단한 반향을 불러일으켰다. 왜냐하면 마치 시집보낸 딸이 손자를 낳아 본가로 보낸 것과 같은 반전이 일어났기 때문이다.

이후에도 신한은행은 고도성장을 거듭해갔다. 현재는 KB금융그룹(구 국민은행과 주택은행의 합병은행)과 함께 한국금융의 양대축을 이루는 매머드 금융그룹으로 성장해 있다. 2003년 9월에는 세계금융의 중심인 뉴욕증시에 상장, 월드클래스뱅크의 비전을 향한 첫 걸음을 뗐다. 또한 2020년 아시아선도은행을 중간 목표지점으로 설정하고, 최종적으로 글로벌 리딩뱅크의 비전을 향해 전진해가고 있다.

---

11) 이민호(2014)『민단은 대한민국과 하나이다』재일본대한민국민단, 74-75쪽

No5. 한국 최초- '제주감귤', '관광제주'의 선구자[12]

FACT 〈재일동포는 빈곤의 섬 제주도를 전국에서 가장 먼저 보릿고개
에서 탈출시킨 견인차였다. 재일동포는 오늘날 제주도를 대한민국 관광
1번지, 감귤 주산지로 이끈 등불이었다.〉

'새마을운동'은 70년대의 대표 국책사업이다. 제주도에서는 이보다 10년
전, 이미 재일동포에 의한 자발적인 새마을운동이 전개됐다. 제주출신 재
일동포들이 향우회나 친목회 등을 통해 조직적으로 고향마을에 전기와 수
도를 부설하고, 감귤나무를 조성하여 생활고를 타개하고 있었던 것이다.

60년대만 해도 제주도민들은 외부세계와 단절된 채 살아가고 있었다.
고립된 섬 제주도 개발에 발 벗고 나선 이들이 바로 재일동포였다. 1963
년 10월 제주 최초의 호텔 '제주관광호텔'(현재 '하니크라운관광호텔')을
세운 이는 도쿄의 김평진(金坪珍)씨다. 그는 이후 '서귀포관광호텔'을 건
립한 데 이어, 이승만 대통령 별장인 '허니문하우스'(현재 '파라다이스호
텔')을 매수하는 등 관광제주의 초석을 다지는데 이바지했다.

제주도 출신 동포 중 개인 새마을운동을 열심히 한 인물로는 오사카
일본유기화학공업(日本有機化學工業) 대표인 안재호(安在祜)씨를 꼽을
수 있다. 그는 고향마을인 표선면에 면사무소(1968년)와 마을회관(1970
년)을 지었고, 전화개설(1973년), 도로포장(1974년), 표선중학교 이전
(1975년)을 도맡았다. 국가가 건설해야 할 사회기반시설을 한 사람의
재일동포가 전담했던 것이다.

---

12) 재일동포모국공적조사위원회 이민호(2008) 『모국을 향한 재일동포의 100년 족적』
   재외동포재단, 154-177쪽
   이민호(2014) 『민단은 대한민국과 하나이다』 재일본대한민국민단, 102-109쪽

1963년 김평진 씨가 건립한 제주최초의 호텔 제주관광호텔
(현 하니관광호텔, 출처-통일일보)

　또한 재일동포들은 제주도에 감귤을 도입하여 만성적인 빈곤탈출을 리드하는 견인차 역할을 했다. 이는 통계지표로도 입증된다. 1967년 제주도의 감귤 생산고는 3,400톤에 순이익 5억4,000만 원, 1인당 연 소득은 2만8,684원(1966년 기준)이었다. 일약 전국 3위의 소득으로 급상승한 것이다. 만년 소득꼴찌였던 제주도민의 소득이 이렇게 급상승한 건 감귤보급의 시기와 궤를 같이 한다. 재일동포들이 1962년부터 1970년까지 9개년 동안 기증한 감귤묘목은 315만 그루에 달했다.

　재일동포들은 『밀감(=감귤)제주를 만들자』는 슬로건을 내걸고 감귤보급에 심혈을 기울였다. 제주도에서 감귤나무 세 그루만 갖고 있으면 먹고사는 걱정이 없다고 했다. 또한 감귤나무는 자녀를 육지로 유학 보낼 수 있다고 해서 '대학나무'로 불렸다. 제주도를 전국에서 가장 빨리 보릿고개에서 탈출시킨 이들. 제주도를 한국관광의 1번지로 세계적인

관광명소로 가꾼 이들. 천연 국산비타민 제주감귤 브랜드를 탄생시킨
선구자가 바로 재일동포다.

재일동포 '제주감귤 묘목' 기증 실적

(1962-1970年)

년도	묘목 수량
1962-1966	55,000
1967	46,150
1968	46,000
1969	421,500
1970	2,580,600
총 314만9,250 그루	

재일동포모국공적조사위원회 2008, 이민호

재일동포가 기증한 감귤묘목 하역작업(1968년 제주항, 출처-통일일보)

재일동포공덕비-제주 조천면 주민들이 세운 것들로 '비석거리'로 불린다
(2007년, 출처-통일일보)

No6. 한국 최대- 88서울올림픽 후원금 541억 원[13]

FACT 〈88서울올림픽 경기시설들은 재일동포 성금 일화 100억 엔, 당시 한화 541억원으로 세워졌다. 재일동포의 88올림픽성금은 건국 이래 단일 성금액으로는 사상 최고액이다.〉

1988년 서울올림픽은 재일동포들에게 크나큰 자랑거리였다. 식민지배와 전쟁, 빈곤에 허덕이던 모국 한국이 세계최대 스포츠제전인 올림픽을 개최한다는 사실에 감격하지 않을 수 없었다. 모국의 애경사 때마다 팔을 걷어붙였던 재일동포들은 이번에도 가만히 있지 않았다. 또다시 성금모금운동을 시작했다.

---

13) 재일동포모국공적조사위원회 이민호(2008)『모국을 향한 재일동포의 100년 족적』
   재외동포재단, 44-61쪽
   이민호(2014)『민단은 대한민국과 하나이다』재일본대한민국민단, 35-44쪽

재일동포의 88서울올림픽후원 기념비 제막
(1988년 9월 17일, 출처-통일일보)

현재 서울 송파구 방이동 올림픽공원 안에 있는 올림픽을 치르기 위한 주요 시설들은 재일동포들의 성금에 의해 만들어졌다. 재일동포의 성금으로 세워진 경기시설은 6개소에 달한다. 한류스타들의 콘서트장으로 애용되는 '올림픽체조경기장', 개장 당시 아시아 최대시설을 자랑했던 '올림픽수영경기장', '올림픽테니스경기장', 그리고 현재 대한체육회가 본부로 쓰고 있는 '88올림픽회관'이다. 이밖에 경기도 하남의 '미사리조정경기장'과 서울 '장충체육관'도 재일동포 한명 한명의 정성어린 성금으로 짓고 개보수한 경기장이다.

재일동포들은 경제적 여유가 없을지라도 모금으로 모국사랑을 표현하고자 했다. 그렇게 모인 돈은 100억 엔(당시 541억 원)에 달했다. 이 100억 엔은 현시점에서 모으려 해도 사실상 불가능에 가까운 금액이다. 1980년대 초 서울의 20평짜리 신식 단독주택이 2,000만 원대라고 하니, 재일동포 올림픽성금은 주택 2,700채를 살 수 있는 막대한 금액이었다.

『88서울올림픽 재일한국인 후원회』를 중심으로 한 올림픽성금 캠페인에 호응한 재일동포들의 수는 도합 10만 명을 웃돌았다. 재일본대한민국부인회는 『1일 10엔 모금』캠페인을 통해 모은 성금으로 내외국인 관광객을 위한 전국 명승지 화장실을 재래식에서 현대식으로 개조하였다.

당시 일본을 제외한 미주, 유럽 등 다른 해외지역에서 모은 성금총액은 6억 원이었다. 이 사실을 감안하면, 재일동포사회의 88올림픽을 향한 관심과 열정이 얼마나 강렬했나 실감할 수 있다. 재일동포성금으로 건설한 88서울올림픽 경기장들은 2018평창동계올림픽이 열린 30년 후인 지금도 건재하다. 그러나 대다수의 한국인들은 재일동포의 올림픽 공헌 사실을 모른 채 살아가고 있다.

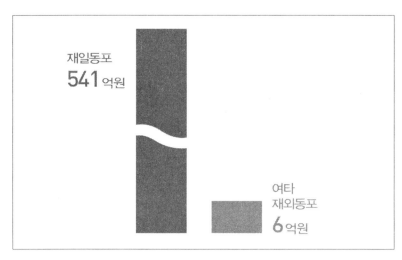

88서울올림픽 당시 해외에서의 후원금(1988년 9월 17일, 출처-통일일보)

재일한국인 서울올림픽 후원 활동

날짜		성금액	
후원회	1987년 11월 30일	300억 원	541억 원
	1988년 6월 16일	210억1,841만6,000원	
	1988년 10월 18일	14억3,824만6,879원	
민단 부인회	1일 10엔 모금 운동	16억4,000만 원	

재일동포성금으로 건설된 88서울올림픽시설들

체조경기장	규격67m×43m, 수용인원 15,000명(올림픽공원 내)
수영경기장	연건평 7,560평, 수용인원 12,000명(올림픽공원 내)
테니스경기장	연건평 21,500평, 수용인원 15,000명(올림픽공원 내)
미사리조정경기장	현재 경정(競艇)장으로 이용(경기도 하남시)
올림픽회관 (대한체육본관)	지상15층, 지하2층, 수용인원 900명(올림픽공원 내)
장충체육관	관람석 교체 및 사무실 증축(서울시 중구)

No7. 한국 최대- IMF금모으기운동 외화보다 많은 외화송금액[14]

　　FACT 〈1997년 말 IMF외환위기 때 재일동포들은 외화부족으로 파탄지경에 내몰린 모국을 돕겠다며 미화 15억 달러를 송금했다. 또한 당시 일본에서 발행한 한국국채 300억 엔의 상당액을 매입했다. 이처럼 재일동포가 IMF위기 시 국내로 송금한 외화는 같은 시기에 국내의 범국민운동인 '금모으기 캠페인'으로 모은 외화 20억 달러를 상회하는 금액이었다.〉

　　"국제통화기금에 유동성 조절자금을 지원해줄 것을 요청하기로 결정하였습니다."　　(1997년 12월 3일 임창렬 경제부총리의 대국민담화문)

　한국이 국제통화기금(IMF)으로부터 긴급 구제금융을 받아야 했던 이른바 IMF시절. 6.25동란이후 최대국난이라 불렸던 IMF외환위기 때 한국의 외환보유고는 고작 39억 달러에 지나지 않았다.

　국민들은 위기에 빠진 나라를 구하겠다며 '금 모으기 운동'을 전개했다. 국내에서 IMF체제를 극복하려고 몸부림치던 그때, 일본에서는 그에 버금가는 재일동포들의 자발적인 애국운동이 펼쳐졌다. IMF체제에 돌입한 1997년 그해, 민단 주도로 재일동포들이 국내로 송금한 엔화는 139억 엔(당시 원화로 1,800억 원)이었다. 그 후로도 엔화송금운동은 계속됐다. 정부가 구제금융을 요청한 시점부터 1999년 1월까지 재일동포들이 한국으로 송금한 엔화는 780억6,300만 엔에 달했다. 한국 원화로 1조 원에 달하는 자금이었다. 뿐만 아니라 재일동포들은 1998년 3월 한국정부가 300억 엔의 엔화 국채를 발행했을 때에도 적극적으로 매입에 나섰다.

---

14) 재일동포모국공적조사위원회 이민호(2008)『모국을 향한 재일동포의 100년 족적』재외동포재단, 62-71쪽
　　이민호(2014)『민단은 대한민국과 하나이다』재일본대한민국민단, 20-24쪽

外貨預金運動展開へ

韓国の経済危機に民団　1世帯10万円以上目標に

10月から3ヵ月

深刻な経済危機に直面している韓国の現状に、在日韓国民団（辛容祥団長）は、五日、海外国民の立場から支援策を検討してきた結果、外貨預金口座の開設と外貨送金運動を全組織を挙げて展開していく、と明らかにした。

本国投資、国産品愛用も

この日の東京・南麻布の韓国中央会館での記者会見によれば、預金運動は全国十二万の団員家庭を対象としており、一世帯一通帳、十万円以上を新韓銀行をはじめとする本国銀行の駐日支店を窓口として本国に送金していくよう呼び掛けているという。期間は今月十日から来年三月十日までの三カ月間の予定。

記者会見には民団中央本部の辛容祥団長のほか、傘下団体を代表して婦人会中央本部の金定子会長と在日韓国商工会議所の韓昌祐会長が同席した。

辛団長は、ソウルでのオリンピック開催に際して五百四十億ウォンを伝達するなど、六三年以来今日まで一千億ウォン近い誠金、義援金で貢献してきたこれまでの実績を振り返りつつ、今後の預金運動に全力を挙げたいと強調した。また韓商の韓会長からは、預金運動に限らず本国への投資、国産品愛用運動にもいままで以上

재일동포들이 모국에 외화송금운동을 결의했다는 보도
(1997.12.6. 출처-통일일보)

엔화 송금운동의 참여 열기는 뜨거웠다. 송금운동에 참여한 동포들은 예탁건수로 4만8,000명에 달했다. 당시 참여은행은 신한은행, 외환은행, 국민은행 등 일본 내 한국계 은행지점 18곳이었다.

재일동포들은 이처럼 조국이 위기상황에 처했을 때 가장 먼저 손을 내민 구원마였다. 재일동포 중에는 국내의 금모으기처럼 장롱 속에 보관하던 금반지를 엔화로 바꿔서 그 돈을 송금한 이도 있었다. 이때 재일한국인 대표단체인 민단이 펼친 운동은 '한 가정 당 10만 엔 송금하기 캠페인'이었다.

당시 분위기에 대해 배철은 전 민단신문 편집장은 "곁에서 못 먹고 울고 있는 조국의 형제자매를 좌시할 수는 없었다"고 되돌아봤다. IMF 외환위기 때, 민단을 위시한 재일동포의 행동을 평가해야 할 사실은 최대의 국난으로 불리는 절체절명의 위기 속에서 조국과 함께 위기를 이겨내려 했다는 점이다.

IMF 때 재일동포들의 외화송금운동은 한국에서의 돈벌이에 여념이 없던 외국인투자가들의 행태와는 대비되는 장면이었다. 당시 외국인들은 한국의 외환보유고가 39억 달러로 바닥을 드러내자, 경쟁적으로 대한(對韓)투자금을 회수해가기 바빴다. 그 정반대의 움직임을 보인 해외 거주자들이 재일동포다. 재일동포들은 단 1엔이라도 더 외화를 송금해, 곤경에 처한 모국을 돕고자 전력을 기울였다. 6.25한국전쟁 이래 최대 국난으로 불린 절체절명의 국가위기 속에서도, 재일동포들은 조국과 함께 그 위기를 극복하려 애썼던 것이다.

〈IMF외환위기 때, 민단과 재일동포의 긴급대응〉
- 1997년 12월 5일, 민단「全 재일동포 IMF외화송금운동 호소」
- 1997년 12월 8일, 12일, 15일 민단과 국내은행 일본지점 대책회의 개최
- 1997년 12월 20일, 민단 단원에「외화예금구좌 개설안내문」발송
- 1998년 1월 9일, 민단 IMF외환위기 타개 지원 대책회의
- 1998년 1월 14일, 신용상 민단 단장 3차「긴급호소문」발표
   "모국 경제난국 타개에 재일동포 역량을 총결집하자"
- 1998년 3월 11일, 민단 49기 중앙위원회의 결정
   "재일동포 외화송금운동, IMF위기 극복 때까지 무기한 연장"

No8. 추기(追記)- 재일동포 모국기부 주요 실적[15]

    FACT 〈민단(재일한국민단)을 위시한 재일동포들은 대한민국이 건국하던 해인 1948년부터 현재 2019년에 이르기까지 71년 이상 모국기부의 전통을 계승하고 있다. 모국의 애경사를 함께 하겠다는 것이다. 재일한국인 구심체를 자부하는 민단 등 재일동포단체들이 한국 정부에 갖다 준 직접기부액은 공식기록으로 확인되는 금액만 1조원에 달한다.〉

    최초의 태극마크 재일동포가 달아줬다
    재일동포가 48런던올림픽 출전비 100% 담당

    1948년 7월 29일 개막한 제14회 런던올림픽은 한국 근현대사에서 대단히 의미 깊은 스포츠제전이었다. 국제스포츠 무대에서 '대한민국'이란 국호를 내건 선수가 출전한 최초의 대회였기 때문이다.

    1936년 베를린올림픽 때 마라톤 선수 손기정이 금메달을 딴 적은 있지만, 그의 가슴에는 일장기가 달려 있었다. 일제에 의한 식민지배라는 비운의 역사에서 마침내 벗어나, 해방의 온기와 건국의 기운이 넘실대던 대한민국이었다.

    그러나 그 과정은 순탄치 않았다. 정부 수립(1948년 8월 15일)이전인데다, 가뜩이나 어려운 나라 재정에 선수의 출전비용까지 감당하는 건 무리라는 목소리가 제기된 것. 우여곡절 끝에 67명의 선수단이 6월 21

---

15) 재일동포모국공적조사위원회 이민호(2008)『모국을 향한 재일동포의 100년 족적』
   재외동포재단, 134-153쪽
   이민호(2014) 『민단은 대한민국과 하나이다』재일본대한민국민단, 25-33쪽
   재일본대한민국민단 오공태(2018)『민단70년사 한국어판』재일본대한민국민단,
   260-261쪽
   한민족하나로, KBS한민족방송『한민족하나로』KBS, 2019년 10월 10일 방송분.

일 서울역에서 증기기관차를 타고 장도에 올랐다.

한국 선수단의 첫 기착지는 일본 요코하마항(橫浜港). 선수단을 기다리고 있던 건 재일동포들이었다. 재일본조선체육회의 채수인(蔡洙仁) 회장과 이희원(李禧元)상임고문 등은 선수단을 환영하며, 동포들의 정성으로 마련한 성금과 선물들을 전달했다.

이때 재일동포들이 대한민국 선수단에 전달한 선물내역은 국가대표팀 유니폼, 트레이닝복, 각종 스포츠 장비, 외국선수단 전달용 기념품, 그리고 동포들이 십시일반으로 모은 64만9,500엔(￥)의 후원금이었다. 유니폼에 달린 태극마크는 동포 아주머니들이 한 땀 한 땀 정성들여 바느질로 새긴 것이었다.

만약 재일동포의 후원이 없었다면 48런던올림픽 대한민국 대표팀이 존재했을까. 가난한 조국은 건국 이전부터 재일동포들에게 신세를 지기 시작했다.

계승중인 재일동포 모국기부

재일동포 모국기부 역사는 그들의 대표조직인 민단의 역사와 괘를 같이 한다. 대다수의 성금 모금이 민단의 주도하에서 이뤄졌기 때문이다.

민단이 벌인 성금 모금 캠페인을 10년 단위로 나눠서 정리하면 다음과 같다. 6.25동란 전쟁 이재민 구호운동(1950년대), 구호미 및 라디오 보내기운동(1960년대), 고향마을 발전 개발운동과 새마을자매결연, 산림녹화 운동(1970년대), 88서울올림픽 성금 100억 엔 모금운동(1980년대), IMF위기 엔화 송금운동(1990년대), 한·일 공동월드컵대회 성금모금 및 남대문화재 성금운동(2000년대) 등이다. 거르지 않는 상시 캠페

인도 있었다. 수해, 가뭄과 같은 천재지변에 의한 이재민 구호 활동이
었다.

　재일동포들의 위난 시 구원활동을 돌이켜보면 시대와 세대가 바뀌어
도 꾸준하게 이어지고 있음을 확인할 수 있다. 먼저 6.25동란이 발발한
1950년대 구원활동을 보면, 민단은 그해 10월 위문주머니 2,825개와
현금 93만2,712엔(￥)을 전장으로 지원했다. 위문주머니에 담긴 물품으
로는 의약품과 의류, 모포, 비누, 캐러멜, 신발 등이었다. 아녀자들이
보낸 재봉틀도 있었다.

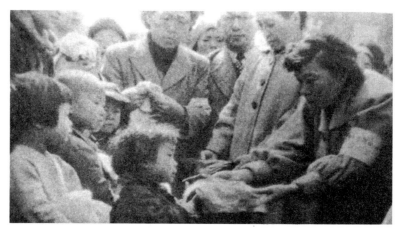

민단부인회 회원들이 6.25한국전쟁 고아들에게 생필품을 전달하고 있다.
(1952년, 출처-통일일보)

　현금 93만 엔이 적은 돈으로 보이지만 당시로선 상당한 거액이었다.
민단 부인회의 공식기록인『부인회 40년의 족적』에 따르면 도쿄시내
에서 하루 모금할 경우 적게는 2,000엔, 많아야 3,000엔을 모을 수 있
었다. 일본 근로자 평균월급이 1,000엔 남짓이던 시절이다. 그 시기

재일동포의 생활상은 곤궁하기 짝이 없었다. 오사카 1세 이희건(李熙健)씨는 이렇게 증언했다.

"전후(1945년 직후) 일본은 지금의 젊은 사람들은 상상도 못할 만큼 가난했습니다. 우리 재일동포들은 일본인보다 더 가난했습니다. 물론 사업가도 있었지만 지극히 소수였죠. 동포들 대부분은 변변한 직업도 없이 하루하루 입에 풀칠하는 걸 걱정해야 했습니다."

재일동포들이 자기 먹을 것을 줄여가면서 조국 기부에 나섰음을 알수 있는 1세의 증언이다. 비록 끼니를 걱정할 만큼의 곤궁한 생활이지만, 모국의 동포들과 고향 친구들은 더 어려우니까 도와줘야 한다고 여긴것이다. 6.25동란 때 조국 전선에 보내온 위문주머니 2,825개와 현금 93만2,712엔(￥)은 재일동포들의 피와 땀이 서린 정성이었던 것이다.

60-70년대는 모국 기부 최전성기

1962년 민단 주도로 시작된 『농어촌 라디오보급운동』은 일제라디오 1,200대를 보내면서 시작됐다. 당시 25년 만에 모국을 찾은 프로 레슬러 역도산(力道山)의 손에도 라디오 20대가 들려 있었다. 이 무렵부터는 『구호미 보내기운동』도 개인보다 조직 차원에서 이뤄지기 시작했다. 국내에서는 미국의 원조물자가 언제 얼마나 올 것인가 촉각을 곤두세우던 시절이니, 재일동포들이 보내오는 쌀은 가뭄의 단비 같은 희소식일 수밖에 없었다.

당시 쌀이 얼마나 귀했는지는 정부기록과 신문기사들이 증명한다. 홍수나 가뭄을 겪은 해에는 쌀값이 수 배로 폭등하기 일쑤라, 정부는 물가

정책을 통해 쌀값 잡기에 나섰다. 급기야 정부는 1969년 1월부터 매주 수요일과 토요일을 쌀밥 먹는 걸 금지하는 '무미일(無米日)'로 고시까지 했다. 식량사정이 얼마나 심각했는가 엿볼 수 있는 단적인 증거이다.

1963년에는 태국에 쌀 차관을 부탁했다가 거절당한 일이 벌어졌다. 이 때 〈조선일보(6월19일자)〉는 태국정부가 "한국보다 우리 쌀의 오랜 고객인 싱가포르와 말레이시아, 홍콩, 일본에 먼저 쌀을 보내야 할 것"이라 보도했다. 한 토막의 기사지만 태국이 쌀을 주문한 한국을 박대하는 장면은 한국이 처한 초라한 위상을 실감나게 한다.

1963년 한국은 쌀값 파동과 태풍 피해, 미국의 원조식량 지연 등으로 최악의 식량난을 겪었다. 이 때 재일동포들은 좌시하지 않고 곧바로 구호미를 보냈다. 8월과 9월 두 차례에 걸쳐 쌀 452t과 밀가루 212t의 구호물품과 더불어 성금 3,606만 엔(¥)을 송금했다.

민단은 1956년부터 모국 고향의 가족들의 생계비를 지원하는 『가족부양금 송금운동』을 전개했다. 이와 관련 박병헌 전 중앙단장은 "일본 정부는 법으로 1인당 연간 500달러 송금으로 제한했지만 아랑곳 하지 않았습니다. 첫해 1만 세대, 그 이듬해엔 1만5,000세대에 송금하였습니다"라고 증언했다. 민단은 1968년부터 연간 1,000만 달러 송금운동을 거단적으로 전개하기 시작했다.

1970년대는 재일동포들의 위난 성금활동의 최전성기였다. 가장 열성적으로 한 일은 『새마을운동』에 대한 동참이었다. 재일동포들에게 농촌을 근대화하고 농가소득을 늘려보자는 국가적 캠페인은 자신들과 딱 맞는 일이었다. 본인들 스스로가 모두 농촌 출신으로서 지금까지 알음알음 해왔던 기부활동의 연장선상에 있던 일이었기 때문이다.

민단은 이때도 조직의 힘을 발휘했다. 김정주(金正柱) 민단 중앙단장은 조직 산하의 지방본부와 지부들을 모국에 있는 농촌 마을들과 자매결연을 맺는 프로젝트를 전개했다. 1973년 7월 시작해 1977년까지 민단은 전국 148개소 농촌 마을과 자매결연을 맺었다. 지역별로는 경상도가 47개소로 가장 많았으며 충청도 29개소, 전라도 26개소, 경기도 20개소, 강원도 17개소, 제주도 9개소 등의 순이었다. 민단이 이들 마을에 지원한 새마을성금은 집계 통계로 5억244만 원이었다.

재일동포 개인이 펼친 기부 활동은 훨씬 수도 많았고 다양한 방식으로 이뤄졌다. 개인이 행한『고향 발전 지원활동』으로는 마을도로 포장, 교량 건설, 마을회관 및 경로당 건립, 전화 및 전기, 수도 개설, 학교 건립, 장학회 운영, 정미소 및 축사 건립, 과실수, 벚꽃나무 식목 등 시설 개선 사업들이었다.

80년대부터 물품에서 성금으로...

이와 관련해『새마을운동』실무를 맡았던 김국진(金國鎭) 전 내무부 국장은 증언했다.

> "재일동포들이 1972년부터 1978년까지 내무부에 직접 내방해 전달한 새마을운동 성금은 74건 6억1,968만 원이었습니다. 극히 일부에 지나지 않으며 실제로는 이 금액의 수십 배에 달합니다. 워낙 개인적으로 하는 일이 많은데 정작 본인들은 공개를 꺼려해 통계로 잡히지 않는 경우가 허다했습니다."

민단과 내무부 기탁『새마을운동』성금을 합하면 11억2,212만 원이다. 이 금액을〈한국은행〉의 소비자물가지수(2013년=100)를 기준으로 환산하면 336억6,000만 원에 달한다.

한편 70년대 후반 들어서면서 한국은 먹고 사는 문제를 해결했다. 상징적인 조치가 1977년 1월 1일 무미일(無米日)의 폐지였다. 이전까지 법으로 금지됐던 쌀밥은 물론이거니와 쌀 막걸리까지 등장했다. 모국이 먹고 사는 걱정이 사라지면서, 재일동포들의 모국 기부 패턴도 변모하게 된다. 과거처럼 일본산 제품이나 쌀 등 현물의 지원보다는 성금이나 의연금을 기탁하는 형태로 바뀐 것이다.

대표적인 사례가 1988년 서울올림픽과 1997년 말 IMF외환위기 때의 재일동포들의 대응이다. 재일동포들은 88서울올림픽 때 일본 엔화로 100억 엔(¥)에 달하는 성금을 모금해 정부에 기탁했다. 독거노인부터 몇 년 동안 휴지를 내다팔며 모은 전 재산을 바친 아주머니, 수억 엔(¥)을 내놓은 배포 큰 회사 사장까지 무려 10만 명이 넘는 동포들이 성금 캠페인에 동참했다. 각기 형태와 액수는 달랐지만 "조국의 축제에 동참하고 싶다"는 재일동포의 성의는 실로 대단했다. 한국 원화로 541억 원에 달한 성금은 6개의 올림픽 경기장을 건설하는 데 충당될 정도의 거액이었다.

1997년 말 한국이 국제통화기금(IMF)으로부터 구제금융을 받을 때에도 마찬가지였다. 민단이 주도한 『1세대 10만 엔 이상 모국 송금운동』으로 미화 15억 달러가 넘는 자금이 국내로 송금됐다. 재일동포들은 일본에서 발행한 국채 300억 엔도 적극적으로 매입했다. 국내에서 350만 명이 참가한 『금 모으기 운동』으로 마련된 외화가 20억 달러 남짓이었음을 감안하면 놀랄만한 성과가 아닐 수 없다.

2000년대 이후 들어서도 재일동포들의 위난 시 복구 성금은 계속되고 있다. 2003년 2월 대구 지하철참사와 2007년 9월 태풍 나리 수해

때에도 자발적으로 의연금을 모금해 기탁했다. 그리고 2008년 2월 방화로 국보 1호 숭례문(崇禮門, 남대문)이 소실됐을 때에는, 정진(鄭進) 중앙단장을 비롯한 민단 간부들이 그 자리에서 성금 2,000만 엔(￥)을 모금해 광복회의 숭례문복원 범국민추진본부에 성금을 기탁한 데 이어, 그해 10월 2차로 모금한 5억8,710만원을 문화체육관광부와 문화재청에 기탁한 바 있다. 1,2차를 합쳐 성금총액은 8억 원에 달했다. 하지만 이때 재일동포들 가운데는 정부로부터 감사인사도 받지 못했다며 섭섭한 마음을 표하는 이도 있다.

이후에도 민단은 2010년 11월 북한에 의한 천안함 폭침 사건 때 유족들을 돕기 위한 성금 1억8,200만원을 국방부에 기탁했다.

재일동포들은 여름철 태풍이 북상할 때면 조국이 피해를 입지 않을까, 고향사람들이 다치지는 않을까, 노심초사해왔다. 실제로 오사카와 후쿠오카에는 대대로 기천제(祈天祭)를 전문으로 하는 제주도 출신 무당까지 있다. 아무리 비과학적이라 비아냥을 받아도 재일동포들의 심정은 조국의 안녕을 바라왔다. 오죽하면 태풍이 한반도를 피해 일본으로 오라고 제사까지 지낼까. 그들의 애틋한 나라사랑의 진심이 담겨 있다.

이는 1948년 8월 대한민국 정부가 수립되던 시절의 재일동포 1세들이나, 현재를 살고 있는 재일동포 2,3세들이나 마찬가지다. 조국의 위난 상황에선 남의 일처럼 좌시하지 않고, 본인이 할 수 있는 구호지원에 최선을 다했다. 앞으로 재일동포사회를 이끌어갈 차세대들도 선대가 행해온 모국에 대한 애정을 이어갈 것이다. 모국의 위난 시 성금모금 및 기부 운동은 재일동포의 전통으로 계승될 것임에 틀림없다.

민단이 정리한 모국공헌 기록(1972-2014년)[16]

지금부터는 재일한국인의 구심체를 자임하는 재일본대한민국민단 (약칭 민단)이 정리한 자기들의 모국공헌 기록을 살펴보고자 한다. 필자는 민단의 단사인 '민단 70년사'의 한국어판을 발간할 때, 한국어 번역 및 교정, 자료를 체크하는 역할을 담당했다. 민단의 컨트롤타워인 민단중앙본부(도쿄 미나토구)가 2018년 12월 발간한 '민단 70년사'는 본문 제17장에서 '재일동포의 모국공헌(1972-2014)'을 개별챕터로서 다뤘다. 재일동포 당사자, 모국공헌을 주도한 민단의 생각을 읽을 수 있다는 점에서, 그 내용을 있는 그대로 하기와 같이 소개한다.

『민단을 중심으로 하는 재일한국인사회가 본국 대한민국발전에 기여한 일은 수도 없이 많다. 개략적으로 열거하자면 ①국가안보와 국가사업 기여 ②본국재해구원과 경제건설 참여 ③국제행사 및 친선사업후원 등으로 구분할 수 있다.

민단은 창단 이래 조국을 위해 일관하여 많은 공헌을 해 왔다. 그중 최대 업적은 재일동포사회를 절대다수의 한국국적 사회로 만들었다는 사실이다. 일본에는 조총련을 비롯해 수많은 反韓세력들이 존재해왔다. 하지만 반한세력의 행동은 봉쇄되고 그들의 음모는 사전에 예방되어왔다.

바로 '민단 조직의 힘'이다. 오늘날 대한민국공관이 일본에서 무사히 집무하게 된 토대도 민단의 오랜 세월에 걸친 노력, 피와 땀의 결정이

---

16) 재일본대한민국민단 오공태(2018)『민단70년사 한국어판』재일본대한민국민단, 260-261쪽
     민단중앙본부가 2018년 12월 발간한 '민단 70년사' 한국어판은 본문 제17장에서 2쪽에 걸쳐 '재일동포의 모국공헌(1972-2014)'의 사실을 간략하게 다뤘다.

다. 민단은 흩어져 있는 재일동포사회의 힘을 규합하여, 수많은 국가사업에 참가하였고 음양으로 묵묵히 모국기여를 해왔다.

기록에 의하면, 1972년부터 재일동포가 보낸 각종 '방위헌금'은 5억원을 넘는다. 또한 재일동포들은 '평화의 댐 건설성금', '독립기념관 건설성금', '서울올림픽 후원성금' 등 국가적인 대사업이나 행사 때에도 빠짐없이 모금운동을 벌여 국가안보와 국가발전에 기여해왔다.

민단은 재일동포사회에 본국투자를 권유 실행하도록 하여 대한민국 경제발전에 기여해왔다. 1974년 발족한 『재일한국인본국투자협회』는 재일동포기업의 본국유치를 적극적으로 진행했고, 그 결과 투자액은 약 3,000억円에 달했다. 1970년대 재일동포의 한국 투자액은 전 세계 해외동포사회 뿐 아니라 외국자본의 대한(對韓)투자액 총액을 넘어설 만큼 막대했다.

재일동포가 본국에 공헌한 금액은 기업투자, 재해 시 각종지원, 개인 차원의 기부, 일본 내 대사관·총영사관 10개소 중 9개소의 토지·건물기증 등 현재가치로 최소한 5조 원 이상에 달할 것으로 추산된다.

1988년 서울올림픽대회 때에는 100억 円을 성금 기탁하여 올림픽성공의 디딤돌 역할을 하였고, 1997년 불어 닥친 IMF외환위기 때에는 1가정 10만円 송금운동 등을 벌여 3년에 걸쳐 870억円의 외화(일본円)를 송금한 일 등은 본국 경제재건을 크게 도왔을 뿐 아니라 재일동포의 지극한 모국사랑을 증명하는 좋은 사례이다.

3. 월드컵대회 在日同胞후원회, 한일양국 조직위에 모금전달

민단의 2002년월드컵대회재일한국인후원회(회장 金宰淑 민단중앙본부 단장, 2001년 3월, 李熙健 전 회장 사임에 따른 교대)는 한일공동월드컵대회 성공을 향해 그동안 모금해온 성금일부인 5억 원을 월드컵한국조직위원회(KOWOC)에 전달했다. 이 성금으로 KOWOC는 월드컵입장권 4,268매를 구입했다. 입장권은 2002년 5월 21일, 서울에

재일동포 월드컵성금 5억 원(5,500만円)을 한국조직위원회에 전달했다. 2002년5월

에 비례하여 향상되고 있음을 절감하고 있다. 항상 조국의 발전과 한일우호를 위해 노력해 왔고, 앞으로도 계속 노력할 것"이라 강조했다. 전달식에는 李衍澤 KOWOC 공동위원장이 참석해 격려인사를 했다.

한편 이날 입장권을 전달받은 단체와 대표는 재일학도의용군동지회, 광복회, 상이군경회, 전몰군경유족회, 전몰군경미망인회, 무공수훈자회, 4·19부상자회, 4·19희생자유족회, 4·19공로자회, 독립유공자협회, 부용회, 한국원폭피해자협회였다. 서울을 제외한 월드컵 9개 개최도시(부산, 대구, 광주, 인천, 대전, 울산, 전주, 수원, 서귀포) 국가유공자 유족 및 소년소녀가장들도 포함됐다.

1월 10일, 월드컵대회 재일한국인후원회는 월드컵대회일본조직위원회(JAWOC)에도 성금일부인 6,400만円을 전달했다. 동포들의 한일공동월드컵의 성공과 양국 우호발전을 바라는 성의를 모은 것이다. 민단의 성금에 나스(那須)회장과 엔도 야스히코(遠藤安彦)사무총장은 "금액도 크고 감사하다. 유효하게 사용하도록 하겠다"며 기뻐했다.

민단은 2002년 한일공동월드컵대회 때 한국 조직위원회에 5억 원(5,500만엔)을, 일본 조직위원회에 6,400만 엔의 후원금을 전달했다.(출처· 민단70년사 한국어판)[17]

민단은 또한 일본에서 개최되는 각종 국제경기, 주요 국제행사에 즈음하여 한국선수단 및 대표단에게 다양한 형태로 후원 사업을 전개했다. 다음은 지금까지 민단과 재일한국인이 행한 모국공헌 사례이다.

주요 후원사업(일본에서 개최된 국제행사)
① 도쿄올림픽대회 한국선수단 후원(1964)

---

17) 재일본대한민국민단 오공태(2018) 『민단70년사 한국어판』 재일본대한민국민단, 268쪽

② 오사카만국박람회 한국관 개설 후원(70)

③ 삿포로동계올림픽대회 선수단 후원(71)

④ 고베유니버시아드대회 선수단 후원(85)

⑤ 지바세계탁구대회 단일선수단 후원(91)

⑥ 베이징아시안게임 참관·후원(90)

⑦ 히로시마아시안게임 선수단 후원(94)

⑧ 후쿠오카유니버시아드대회 선수단 후원(95)

⑨ 나가노동계올림픽대회 후원(98)

⑩ FIFA한일월드컵축구대회 후원(2002)

⑪ 부산아시안게임 후원(02)

⑫ 아오모리동계아시안게임 후원(03)

각종 국가사업 기부금 및 지원금[18]

기부내용	금액(원／円)
방위기부금 (1972-83)	5億1,730万8,663원
새마음심기 식목기금 (1973-81)	3,624万7,600원
새마을자매결연지원 (1973-82)	5億1,693万원
새마을운동 지원 (1981)	1億원
독립기념관 건설 (1983)	10億3,300万원
평화의댐 건설 (1987)	10億8,784万6,000원
서울올림픽후원 (1987-88)	524億5,665万4,879원
서울올림픽후원 (부인회)	15億3,044万6,000원
대전엑스포후원 (상공회)	1億7,100万원
재외국민학생회관 건설 (1993)	12億3,600万원
IMF 외환위기 본국외화송금운동(1997-99)	870億円

18) 재일본대한민국민단 오공태(2018) 『민단70년사 한국어판』 재일본대한민국민단, 261쪽

모국의 각종 재해의연금

기부내용	금액 (원／円)
본국식량난 구원활동 (1963)	4,144万원
본국수재의연금 (1965)	634万595원
본국가족부양금 송금 (1965-68)	28億7,633万8,000원
본국가뭄재해구원활동 (1968)	2,637万5,696원
본국수재민구호의연금 (1970)	547万142원
본국수재민구호의연금 (1973)	3,154万2,173원
본국수재민구호의연금 (1977)	1億1,464万3,218원
이리(익산)역 참사구호의연금 (1978)	1億2,471万9,700원
본국수재민구호의연금 (1979)	2億3,500万원
광주시민 지원금 (1981)	1億원
본국수재구호의연금 (1984)	1億5,000万원
동의대 참사 조위금 (1989)	2,000万원
치안본부 민생치안위문 (1991)	2,000万원
金 경장 조위금 (1993)	1,000万원
서해페리침몰사고의연금 (1993)	1,000万원
대구가스폭발사고의연금 (1995)	5,000万원
강원도수해의연금 (1996)	1億원
수재의연금 (1998)	1億6,500万원
수재의연금 (1999)	1億원
태풍 루사 피해자돕기운동 (2002)	4億원
대구지하철참사의연금 (2003)	2,246万9,302円
태풍매미 재해의연금 (2003)	4,293万1,562円
북한·용천역 참사재해의연금 (2004)	1,363万1,541円
집중호우재해의연금 (2006)	1,062万2,297円
남대문복원의연금 (2008)	5億9,108万3,845원
여객선 세월호 침몰참사 의연금 (2014)	6,400万円

재일동포 모국기부 주요실적 (환산 시가)

<small>[소비자물가지수 반영] ¥ 일본후생성 ₩ 한국은행</small>

 1948년
48런던올림픽 한국팀 후원
¥ 7,295,020
유니폼, 스포츠용품, 기념품

 1950~59년
6.25동란 위연금
¥ 19,587,654　₩ 353,551,536
의류, 오포, 비누, 학용품 외 생필품 수십만점,
축음기 50대, 오르간 10대, 재봉틀, 두부기계

고향 발전 후원
₩ 729,300,000
전봇대 90기, 피아노 6대, 영사기, 학교건립

 1960~69년
고향 발전 후원
¥ 148,137,896　₩ 20,024,717,142
재봉틀 46대, 오르간/피아노 8대, 가로등 120기,
경비정, 소방차, 버스, 오토바이 자동차,
콜레라백신, 텔레비전, 레코더, 의류 수만점,
학교건립, 건물신축(마을회관), 묘목 수십만그루

라디오보내기 운동
¥ 일제라디오 1,337대

모국가족부양금 운동
¥ 61,606,819　₩ 108,374,611,428

재해의연금
¥ 628,570,626　₩ 300,507,814
양수기, 쌀, 밀가루, 의류, 모포

방위 성금
¥ 3,482,941

 1970~79년
고향 발전 후원
¥ 843,628,544　₩ 357,044,962,212
농약살포용헬기 2대, 경비정, 소방차,
오토바이 1,100대, 경찰사이드카 67대, 구급차,
엑스레이기, 농기계, 텔레비전, 비디오, 피아노,
휠체어, 복사기, 영사기, 한우, 묘목 수백만그루,
학교건립, 건물신축(마을회관, 경로당, 정미소),
경기장건설, 도로포장, 교량건설

재해의연금
¥ 274,681,807　₩ 7,426,519,858
구호물자 수만 점

봉산새(경남 진주) 중건기금
₩ 6,141,732,283

 1976년
망향의동산 건립기금
¥ 1,073,091,498

방위성금 **1972~83년**
¥ 23,797,705　₩ 5,295,285,526

민단 148개 새마을자매결연 지원금 **1973~82년**
₩ 5,291,409,449

민단 식목 지원 기금 **1973~81년**
₩ 371,038,425

고향 발전 후원 **1980~89년**
¥ 522,370,025　₩ 47,116,096,474
도서 수만권, 피아노, 텔레비전, 농기계,
휠체어, 복사기, 버스, 경찰사이드카, 소방차,
학교/장학회설립, 건물신축(마을회관, 관공서동)

재해의연금
¥ 24,727,933　₩ 1,443,196,474

독립기념관 건립기금
¥ 21,268,306　₩ 3,711,942,065
독립운동가 이봉창 초상화 (당시 1억원 상당)

평화의댐 건설기금
¥ 7,255,139　₩ 3,562,216,054

88서울올림픽 후원 성금
₩ 177,142,698,596
(민단부인회 1일10엔모금 2,132,000,000원 포함)

고향 발전 후원 **1990년 이후**
¥ 53,130,376　₩ 57,832,513,324
장학회 설립, 건물 신축, 가전제품, 묘목 수만 그루

북한동포돕기성금
¥ 20,541,581　₩ 1,272,714,899

재해의연금
¥ 248,184,193　₩ 1,786,186,962

대전엑스포 후원 성금
¥ 12,075,085　₩ 318,481,375

독립기념관 지원
¥ 독립운동가 초상화 60점

2002한일월드컵 후원금
¥ 13,886,348　₩ 1,424,785,101

재외국민학생회관 건립기금
₩ 2,302,005,731

미술품 및 문화재 기증
¥ 70,035,494　₩ 54,961,318
미술품 1,593점, 문화재 1,116점, 자료 68,4000여점

기부성금총액 (물품제외)
¥ 4,070,788,990　₩ 809,648,889,949

재일동포가 모국에 기부한 주요 실적을 2013년 말 한국은행 물가 기준으로 환산한 시가금액이다.(2014.2. 출처- '민단은 하나이다')19)

한국방송(KBS)이 송출한 '재일동포 모국기부' 이야기

필자는 2019년 8월부터 한국방송공사(KBS) 한민족방송의 라디오 프로그램 '한민족 하나로'[20]에서 '재일동포의 모국사랑'을 주제로 매주 목요일 정규 패널로 출연하고 있다. 방송에서 다뤘던 재일동포들이 한국에 행한 '세계최초', '한국최초-최대'로 기록되는 굵직굵직한 공헌 사실을 국내 및 해외거주자 7천만 한민족 동포들에게 알기 쉽게 해설해주는 역할이다. 민단을 위시한 '재일동포의 모국기부' 이야기는 2019년 10월 10일(목) 방송분에서 다뤘다. 재일동포에 대한 이해가 부족한 일반인을 위한 해설로서, 당시 진행자인 강준영 한국외국어대 교수와 주고받은 질의내용을 소개한다.

　- 대한민국이 건국한 해가 1948년인데, 재일동포들은 모국이 힘들었을 때마다 가장 먼저 손을 잡아줬죠?

　"맞아요. 우리가 광복절로 알고 있는 8월 15일은 대한민국이 건국된 날이기도 합니다. 근데 재일동포들은 48년 대한민국 건국 이전부터, 조국 발전을 위해 발 벗고 나섰습니다. 일제강점기 때도 나라 잃은 백성으로 자기도 배를 곯던 시절이었지만, 주변에 누가 고향 간다는 이야기 들으면 고향친지들에게 먹을거리, 입을거리 잔뜩 들려보냈던 분들이 재일동포들 이었습니다. 자기는 오늘 굶더라도 내일 일해 벌면 되지만, 고향 친척들은 피죽도 못먹을까 노심초사했던 것이죠."

　- 국제스포츠 무대에서 '대한민국'이란 국호를 단 선수가 출전한 최초의

---

19) 이민호(2014)『민단은 대한민국과 하나이다』재일본대한민국민단, 30쪽
20) KBS한민족방송의 라디오프로그램 '한민족하나로', 매일 20:05-21:00까지 전 세계로 송출되고 있다. '재일동포의 모국사랑' 편은 2019년 8월 22일부터 정규 편성되어, 매주 목요일 송출되고 있다. http://program.kbs.co.kr/scr/radio/hanaro/pc/

대회가 1948년 런던올림픽이었는데…이때도 재일동포의 도움이 컸다고?

"런던올림픽은 재일동포가 없었으면 우리나라 출전 못했습니다. 그건 사실입니다. 올림픽 개막일이 1948년 7월 29일, 이역만리 유럽의 영국까지 가려면 적어도 한달 전엔 떠나야 하는 장도였습니다. 국내는 해방 정국이다보니 좌냐 우냐 논박과 싸움이 치열하던 때고, 대한민국 단독정부 수립을 둘러싼 찬반갈등도 심했습니다. 그런 어수선한 상황에서 올림픽 출전은 눈에 보이지도 않았을 테고 신경 쓸 겨를 도 없었을 겁니다. 그런 혼란기 국제사정에 눈이 밝았던 게 일본에 사는 우리 동포들이었어요. 당시 재일동포 스포츠조직인 재일본조선체육회가, 선수단만 결성하면, 재일동포들이 모든 비용과 장비를 감당한다고, 그때 정부수립을 준비하던 분들께 제안합니다."

－ 48년 런던올림픽 출전 당시만 해도 대한민국 정부 수립 전이었죠?

"제헌절이 7월 27일이고, 런던 올림픽 개회식은 이틀 후잖아요. 한국은 아직 멀쩡한 정부 조직조차 꾸려지지 못하던 때에요. 그런 혼란기에 재일동포들이 런던올림픽에 우리나라가 출전하자고 종용한 건 그만한 이유가 있었습니다. 12년 전 1936년 베를린올림픽이 있었잖아요. 그때 손기정 선수가 마라톤에 출전해 세계신기록을 세우며 올림픽 금메달을 따고, 월계수로 된 관을 썼죠. 하지만 나라 잃은 백성, 일장기를 단 채로 세계 1등에 오른 손기정 선수의 얼굴에는 기쁨이 보이지 않았습니다. 그때 동아일보가 손 선수 가슴에 박힌 일장기 사진을 지우고선 [영예의 우리 孫군, 우리 용사 손기정 군 36.8.25일자]이라 보도했어요. 당시 이 일로 정말 큰 소동이 벌어졌어요. 일제는 일장기를 지워버린 동아일보에게 무기정간 처분을 내렸고요. 그러니까 재일동포가 48런던올림픽에 국가대표팀 파견을 원한 건, 되찾은 우리나라, 광복된 조국이 응당 세계최고의 스포츠제전인 올림픽에 출전해서, 대한민국이 당당한 독립국임을 세계만방에 보여주고 싶었던 겁니다."

한민족 하나로
월·일 20:05 ~ 21:00

KBS한민족방송 '한민족하나로' 홈페이지 화면캡처
(program.kbs.co.kr/scr/radio/hanaro)

- 우여곡절 끝에 대한민국 선수단은 일본 요코하마 항으로 갔다고?

"맞아요. 당시 기록, 영상 필름도 남아 있는데요. 우리나라 선수단은 코치 포함해서 67명으로 구성했어요. 선수단은 서울역에서 증기기관차를 타고 부산으로 내려가, 거기서 배를 타고 오사카를 거쳐 도쿄 근방의 요코하마항으로 향합니다. 이후 홍콩 거쳐서 런던까지 가는 정말이지 엄청난 길이의 항해를 했습니다. 초대 대한민국 선수단의 첫 기착지는 일본이었습니다."

- 런던에 가는데 왜 요코하마 항으로 갔을까 생각하는 분도 계실텐데?

"앞서 말씀드린 것처럼, 재일본조선체육회 분들은 자기들이 출전에 드는 비용부터 선수들이 쓰는 경기용품까지 모두 책임지겠다고 했잖아요. 그러니까 본부가 있는 도쿄, 거기서 제일 가까운 요코하마항에 들렀다가 가기를 원했어요. 일본에 사는 재일동포들이 모국선수들을 보면 잠시라도 기뻐할 수 있고, 수많은 재일동포 선후배들 앞에서 선수단을 격려하고 싶었던 겁니다."

- 요코하마 항에서 선수단을 기다리던 사람은 재일동포들이었다면서?

"재일본조선체육회의 채수인(蔡洙仁)회장과 이희원(李禧元)상임고문

등 재일동포 대표단 뿐 아니라 우리나라 선수들이 들어온단 소식을 듣고 찾아온 일반 동포들까지 요코하마항은 북적북적했다고 해요. 바다 건너 우리나라 선수들이 온다니 얼마나 열렬히 환영했겠어요."

- 이때 재일동포들이 한국 선수단에 전달한 선물명세는?

"그 내역을 조사해보니 별에 별 걸 다줬더라고요. 대표팀 유니폼, 트레이닝복, 각종 스포츠 장비, 외국선수단 전달용 기념품, 그리고 동포들이 십시일반으로 모은 후원금 64만9,500엔(¥) 등. 특히 제가 인상 깊게 본 건 대표팀 유니폼에 달린 태극마크였어요. 재일동포 아주머니들이 한 땀 한 땀 정성들여 바느질로 새긴 수공예품 이란 겁니다. 아들을 먼 길 떠나보내는 어머니의 심정, 나라를 대표할 아들들에게 입히려는 유니폼, 너무나 따뜻한 마음이 느껴져서 인상 깊었습니다."

48런던올림픽 때 재일동포들이 수작업으로 만들어준 대한민국 국가대표 유니폼
(출처-YTN영상 캡처)21)

---

21) YTN은 2016년 11월 20일 스페셜 다큐프로그램으로 『현해탄의 가교, 자이니치: 몸은 일본에, 정신은 조국에』를 방영했다. 재일동포의 모국공헌을 조명한 프로그램으로서, 필자가 조사기록과 사진 등을 제공하고 일본 현지취재에 동행했다. 당시 방영된 영상 캡처이다. https://www.ytn.co.kr/_pn/0465_201611200231370380

- 런던올림픽 참가하는데 재일동포 후원이 결정적 도움을 준 거군요?

"제 이야기를 들은 분이라면 누구라도 이런 생각을 하실 수 있을 거예요. 만약 재일동포가 없었다면 그분들 후원이 없었다면, 우리나라 역사에서 세계스포츠역사에서 48런던올림픽 대한민국 대표팀은 존재하지 않았을 것이다. 가난한 조국, 아직 태어나지도 않은 알 속에 갇혀있던 대한민국은 그때부터 재일동포들에게 신세를 지기 시작했구나 이렇게 말할 수 있습니다."

- 재일본 대한민국 민단이 벌인 성금 모금 캠페인을 10년 단위로 나눠서 정리하면 어떻게 되나?

"재일동포의 모국기부 역사는 민단을 빼놓고는 설명이 안됩니다. 체육회도 민단산하였고, 재일동포가 한국에 행한 다수의 구호캠페인, 성금모금이 민단이란 조직의 주도로 이뤄졌기 때문입니다.

민단이 벌인 성금모금 캠페인을 10년 단위로 나눠보면요. 48년 런던올림픽 지원을 시작으로 1950년대 6.25동란 전쟁 이재민 구호운동, 1960년대 구호미 및 라디오 보내기운동, 1970년대 고향마을 발전 개발운동과 새마을자매결연, 산림녹화 운동, 1980년대 88서울올림픽 성금 100억 엔 모금운동, 1990년대 IMF위기때의 엔화 송금운동, 2000년대 한·일공동월드컵대회 성금모금 및 남대문화재 성금운동 등을 꼽을 수 있습니다."

- 거르지 않는 상시 캠페인도 있죠?

"태풍으로 인한 수해, 가뭄과 같은 천재지변, 무슨 무슨 폭발사고 등의 대형사건 사고가 발생하면 어김없이 이재민이 생기잖아요. 그분들을 돕기 위한 구호 활동은 민단이 상시적으로 하는 캠페인이었습니다.

비근한 예로 2008년 남대문 방화사건이 일어났을 때도 '우리 한 푼씩 냅시다'하니 다들 얼마씩이라도 냈고요. 그때 재일동포들이 우리 문화부에 기탁한 성금이 자그마치 8억 원입니다."

2007년에 제주도를 강타한 '태풍 나리' 때의 의연금 현황.
재일동포가 전체의 39%를 담당했다.[22]

2007 제주도 '태풍 나리' 수해의연금 접수 현황

(단위 : 천 원)

지 역	금 액	기부단체수	비율(%)
在日동포	123,145	5개	39.0
在美동포	13,795	3개	4.4
국 내	179,050	9개	56.6
총 액	315,990	17개	100.00

제주도 자료

민단 도쿄본부가 자매결연을 맺은 충남 연기군 금남면 감성리 마을 입간판
(1973년, 민단도쿄본부)[23]

---

22) 재일동포모국공적조사위원회 이민호(2008)『모국을 향한 재일동포의 100년 족적』
    재외동포재단, 148쪽
23) 재일동포모국공적조사위원회 이민호(2008)『모국을 향한 재일동포의 100년 족적』
    재외동포재단, 143쪽

- 현금 93만 엔... 지금 생각하면 많지 않다고 생각할 수도 있습니다만,
당시 물가와 비교하면 어떤 정도인가?

"6.25때 민단서 전쟁피해자를 돕기 위해 모금한 현금이 93만2,712엔이
었습니다. 민단 부인회 기록을 보면, 도쿄에서 하루 모금하면 모이던 돈이
2-3천 엔이었다고 그래요. 그때 일본 근로자 한 달 급료가 1000엔이 안될
때였으니까, 근로자 한 사람이 100년간 벌어야 모을 수 있는 금액이죠.
하지만 금액을 떠나서 가난해서 굶주리고 있는 조국의 동포들을 돕겠다는
재일동포들의 정성이 갸륵하죠. 그 따뜻한 마음을 우린 그 고마움을 잊지
말아야 합니다."

3 서갑호와 이희건의 모국공헌과 좌절

李 熙 健
(이희건,1917)

新韓銀行 名譽會長 및
大阪興銀 創立者

大阪1세, 慶北 慶山

徐 甲 虎
(서갑호,1914)

邦林紡績 社長 및
阪本紡績 創業者

大阪1世, 慶南 蔚州

1) 재일동포 모국투자의 선구자 서갑호의 공적[24]

서갑호(徐甲虎, 1914-1976)는 해방 직후인 40년대 후반부터 70년대 중반까지 재일동포사회를 대표하는 인물이다. 재일동포 1세 중 일본에서 입지전을 일군 롤 모델이기도 했다. 오늘날로 치면 소프트뱅크 회장 손정의(孫正義)에 비견되는 재일동포 거물이었다.

서갑호의 모국공적은 크게 2가지로 나눠서 살펴볼 수 있다.

첫째는 1962년 8월 정부에 일본 도쿄에 있는 본인 소유의 건물과 부지를 기증하여 주일한국대사관으로 만든 일이다. 재일동포들이 일본 내 대한민국 공관 10개소 가운데 9개소를 기증하는 데 마중물 역할을 한 인물이 바로 서갑호다. 그를 필두로 해서 일본 곳곳에서 재일동포들의 공관기증 운동이 펼쳐졌기 때문이다.

> 『서갑호는 1962년 8월 15일 미나미아자부 1번지의 부지와 건물을 정부에 기증한다. 광복절 기념식전의 재일동포 참관단 일원으로 서울을 방문한 자리였다. 1952년 9월 그가 본인 명의로 미나미아자부 1번지(1丁目) 토지 주인으로 등기한 지 꼭 10년 뒤의 일이었다. 그는 박정희(朴正熙) 당시 국가최고회의 의장에게 국유재산으로 써달라며 기증증서를 전달했다. 정부 기증을 결심하면서 서갑호는 동행한 재일민단 오사카본부 인사들에게 이렇게 말했다고 한다. "박정희 의장의 의욕적인 국가재건 의지에 믿음을 가졌습니다."』
>
> (재일오사카100년사, 在阪100年史)』 출처- 자이니치리더 67쪽(통일일보, 2015)

---

24) 이민호(2015)『신한은행을 설립한 자이니치리더』통일일보, 49-78쪽
재일동포모국공적조사위원회 이민호(2008)『모국을 향한 재일동포의 100년 족적』
재외동포재단, 226-233쪽
이민호(2014)『민단은 대한민국과 하나이다』재일본대한민국민단, 45-51쪽

둘째는 한국경제개발 초기에 모국 한국을 위한 헌신적 투자로 한국 섬유산업을 견인했다는 사실이다. 1963년 2월, 그가 '태창방직(泰昌紡織)' 인수금으로 한국산업은행에 미화 100만 달러를 송금해온 것이 시작이다. 이는 재일동포 모국투자의 역사, 대한민국 외자유치의 역사를 새로 쓴 일이었다. 서갑호의 투자는 '최초의 대규모 재일동포 재산반입'으로서 '본격적인 외국자본 유치의 효시'라 할 수 있기 때문이다.

60-70년대 한국 최대 방적회사였던 서울 문래동 '방림방적' 전경
(1970년대 초반, 출처-방림방적)

당시 서갑호가 송금해온 100만 달러는 가용외환 2천만 달러("실제 가용외환은 발표수치의 1/10이 안됐다"-당시 이선희 청와대 경제비서관)도 안되던 시절로선 꿈속에서도 그려볼 수 없는 엄청난 크기의 자금이었다. 한국의 1인당 국민소득이 80달러 남짓이던 시절이다.

서갑호는 서울 영등포 문래동 25만 평방미터 대지에 방림방적(邦林

紡績)을 건립한 데 이어, 1973년에는 경상북도 구미 23만 평방미터 대지에 윤성방적(潤成紡績)을 세웠다. 방림방적은 한국 최대 방적회사였다. 이어 서갑호가 창업한 윤성방적은 아시아 최대규모에 자동화 설비까지 완비한 세계 최신 최첨단 방적회사였다.

1974년 1월 윤성방적 화재 시에는 정부가 비상대책팀을 꾸렸을 만큼 서갑호의 회사들은 한국경제에 지대한 영향을 미치는 기업이었다. 그해 2월 재무부 등 정부기록 및 언론보도 등을 종합하면, 서갑호가 윤성방적에 투자한 금액은 미화 6,947만 달러였으며, 정부가 추산한 윤성방적 피해금액은 170억3100만 원(현 시세 1조원 이상 추정)이었다. 6만 평방미터에 달하는 공장 실내면적 안에 있던 방적기 13만4784추, 직포시설 3000대 등 기계설비는 물론 완제품과 반제품, 원면 등 원자재마저 상당수 타버린 대화재였다. 윤성방적 고용인원은 생산직공 1,100명을 비롯해 관리직원과 보조원 등 약 1,500명이었다.

2) '신한은행' 창립주역 이희건의 공적 25)

이희건(李熙健, 1917-2011)은 재일동포 모국투자 역사에서 그 족적을 또렷이 새긴 인물이다. 서갑호가 직접투자, 개인 책임경영자였다면, 이희건은 모국투자 촉진자로서 공동투자의 성공모델을 만든 인물이다.

이희건이란 이름 석 자를 명확하게 새긴 공적은 지금은 한국의 메이저은행으로 성장한 '신한은행(新韓銀行)' 설립을 주도했다는 사실이다.

---

25) 이민호(2015) 『신한은행을 설립한 자이니치리더』 통일일보, 15-48쪽
　　재일동포모국공적조사위원회 이민호(2008) 『모국을 향한 재일동포의 100년 족적』,
　　재외동포재단, 92-111쪽
　　이민호(2014) 『민단은 대한민국과 하나이다』 재일본대한민국민단, 70-85쪽

신한은행은 1982년 7월 7일 오픈할 때만 해도, 점포 3개에 자본금 250억 원의 초미니뱅크였다. 하지만 이는 대한민국 금융사에 새로운 한 획을 긋는 일이었다. 건국 이래 최초로 순수 민간자본으로 세워진 은행이었기 때문이다. 또한 신한은행은 해외를 터전으로 살아가던 재일동포들만의 힘으로 일궈낸 금융기관이었다. 창립 주주 341명은 모두 재일동포, 그들의 리더가 바로 이희건이었다.

그가 1974년 재일한국인본국투자협회 결성 때 초대회장을 맡은 이력만 봐도 이희건의 리더십을 알 수 있다. 난다 긴다 하는 재일동포 거상들을 제치고 협회의 톱 자리에 오른 것. 그해 2월 5일 오사카재일상공회 사무실, 이희건이 투자협회 회장에 추대될 때 그 아래 인물들은 그야말로 쟁쟁하다. 협회 부회장은 김용태, 강병준, 고문에는 서갑호, 신격호, 안재호, 허필석, 강택우였다. 신격호 롯데 창업자, 서갑호 오사카사카모토방적 창업자, 허필석 동경상은 창업자 등은 한국에서도 이름이 난 인물이다.

> "(박정희 대통령을 만났을 때) 우리는 투자협회를 만드는 전제로써 우리나라에서 금융지원과 자본 확보가 가능한 상태가 되어야 한다는 뜻을 밝혔습니다. 그랬더니 대통령은 '알겠다. 그건 지당한 말'이라 수긍하였습니다. 다만 '바로 은행 설립은 무리니까 당분간은 다른 형태로 해줬으면 한다, 통제된 금융기관은 허가할 용의가 있다'고 말씀하셨습니다."
>
> (이희건, 2004년 2월 필자와의 인터뷰)

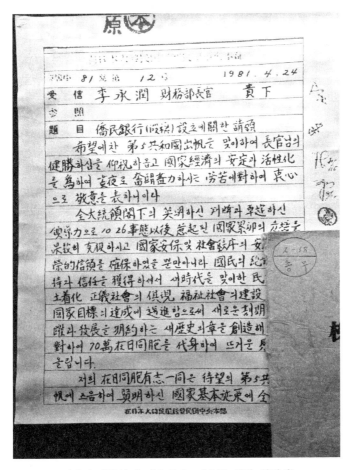

민단이 재무부에 제출한 '교민은행 설립 청원서'
(1981년 4월, 출처-이희건기념관, 경기도 용인)

이처럼 투자협회는 애초부터 재일동포 모국투자가들이 금융사 설립
을 목표로 설립한 단체였다. 투자협회는 1977년 1월 15일부로 경제기
획원 장관 제34호 사단법인으로 인가받은 데 이어, 그해 7월 19일 단자
회사 '제일투자금융'을 설립하기에 이른다. 신한은행과 마찬가지로 재

일동포의 100%출자(자본금 5억 원)로 시작한 이 금융사는 고속성장을 거듭했다. 1980년을 전후해 새서울과 부민 2개의 상호신용금고를 인수 합병했으며, 여신과 수신고 모두 1,000억 원을 돌파했다. 명동의 구 증권거래소를 매입해 사옥을 마련하는가 하면, 한국금융사 최초로 온라인 전산시스템도 도입했다.

1980년부터는 민단과 재일상공회, 한신협(재일한국인신용협동조합)이 재무부 등에 '교민은행 설립' 청원을 내고, 재일한국인단체 공동의 '은행설립추진위원회'를 결성하는 등 시중은행 설립을 위해 가속도를 붙인다. 그 결과 1982년 6월 2일 정부는 한국은행 총재 명의로 '신한은행' 인가장을 발부하게 된다.

은행 이름인 '신한(新韓)'은 창립자인 재일동포들이 금융을 통해 국가경제 발전에 이바지하겠다는 '금융보국(金融報國)'의 이념을 담은 것이다. 신한은행과 관련한 내용은 제2장 〈No4. 한국 최초- 민간자본 1호 신한은행 설립〉을 참조하기 바란다.

3) 서갑호과 이희건, 둘의 비슷하지만 다른 엔딩

재일동포 모국투자의 상징적 인물인 서갑호와 이희건은 자기분야에서 입지전을 일군 이들이었다. 하지만 두 사람의 말로(末路)는 순탄치 못했다.

양국에서 버림받은 서갑호

서갑호는 1974년 1월 모국투자기업인 윤성방적 화재 후 수습을 위해 동분서주하던 와중에, 그해 9월 모회사인 오사카 '사카모토방적'이 도산하는 비운을 맞았다. 특히 일본에서의 도산은 치욕적이었다. 그가 1951년 창립 때부터 출자자로 참여한 주거래 은행 센슈은행(현 이케다센슈은행, 池田泉州銀行)을 위시해 수십 년간 거래해온 은행들로부터 집단적으로 융자금에 대한 회수압박을 받은 것이다. 마치 미리 짜기라도 한 듯. 결과적으로 어느 한군데에서도 그의 손을 붙잡아주는 은행은 없었다.

하네다공항 플랫폼에 선 서갑호 부부(1960년대 초반, 출처-통일일보)

아무리 '1차 오일쇼크'라는 외생 악재가 발생했다고 하더라도, 대기업군에 속해 있던 '사카모토방적'이 어음 3억 엔을 막지 못해 도산한 건 미스터리다. 부동산 등 보유자산이 최종 부채금액(640억 엔)보다 훨씬 많았다고 전해지고 있기 때문이다. "부도가 닥쳤을 때, 일본의 은행들은 토지와 건물 등 담보를 맡길 시간조차 주지 않았다"(서갑호의 3남 相雲, 필자와의 인터뷰)[26]는 증언도 있다.

그는 이때도 좌절하지 않았다. 모국에서의 재기를 꿈꿨기 때문이다. '최초의 대규모 재일동포 재산반입'이자 '본격적인 외국자본 유치의 효시'였던 서갑호. 그에게 모국은 마지막으로 기댈 언덕이었다. 하지만 모국은 일본에서 도산한 그의 손을 붙들지 않았다.

일본에서의 도산소식이 전해지자, 동아일보와 조선일보 등은 방림방적에 빌려준 한국 금융기관의 돈이 떼일 것을 우려하는 기사들을 쏟아냈다. 이때부터 그의 통명 사카모토 에이이치(阪本榮一)가 급부상했다. 김치를 못 먹어서 끼니마다 일본식 회(사시미)와 일본 된장(미소시루)을 챙겨먹는다는 뜬소문까지 돌았다. 뜬소문은 공신력 높다는 메이저 신문의 지상을 통해 퍼져나갔다. 유족에 따르면 서갑호는 경상도식 추어탕, 된장찌개, 깻잎을 즐겨 먹는 전형적인 한국인의 식성이었다.

60년대 초 모국의 경제발전을 돕기 위해 귀국한 재일동포 1세 서갑호는 금의환향한 대사업가에서 10년 만에 악덕 일본인 자본가로 둔갑해 있었던 것이다. 그로부터 2년 뒤인 1976년 11월 21일, 그는 서울에서 돌연사했다. 사인은 미궁이다. 과도한 스트레스로 인한 심장마비설, 필리핀 출장 후의 독감후유증설이 남았을 따름이다.

---

26) 이민호(2015) 『신한은행을 설립한 자이니치리더』 통일일보, 59쪽
　　서갑호의 사카모토방적이 도산할 당시 주변 인물들은 "서 사장이 보유한 부동산 자산이 은행 담보를 감당할 정도로 충분했음에도 은행들이 동시다발적으로 독촉장을 보내 손쓸 틈이 없도록 만든 것"이라 주장했다. 서갑호의 3남인 서상운도 2014년 10월 필자와의 인터뷰에서 "부도가 닥쳤을 때, 일본의 은행들은 토지와 건물 등 담보를 맡길 시간조차 주지 않았다"고 말했다.

모국에서 건재한 이희건과 신한은행[27]

이희건 역시 일본에서의 말로는 좋지 못했다. 모회사가 도산한 것이다. 2000년 12월 파탄 처리된 재일한국인신용조합 '간사이흥은(원래는 오사카흥은)'은 이희건의 피와 땀의 결정체였다. 흥은은 1955년 오사카 쓰루하시시장의 재일동포 상인, 상공인들을 출자자로 모집하여 스타트 했다. 영업기반은 쓰루하시시장, 조선시장, 일본최대 코리아타운이 있는 이쿠노지역이었다.

이희건은 8.15해방(일본에서는 종전이라 표현) 직후, 이곳이 암시장이던 시절부터 리더십을 발휘했다. 암시장이던 쓰루하시시장을 미 군정(GHQ)과 교섭해 정식시장으로 변모시켰고, 쓰루하시국제상점가 번영회장을 맡았다. 주민의 4분의 1이 재일동포인 이쿠노 일대는 일본전국에서도 가장 많은 20만 명의 동포들이 거주하는 코리아타운이다. 지금도 거주민의 다수는 일제 때와 6.25전쟁을 전후해, 부모와 함께 일본에 건너온 2-3세들이다.

오사카흥은은 1968년 한국계 민족금융기관 가운데 제일 먼저 예금고 100억 엔을 달성한 데 이어, 1991년에는 '마의 벽'으로 여겨지던 예금고 1조 엔마저 돌파했다. 이는 일본 전국 신용조합 가운데 압도적인 1위이자, 어지간한 지방은행보다 큰 규모였다. 1993년 7월에는 관서지방 5개 재일동포 신용조합을 합병하여 간사이흥은(關西興銀)으로 재탄생했다.

---

27) 이민호(2019) 『왔소에 오이소』 통일일보, 170-181쪽
재일동포모국공적조사위원회 이민호(2008) 『모국을 향한 재일동포의 100년 족적』 재외동포재단, 2008, 92-97쪽
이민호(2014) 『민단은 대한민국과 하나이다』 재일본대한민국민단, 76-77쪽

오사카흥은 집무실에서- 이희건은 재일동포 금융계의 대부였다.
(출처-오사카흥은, 당시)

1982년 재일동포들이 모국에서 세운 신한은행의 시스템, 영업 노하우를 전수한 곳도 바로 이희건의 흥은이었다. 이희건은 일본에서도 외국계 시중은행으로 바꾸기 위해 노력했다. 그는 영역과 덩치를 키운 흥은의 미래가 그렇게 가리라는 기대를 품고 있었다. 하지만 90년대 말 버블이 터지며, 일본은행들이 담보로 잡은 부동산 가격이 대폭락했다. 이는 금융기관마다 다량의 불량채권을 떠안는 원인이 된다.

이러한 일본경제의 대세 침체흐름이 가속화되고, 일본 당국은 금융사에 대한 사전사후 관리감독을 강화한다. 그리고 당국의 칼끝은 동포은행인 흥은을 겨눈다. 흥은에서는 부실의 실체를 놓고 일본 당국과 다퉜지만, 2000년 12월 일본 금융재생위원회는 간사이흥은을 '금융재생법 8조에 의한 직권에 기초한 파탄처리'한다고 결정했다.

이희건은 흥은의 파탄에 책임을 지고 모든 직책에서 물러났고, 흥은 역시 역사 속으로 사라진다. 흥은의 주 고객은 영세한 소매상인, 중소기업 고객이었다. 따라서 흥은의 파탄은 거기에 예금을 넣어뒀거나 출자한 재일동포들로선 재산 소실, 경제적 기반 소실이라는 고통으로 돌아왔다.

일본에서 명예와 재산을 사실상 모두 잃은 이희건이었지만, 모국 한국에서는 본인의 족적을 존중 받았다. 신한은행이 건재했기 때문이다. 신한은 더 이상 1982년 3개 지점의 초미니은행이 아니었다. 90년대 말 IMF외환위기 때 유일하게 흑자은행으로 위기를 극복한 데 이어, 2000년대 접어들며 한국에서 순익 1위 은행에 등극했다. 그룹사로까지 발전했다. 현재 신한금융그룹은 연간 순익 3조 원을 거두는 아시아에서도 손꼽히는 초대형 금융사로 성장했다.

341명의 재일동포 창업주주의 리더로서 이희건은 신한은행 명예회장이 됐다. 2011년 3월 그가 사망하자, 신한금융에서는 명예회장 직책은 이희건이 처음이자 마지막이란 이야기가 나왔다. 그렇게 '영원한 명예회장'이 됐으니 명예는 지켰다.

이희건은 모국에 자기이름의 재단도 남겼다. 재단법인 '이희건한일교류재단'[28]이다. 2008년 10월 외교부 등록 공익재단으로 설립된 이 재단은 한일 간 학술, 문화, 경제교류를 지원하고, 양국교류에 이바지할 인재육성

---

28) 재단법인 이희건한일교류재단은 2008년 10월 설립된 외교부 등록 공익재단이다. 이희건(李熙健) 신한은행 명예회장의 유지로 세워진 이 재단은 한일 간 학술, 문화, 경제교류를 지원하고, 양국교류에 이바지할 인재 육성을 꾀하고 있다. 이희건재단의 기본정신은 「뿌리내리자·전수하자·연결하자·육성하자」이다. 매년 오사카 「사천왕사왔소」축제를 위시하여 한일문화교류 역사탐방, 한국 내 일본유학생 문화체험 프로그램, 한일 대학생 토론회, 재일동포 민족학교 교육시설 지원 등 다양한 한일 교류증진 사업을 전개하고 있다. 재단 홈페이지 http://www.lhkef.or.kr/

을 목적으로 세워졌다. 때는 이희건이 81세 되던 해다. 그는 현금 6억 원과 신한은행 주식 80만 주를 출연, 모국에 대한 사회봉사를 실천했다.

↑四天王寺ワッソのパレード(大阪市)　毎年11月に開催される祭りです。朝鮮半島の百済・高句麗・新羅・加羅など，東アジアの使節団を歓迎するようすを再現しています。難波宮跡公園を古代衣装をまとった1000人近い人々が練り歩きます。「ワッソ」とは韓国語で「来た」という意味です。

○ 各地に残る渡来系の地名

加美鞍作(大阪市)…鞍をはじめ，馬具製作と関係
呉服　綾羽(池田市)…機織と関係
秦町　太秦○○町　太秦寺(寝屋川市)…秦氏と関係
川勝町(寝屋川市)…秦河勝と関係
その他　大阪市…喜連　百済駅　高麗橋　心斎橋(かつては新羅橋)
　　　　八尾市…高麗寺　　　　枚方市…百済王神社　百済寺あと

3　大阪の歴史

'이희건한일교류재단'의 대표사업인 오사카의 한류축제 〈사천왕사왔소〉는 일본의 중학교 역사교과서에도 소개됐다.[29]

29) 이민호(2019)『왔소에 오이소』 통일일보, 55-58쪽

이희건과 함께 모국투자가의 효시격인 서갑호는 급사하면서 장래를 대비하지 못했다. 그 결과 한국과 일본 양국에서 비운의 사업가란 이름이 남았을 뿐, 그의 공적에 대해서는 양국 모두에서 조명 받지 못했다. 한 사람의 인생으로서는 파란만장한 삶이었으나, 결과론적으로는 불운하게 생을 마쳤다. 하지만 그는 생애동안 주일한국대사관 기증자, 모국투자의 선구자로서 역사에 남을 강렬한 족적을 남겼다.

구순을 넘겨 천수를 다한 이희건은 서갑호와 마찬가지로 일본에서는 본인이 일군 대부분을 잃었다. 하지만 모국 한국에서는 달랐다. 그가 주도적으로 설립한 은행인 '신한은행'과 그의 재일동포 동지들이 이희건의 명예를 지켜주기 위해 노력한 덕분이다.

하지만 『신한은행을 재일동포가 설립했다』는 사실은 여전히 한국사회에서 미묘한 감정의 대상이 되곤 한다. 심지어 신한은행조차도 재일동포가 세운 은행이란 사실, 일본의 선진금융기법을 통해 고도성장하고 오늘날의 신한이 있다는 부분들에 대해 대외적으로 널리 홍보하려는 기류가 약하다. 모두에서 언급한 바와 같이 한국사회가 일제 식민지배의 상흔에서 벗어나지 못한 나머지, 일본과 연관된 것들에 대해선 지나치리만큼 예민하고 부정적으로 보려는 경향이 있기 때문일 터이다.

'아류일본인', '반쪽발이'란 나쁜 이미지 덧씌우기는 일본을 생활기반으로 살아가는 한국인들의 숙명인지도 모른다. 한국, 한국인은 여전히 20세기 초반 일본에게 치욕당한 식민지배의 구원(舊怨)에서 자유롭지

사천왕사왔소 축제는 이희건과 오사카흥은이 만든 역사한류(歷史韓流) 페스티벌로서, 매년 11월 첫째 주 일요일 오사카에서 개최된다. 신라부터 조선까지 역사 속 7개국 한반도 도래인들이 일본과 교류하는 장면을 재현한 축제가 〈왔소〉 축제다. 〈왔소〉와 한반도 도래인의 흔적을 일본 오사카부는 그들의 중학교 역사교과서에 소개, 차세대에게 교육하고 있다.

못하기 때문이다.

한국인들은 재일동포를 우리 편으로 볼 때는 일본서 고생하는 우리 동포지만, 그들이 곤경에 처할 때는 그 순간 동포의 일본인 통명을 등장시켜서 일본인 취급하는 이중성을 나타낸다. 일제강점기란 불행의 민족사, 식민지배 36년의 굴레를 재일동포들에게 덧씌우는 건 결코 온당한 일이 아니다.

더욱이 재일동포들은 모국을 위해 자기자식같이 애지중지 모은 자기 재산과 기술, 경영노하우를 조건을 걸지 않고 전수한 애국자들이다. 대한민국의 발전, 세계 10대 경제강국 한국의 오늘날을 만드는 데, 재일동포들은 등불역할을 했고, 보이는 곳 보이지 않는 곳에서 다양하게 공헌해왔다. 그런 재일동포들을 향해 국내에서 '아류일본인' 딱지를 붙이는 건 자기비하적 발상이 아닐 수 없다.

엄연히 재일동포는 같은 한민족의 피를 갖고 있으면서, 외국 땅인 일본에 살아가고 있는 우리 동포다. 이 흔들릴 수 없는 사실 앞에 그들이 일본에 산다는 이유만으로 차별의 시선을 보이고, 그게 응당한 것처럼 인식하는 건 편협하고 가혹하다.

결론
4 - 대한민국은 「재일동포 모국공헌」을 교과서에 실어야 한다.

서두 '문제제기'에서 『호랑이는 죽어서 가죽을 남기고, 사람은 죽어서 '이름'을 남긴다』는 속담을 언급했다. 그 이유는 재일동포들은 역사의 페이지에 남을 큰 공적을 세웠을지언정, 그 이름조차 남지 않는 경우를 끊임없이 목도해왔기 때문이다.

재일동포는 굵직굵직한 인생을 살고 사회와 공공의 이익에 크게 공헌했음에도, 언제까지 '무명(無名)'으로 남아야 하는가. 더욱이 그들로부터 은혜를 입은 모국 대한민국, 정부와 국민이 재일동포의 공적을 도외시하는 현실은 부도덕할 뿐 아니라 이치에도 맞지 않는 일이다.

재일동포의 모국 한국에서는 아직까지도 그들을 부르는 대명사조차 정하지 못한 듯하다. 각양각색의 호칭이 그걸 증명한다. 재일교포, 재일동포, 재일한국인, 재일조선인, 재일한국조선인, 자이니치 등 하도 많아서, 일반인들이 재일동포를 떠올리면 듣는 것만으로 복잡한 대상이란 편견을 심어준다. 재일동포 호칭 중에는 멸시가 녹아 있는 것도 있다. 일본에서는 '조센진', 한국에서는 '반쪽발이', 북한에서는 '째포'.

"대체 내 이름은 무엇이란 말이요?"

재일동포 입장이라면 이렇게 묻고 싶지 않을까.

역지사지(易地思之)해야 한다. 재일동포에 대한 인식을 교정해야 한다. 그 첫걸음은 재일동포의 모국공헌 사실을 자라나는 청소년들에게 가르치는 일이다. 재일동포가 대한민국을 바꾼 공적들을 초중고 12개년 의무교육 과정에서 배울 수 있도록, 교과서 안에 '재일동포 모국공적'을 반영해야 한다. 언제까지 한국 정부, 한국 내국인들은 재일동포 공헌자들을 역사 속 그림자로 방치하고 있을 것인가.

2019년 3월 한국교육방송(EBS) 프로그램 '지식채널e'팀과 재일동포 모국공헌 영상물을 제작할 때다. 당시 필자가 방송국에 당부한 말은 "부디 재일동포 이름을 찾아주세요"였다. 그래서 붙여진 프로그램 제목이 '나를 부르는 이름'이었다.

필자는 '민단은 대한민국과 하나이다'(민단중앙본부 2014, 개정판)

서적을 집필할 때, 서적 후면 표지에 표어형 문구를 달았다. 거기에 쓴 문구를 본고의 결론으로 삼고자 한다.

〈재일동포의 모국공헌은 대한민국 교과서에 실어야 합니다!〉

〈주일대한민국영사관〉,
　　재일동포가 10개 주일공관 가운데 9개소를 기증 설립했다는 사실을 아십니까?
〈6.25한국전쟁〉,
　　이때 재일동포 청년학생 642명이 조국을 구하려고 펜 대신 총을 들고 참전한 사실을 아십니까?
〈구로공단〉,
　　대한민국 최초의 수출 공업단지가 재일동포 주도로 세워졌다는 사실을 아십니까?
〈제주도〉,
　　재일동포가 빈곤의 섬 제주를 관광 1번지이자 감귤 주산지로 변모시켰다는 사실을 아십니까?
〈신한은행〉,
　　재일동포가 100% 출자하여 설립한 한국 최초의 순수 민간은행이란 사실을 아십니까?
〈88서울올림픽〉,
　　88올림픽경기장들이 재일동포 성금 100억 엔으로 세워졌다는 사실을 아십니까?
〈IMF외환위기〉,
　　이때 재일동포들이 15억 달러를 송금하고, 300억 엔의 국채를 샀다는 사실을 아십니까?

　　이러한 재일동포들의 모국공헌은 모두 실제로 일어난 역사적인 사실입니다.
　　재일동포가 행한 모국을 향한 지대한 공헌은 전 세계 이민사, 재외동포사에서 그 유례를 찾기 힘든 일입니다. 그럼에도 불구하고 모국 대한민국 교과서에 재일동포의 공헌기록 한 줄을 찾아보기 어려운 실정입니다.
　　모름지기 『우물물을 마실 때는 그 우물을 판 사람을 기억하라(飮水思源 掘井之人)』고 했습니다. 후대는 선대의 피땀 어린 노고를 잊지 말고, 선구자에 대한 은혜를 상기하라는 격언입니다.
　　우리는 보릿고개 시절, 조건 없이 우리를 도와준 재일동포에 대한 고마움을 결코 잊어서는 안됩니다.
　　우리는 재일동포가 소중히 지켜야 할 자랑스러운 한국인이란 사실을 결코 잊어서는 안됩니다.
　　우리는 재일동포가 어느 민족과도 맞바꿀 수 없는 귀중한 민족자산이란 사실을 각성해야 합니다.

제1장 마이너리티가 다문화 공생 사회를 열어갈 때 — 권오정

- Banks, James A. ed.(1995) *Handbook of Research on Multicultural Education* Macmillan Publishing
- Banks, James A.(2008)"Diversity and Citizenship Education in Global Times" in James Arthur, Ian Davies and Carole Hahn eds. *Education for Citizenship and Democracy* SAGE
- Cabrera, Luis(2010) *The Practice of Global Citizenship* Cambridge
- 崔紗華(2015)「占領期日本における朝鮮人学校—学校の閉鎖と存続をめぐって—」『早稲田政治公法研究』第108号
- 藤島宇内·小沢有作(1996)『民族教育—日韓条約と在日朝鮮人の民族教育問題』青木新書
- Grant, Carl A. and Sleeter, Cristine E.(2007) *Doing Multicultural Education for Achievement and Equity* 2nded. Routledge
- 학교법인금강학원『학교법인금강학원 교육계획』(1968·1972·2016)
- 学校法人東京朝鮮学園(2018)『学校法人東京朝鮮学園 2018』
- 학교법인백두학원(2016)『학교법인백두학원(건국학교) 교육계획』
- 権五定·斎藤文彦編(2014)『「多文化共生」を問い直す』日本経済評論社
- 권오정(2019)「조선학교 교과서에서 보는 체제유용성 추구의 민족교육-고급부『현대 조선력사』를 중심으로-」『동아시아 마이너리티 사회와 타자표상』(동아시아연구총서 제6권)동의대학교동아시아연구소 편, 박문사
- 金徳龍(2004)『朝鮮学校の戦後史—1945～1972』社会評論
- 久保田勉(1990)「ヘーゲルの世界史観における民族精神」『甲南女子大学研究紀要』通号27
- 日本弁護士連合会人権擁護委員会(1997)『朝鮮学校の資格助成問題に関する人権救済申立事件調査報告書』

- Nussbaum, Martha C.(1996) "Patriotism and Cosmopolitanism" in Joshua Cohen ed. *For Love of Country: Debating the Limits of Patriotism* Beacon Press (辰巳伸知・能川元一 訳 2000 『国を愛するということ』人文書院

- 呉文子(2019)「在日の視座―地域住民として」李修京 編『多文化共生社会に生きる』明石書店

- 呉文子インタビュー「裏切られた楽園―北送60年呉文子さんに聞く―」(上・中・下)『民団新聞』2019.9.11.～10.2

- 「歴史教科書・在日コリアンの歴史作成委員会」編(2006)『歴史教科書・在日コリアンの歴史』明石書店

- 関貴星(1962)『楽園の夢破れて―北朝鮮の真相』全貌社

- _____(1963)『真っ二つの祖国―続・楽園の夢破れて』全貌社

- 東京都(2013)『朝鮮学校調査報告書』

- 殷勇基(2016)「韓日関係の発展的課題と展望」李修京 編『誠心交隣に生きる』合同フォレスト

- Waks, Leonard J.(2008)"Cosmopolitanism and Citizenship Education" in Michael A. Peters, Alan Britton and Harry Blee eds. *Global Citizenship Education* Sense Publishers

- 李修京(2008)「金斗鎔と新人会、その後の社会運動」「種まく人・文芸戦線を読む会」編『「文芸戦線」とプロレタリア文学』龍書房

- _____(2015・2016・2017)「日本の多文化共生社会化への先駆け・在日女性たちの戦後の生き様」(上・中・下)『東京学芸大学紀要人文社会系Ⅰ』第66・67・68集

- 이수경(2016)「재일동포사회의 기로에 섰던 박열과 김천해」『인물을 통해 본 민단 70년사』민단

- 이수경(대표)・권오정・김웅기・김태기・이민호(2017)『2015 재외동포재단 조사연구 용역 보고서:재일동포민족교육의 실태 심화조사 및 정책방향 제시』재외동포재단

- 李修京・權五定(2018)「在日コリアンの'共生に生きる'という主体的選択(1)―在日コリアンの"民族教育"の変遷過程を辿って―」『東京学芸大学紀要人文社会系Ⅰ』第69集

- 국가기록원 웹사이트
  (http://theme.archives.go.kr/next/koreaOfRecord/manpower.do)

- 조총련 웹사이트(http://www.chongryon.com/k/edu/index.htm/)
- 민단 웹사이트(http://www.mindan.org/syokai/toukei.htm1)
- 総務省統計局 웹사이트(https://www.stat.go.jp)

〈자료〉
- 조선총독부 통계연보(1925-1935년도 판)
- 조선총독부 농림국(1938)『朝鮮小作年報』(第2輯)
- 在日本大韓民国居留民団中央本部文教部教材編纂委員会編(1978)『在日韓国国民教科書』
- 在日本大韓民国居留民団中央本部(1985)『在日韓国人国民教科書(中級用)』, 대한교과서 주식회사
- 『歴史教科書 在日コリアンの歴史』作成委員会編(2006)『歴史教科書 在日コリアンの歴史』도쿄, 明石書店
- 성시열·하동길·김인덕·한영화·김일해·김태학·박성기 공저(2010)『교토·오사카와 함께하는 한국사』오사카, 금강학원초중고등학교·교토 국제학원
- 오사카금강학원소중고등학교(2014)『간사이에서 한국을 걷다』(2014년 재외한국학교 교수학습자료개발사업)
- 学校法人東京韓国学園開校50周年記念事業推進委員会編(2005)『東京韓国学園開校50周年記念誌』
- 『学校法人 東京朝鮮学園 2018』학교법인 도쿄조선학교 소개용 팜프렛
- 총련중앙상임위원회 교과서편찬위원회 편찬(1964)『조선 력사 초급학교 제5학년용』도쿄, 학우서방
- 총련중앙상임위원회 교과서편찬위원회 편찬(1964)『조선 력사 초급학교 제6학년용』도쿄, 학우서방
- 초급6『국어』(주체92년, 2003년 초판, 주체106년, 2017년 재판 발행본)

- 중급2 『국어』(주체93년, 2004년 초판, 주체106년, 2017년 재판 발행본)
- 초급6 『일본어』(주체104년, 2015년 초판, 주체105년 2016년 재판 발행본)
- 중급2 『일본어』(주체104년, 2015년 초판, 주체105년 2016년 재판 발행본)
- 초급6 『사회』(주체92년, 2003년 초판, 주체106년 2017년 재판 발행)
- 중급2 『사회』(주체93년, 2004년 초판, 주체106년, 2017년 재판 발행본)
- 중급2 『영어』(주체 103년, 2014년 초판, 주체106년, 2017년 재판 발행본)
- 초급6 『음악』(주체92년, 2003년 초판, 주체107년, 2018년 재판 발행본)
- 중급1 『음악』(주체93년, 2004년 초판, 주체106년, 2017년 재판 발행본)
- 중급2 『음악』(주체93년, 2004년 초판, 주체107년, 2018년 재판 발행본)
- 초급6 『리과』(주체102년, 2013년 초판, 주체107년, 2018년 재판 발행)
- 중급2 『리과』(주체 103년, 2014년 초판, 주체106년, 2017년 재판 발행)
- 중급2 『조선력사』(주체 93년, 2004년 초판, 주체106년, 2017년 재판 발행본)
- 고급1 『현대조선력사』(주체93년, 2004년 초판, 총련중앙상임위원회 교과서편찬위원회 편찬, 학우서방)
- 고급2 『현대조선력사』(주체94년, 2005년 초판, 주체96년, 2007년 재판, 총련중앙상임위원회 교과서편찬위원회 편찬, 학우서방)
- 고급3 『현대조선력사』(주체95년, 2006년 초판, 주체97년, 2008년 재판, 총련중앙상임위원회 교과서편찬위원회 편찬, 학우서방)
- 이수경(연구대표), 권오정, 김태기, 김웅기, 이민호(2016)『재일동포민족교육실태심화조사및정책방향제시』재외동포재단
- 이수경, 권오정(2018)「조선학교의 교육 체계와 교육 내용」, 정진성(연구대표), 이구홍, 송기찬, 야마모토 가오리, 야마토 유미코, 류학수, 오영호 공동연구『조선학교 실태 파악을 위한 기초 조사』재외동포재단(단, 보고서는 제출, 보고집 미발행).

〈문헌〉
- 한국역사교과서연구회(한국), 일본역사교육연구회(일본) 공동편저(2007)『한일교류의역사(한일공통역사 교재) 선사부터현대까지』혜안
- 역사교육자협의회(일본)·전국역사교사의 회(한국)공동편저(2006)『마주 보는 한일사 1-화해와 공존을 위한 첫걸음, 선사 시대-고려 시대』사계절
- ＿＿＿＿＿＿＿(일본)·전국역사교사의 회(한국)공동편저(2006)『마주 보는 한일사 2-화해와 공존을 위한 첫걸음, 조선시대-개항기』사계절

- _____(일본)·전국역사교사의회(한국) 공동편저(2014) 『마주 보는 한일사 3-화해와 공존을 위한 첫걸음, 한일 근대사』 사계절
- 歷史教育者協議会(日本)·全国歷史教師の会(韓国)共編(2015) 『むかいあう日本と韓国·朝鮮の歴史近現代編』도쿄, 大月書店
- 歷史教育研究会(日本)·歷史教科書研究会(韓国)共編(2007) 『日韓歴史共通教材 日韓交流の歴史 先史から現代まで』도쿄, 明石書店
- 金德龍(2004) 『朝鮮学校の戦後史—1945-1972』도쿄, 社会評論
- 김인덕(2015) 『재일조선인역사교육』 아라
- 佐野通夫編(2012) 『在日朝鮮人教育関係資料2』도쿄, 緑蔭書房
- 李東準(1956) 『日本にいる朝鮮の子ども』도쿄, 春秋社
- 이수경(2005) 『帝国の狭間に生きた日韓文学者』도쿄, 緑蔭書房
- 이수경 편저, 나성은, 도기연 공역(2010) 『한일 교류의 기억』 한국학술정보
- 李修京編(2006) 『韓国と日本の交流の記憶』도쿄, 白帝社
- _____(2011) 『海を越える100年の記憶』도쿄, 図書出版社
- 山一雄、趙博編(1989) 『在日朝鮮人民族教育擁護闘争資料集Ⅱ』도쿄, 明石書店
- 萩原遼、井沢元彦(2011) 『朝鮮学校「歴史教科書」を読む』도쿄, 詳伝社
- 藤島宇内·小沢有作(1966) 『民族教育—日韓条約と在日朝鮮人の教育問題』도쿄, 青木書店

〈논문〉
- 朴校熙(2010) 『分断国家の国語教育と在日韓国·朝鮮学校の民族語教育: 朝鮮初級学校における「国語」と「日本語」教科書の分析を中心に』 도쿄가쿠게이대학 연합학교 박사학위 청구논문
- 김인덕(2012) 「해방 후 재일본조선인연맹의 민족교육과 정체성 : 『조선역사교재 초안』과 『어린이 국사』를 통해」 『역사교육』121호
- _____(2008) 「在日朝鮮人総連合会의 歷史教材 叙述体系에 대한 小考—『조선력사』(고급3)를 중심으로」 『한일민족문제연구』제14호, 한일민족문제학회
- 김보림(2012) 「일본의 재일조선인 교육정책과 변화」 『일본문화연구』
- 송재목(2011) 「재일동포 총련 조선학교의 교과 내용 변천-국어과목을 중심으로」 『한국어 교육』22권1호, 국제한국어교육학회.

- 권오정(2019)「조선학교 교과서에서 보는 체제유용성 추구의 민족교육—고급부 현대조선력사를 중심으로—」동의대학교 동아시아연구소편『동아시아 마이너리티사회와 타자표상』(박문사)
- 이경훈(2016)「재일한국학교의 '한국역사'교육실태와 개선 방안」『동북아역사논총』제53호, 동북아역사재단
- 이수경(2018)「조선학교가 지향해 온 민족교육」, 서울대학교 통일평화연구원 및 아시아연구소 동북아센터, 해외교포문제연구소 공동주최『재일동포 조선학교의 민족교육』
- _____(2018)「재일한인의 민족교육현황 및 과제; 조선학교를 중심으로」전남대학교 세계한상문화연구단 주관(광주시 교육청 주최),『동북아 한민족의 민족교육; 현황 및 과제』
- _____(2018)「재일한인 민족학교(민단계총련계 포함)현황에 대해서」동의대학교 아세아연구소 주관『동아시아 마이너리티의 삶과 표상』.
- _____(2018)「재일디아스포라 작가 김희명」『재외한인연구』제45집
- _____(2019)「조선학교 초급6학년 사회과 교과서에서 보는 일본과 재일한인」BOA(동아시아학술교류단체), Korea연구실, 전남대학교 글로벌디아스포라연구소 공동주최『한중일 다문화공생사회』
- _____(2019)「Triple문화를 가진 재일한인의 민족학교 교과서 속 [재일론]」『재일동포의 민족교육과 생활사』동의대학교 동아시아연구소 주관
- _____(2019)「재일한인 독지가들의 모국에서의 교육·장학사업 공헌에 대하여」,『학교법인 가나이학원 수림외어전문학교 창립 30주년 기념지』동의대학교 동아시아연구소 주관
- 李修京(2004)「関東大震災直後の朝鮮人虐殺と日韓報道考察」『山口県立大学国際文化学部紀要第10』
- _____(2016)「日本の多文化共生社会化への先駆け・在日女性たちの戦後の生き様(中)：'鄭秉春'の'在日オモニ'としての人生(Korean Women Residents in Japan as Pioneers of Japan's Post-war Multicultural Society : Chung Byongchoon's Life as the Mother of Zainichi)」『東京学芸大学紀要. 人文社会科学系. I』第67集
- _____(2017)「日本の多文化共生社会化への先駆け・在日女性たちの戦後の生き様(下)：東京韓国学校の教師として43年・李和枝」『東京学芸大学紀要 人文社会科学系 I』第68集

- 李修京, 権五定(2018)「在日コリアンの'共生に生きる'という主体的選択(1)—在日コリアンの「民族教育」の変遷過程を辿って—（Zainichi's Responsible Decision-Making for "Live Along With" as Glocal Citizen; Follow the Changing Process of "National Identity Education" in Zainichi(1))」『東京学芸大学紀要 人文社会科学系Ⅰ』第69集
- 康成銀(2003)「朝鮮学校での朝鮮史教科書の見直しと変化」, 歴史教育者協議会編『歴史地理教育』第662号
- ＿＿＿(2003)「統一教科書をめざした朝鮮学校の朝鮮史教科書改訂について(歴史認識と東アジアの平和フォーラム)」統一評論社編『統一評論』第451号
- 柳美佐(2009)「在日朝鮮学校における１年生へのL2朝鮮語指導の特徴」『母語・継承語・バイリンガル教育(MHB)研究』(5), 母語・継承語・バイリンガル教育(MHB)研究会
- 朴三石(2012)『知っていますか、朝鮮学校』岩波ブックレット
- 卞喜載・全哲(1988)『いま朝鮮学校で—なぜ民族教育か—』朝鮮青年社
- 呉圭祥(2007)「朝鮮学校が歩んできた道—その六〇年」『統一評論』(12月号)
- 井沢元彦(2016)「ウソと誤解に満ちた「通説」を正す! 逆説の日本史(第1117回) 近現代編(第1話)近現代史を考察するための序論 近現代史を歪める人々編(その17)朝鮮学校で使われている「歴史教科書」の内容を知っていますか?」『週刊ポスト』小学館

〈인터넷 자료〉
- 재일본대한민국민단중앙본부 통계사이트. 2019년7월17일 열람
  http://www.mindan.org/old/shokai/toukei.html#10
- 조총련 공개 사이트의 「민족교육-교육권옹호와학교운영」란 참조
  http://www.chongryon.com/k/edu/index5.html
- 조총련공개「민족교육-2003년부터적용된새교과서」란 참조
  http://chongryon.com/j/edu/index3.html
- 조정아(2004)「김정일 시대의 북한 교육 정책」『아시아교육연구 5(2)』
  http://s-space.snu.ac.kr/bitstream/10371/89018/1/05-2-03%20김정일_시대의_북한_교육_정책.pdf

- 「한일 사상 최악의 상황, 정상들의 결단이 필요」『한국일보』 2019년 6월 11일자 참조 https://www.hankookilbo.com/News/Read/201906101311357532
- 「日韓関係は「史上最悪」…対立根本に「安倍首相と文大統領の相性の悪さ」」아사히신문사 시사잡지『Aera』 2019년 5월28일자 참조. https://dot.asahi.com/aera/2019052400012.html₩
- "재일동포민족교육 '글로컬시티즌십' 육성지향해야」『연합뉴스』2015년 06월 12일 참조 https://www.yna.co.kr/view/AKR20161108103400371

제3장 일본 공립학교 민족학급 운동의 성과와 여건 변화에 대한 새로운 대응 – 김웅기

- 『두산백화사전』; *The Glossary of Education Reform*
- 오사카한국교육원(2016) 「2016 오사카한국교육원 운영계획서」
- UNESCO, 'Recommendation concerning Education for International Understanding, Co operation and Peace and Education relating to Human Rights and Fundamental Freedoms,' General Conference, 18th Session, Paris, November 19, 1974.
- 大阪市立○○小學校(2013.4.9.) 「2013年度「民族學級·國際理解の學習」始業式のご案内」
- 大阪府(1988) 「在日韓國·朝鮮人問題に關する指導の指針」
- 總務省自治行政局國際室長(2006.3.27.) 「地域における多文化共生推進プランについて(總行國第79號)」
- 日本辯護士聯合會(2009.6.)「人種差別撤廢条約に基づき提出された第3回·第4回·第5回·第6回日本政府報告書に対する日本辯護士聯合會報告書」
- イルムの會(2011) 『金ソンセンニム: 濟州を愛し民族教育に生きた一世』 新幹社
- 大阪市立長橋小學校民族學級20周年事業実行委員會編(1992) 『大阪市立長橋小學校民族學級20周年記念誌, ウリマルを返せ: 公立學校における民族教育の歩み』 大阪市立長橋小學校
- 福地守作(1995) 『キャリア教育の理論と實踐』玉川大學出版部

- 民族教育促進協議會(1995) 『民促協10年史』 民族教育促進議會
- 김웅기(2019) 「재일코리안 민족교육을 둘러싼 정치성: 1970년대 자주민족학급의 사례를 중심으로」 『일본학』 제48집, 1-20쪽
- 東京學藝大學 Korea研究室 『재일동포 민족교육 실태 심화조사 및 정책방향 제시』 2015 재외동포재단조사연구용역 보고서
- 이진원(2013) 「전후 일본의 외국인 정책의 흐름」 『일본학보』 제94집, 215-230쪽
- 송기찬(1998) 「민족교육과 재일동포 젊은 세대의 아이덴티티: 일본 오사카의 공립초등학교 민족학급의 사례를 중심으로」 한양대학교대학원 석사논문
- 印藤和寬(1995.8.25.) 「小中高の連携と在日朝鮮人児童生徒の進路」 『むくげ』 第42號
- 金光敏(2016) 「多文化共生のための教育はどこから學ぶべきか: 公教育における在日朝鮮人民族教育の起源」 『抗路』 第2號, 抗路社
- 金兌恩(2006) 「公立學校における在日韓國・朝鮮人教育の位置に関する社會學的考察: 大阪と京都における「民族學級」の事例から」 『京都社會學年報』 第14號, 21-41頁
- 島久代(1991) 「國際理解教育の理念と本質」 『千葉大學教育學部研究紀要』 第39卷, 第1部, 181-190頁
- 黃止玧(2011) 「日本の公教育における在日コリアンの民族学級の意義と可能性: 多文化教育という視點からみた在日コリアンの民族教育」 『日本近代學研究』 第31輯, 173-190頁
- 藤原智子(2010) 「占領期在日朝鮮人教育史: 山口縣に着目して」 『教育史・比較教育論考』 第20號, 2-24頁
- 古川純(1986) 「外國人の人權(1) 戰後憲法改革との關聯において」 『東京經濟大學會誌』 第146號: 東京經濟, 63-80頁
- 嶺井明子(1993) 「外國人の子どもの教育の現狀と課題」 東京學芸大學海外子女教育センター編, 『共生社會の教育: 帰國子女教育研究プロジェクト中間報告』 東京學芸大學海外子女教育センター, 75-99頁
- 梁陽日(2013) 「大阪市公立學校における在日韓國・朝鮮人教育の課題と展望: 民族學級の教育運動を手がかりに」 『Core Ethics』 第9號, 245-256頁
- 김평송(가명)에 대한 인터뷰, 오사카, 2016년 7월 11일
- 곽정의에 대한 인터뷰, 오사카, 2016년 7월 13일
- 김광민에 대한 인터뷰, 오사카, 2016년 7월 16일

- 나성민에 대한 인터뷰, 오사카, 2016년 7월 15일
- 홍명근(가명)에 대한 인터뷰, 오사카, 2016년 7월 12일
- 朴理紗による發言(2016.9.10.), 「民族教育フォーラム 2016」, 大阪市生野區民センター
- UNESCO, 'Citizenship Education for the 21st Century,'
- http://www.unesco.org/education/tlsf/mods/theme_b/interact/mod07task03/appendix.htm#text
- UNESCO ASPnet in Japan http://www.unesco-school.mext.go.jp/eng
- https://star.ap.teacup.com/minaki/57.html
- https://star.ap.teacup.com/minaki/75.html

제4장 이희건·서갑호를 통해 본 재일동포 모국공헌의 실례와 좌절 – 이민호

- 88서울올림픽대회 재일한국인 후원회(1996) 『88서울올림픽』 88올림픽재일한국인후원회
- 재일본대한민국민단(1997) 『민단 50년사』 재일본대한민국민단
- 신한은행(2000) 『신한은행 20년사』 신한은행
- 국정홍보처(2005) 『대한민국 정부기록 사진집, 제9권: 1971-1972』
- 신혜일(2005) 『재일한국인본국투자협회30년사』 재일한국인본국투자협회
- 재일동포모국공적조사위원회 이민호(2008) 『모국을 향한 재일동포의 100년 족적』 재외동포재단
- 이민호(2014) 『민단은 대한민국과 하나이다』 재일본대한민국민단
- ＿＿＿＿(2015) 『신한은행을 설립한 자이니치리더』 통일일보
- ＿＿＿＿(2019) 『왔소에 오이소』 통일일보
- YTN, 스페셜 다큐 『현해탄의 가교, 자이니치: 몸은 일본에, 정신은 조국에』 2016년 11월 20일 방송분
- 재일본대한민국민단 오공태(2018) 『민단70년사 한국어판』 재일본대한민국민단
- EBS, '지식채널e' 『나를 부르는 이름재일동포 모국공헌』편, 2019년 3월 5일 방영
- KBS, 한민족방송 『한민족하나로』 2019년 8월 22일-10월 10일 방송분

찾아보기

〈동아시아연구총서 제7권〉

재일동포의 민족교육과 생활사

초판인쇄 2020년 05월 01일
초판발행 2020년 05월 11일

편   자 동의대학교 동아시아연구소
발 행 인 윤석현
발 행 처 박문사
등록번호 제2009-11호
책임편집 최인노

우편주소 서울시 도봉구 우이천로 353 성주빌딩 3F
대표전화 (02) 992-3253(대)
전   송 (02) 991-1285
전자우편 bakmunsa@hanmail.net
홈페이지 www.jncbms.co.kr

ⓒ 동의대학교 동아시아연구소 2020 Printed in KOREA

ISBN 979-11-89292-60-7   93300   **정가** 27,000원